中国语文现代化学会汉语拼写教学研究分会 / 学术指导

国际职业中文教育

International Vocational Chinese Education

柳长安 主编

第 1 辑

南京大学出版社

图书在版编目(CIP)数据

国际职业中文教育. 第 1 辑 / 柳长安主编. – – 南京：
南京大学出版社，2025. 6. – – ISBN 978 – 7 – 305 – 29399 – 3

Ⅰ. H195.3

中国国家版本馆 CIP 数据核字第 2025563F8D 号

出版发行　南京大学出版社
社　　址　南京市汉口路 22 号　　　　邮　　编　210093
书　　名　**国际职业中文教育(第 1 辑)**
　　　　　GUOJI ZHIYE ZHONGWEN JIAOYU(Di-yi Ji)
主　　编　柳长安
责任编辑　荣卫红　　　　　　　　编辑热线　025 – 83685720
照　　排　南京开卷文化传媒有限公司
印　　刷　南京爱德印刷有限公司
开　　本　880 mm×1230 mm　1/16　印张 12　字数 300 千
版　　次　2025 年 6 月第 1 版
印　　次　2025 年 6 月第 1 次印刷
ISBN 978 – 7 – 305 – 29399 – 3
定　　价　48.00 元

网　　址：http://www.njupco.com
官方微博：http://weibo.com/njupco
微信服务号：njuyuexue
销售咨询热线：(025)83594756

学术委员会

顾　问

戴庆厦（中央民族大学荣誉资深教授）

李宇明（教育部语信司原司长、北京语言大学原党委书记）

张世平（教育部语言文字应用研究所原所长、《语言文字应用》原主编）

王铁琨（教育部语信司原副司长）

主　任

李宇明（教育部语信司原司长、北京语言大学原党委书记）

委　员
（按音序排列）

丁石庆（江苏师范大学、中央民族大学）　　方小兵（南京大学）

郭龙生（教育部语言文字应用研究所）　　和　震（北京师范大学）

黄成龙（中国社会科学院）　　黄　侃（北京市教育国际交流协会）

姜丽萍（北京语言大学）　　李宝贵（辽宁师范大学）

李洪岩（中国传媒大学）　　李　泉（中国人民大学）

彭振宇（武汉职业技术大学）　　宋亚云（北京大学）

孙宜学（同济大学）　　王　辉（浙江师范大学）

王立军（北京师范大学）　　王世凯（天津师范大学）

王双成（上海师范大学）　　吴应辉（北京语言大学）

夏中华（渤海大学）　　张　博（北京语言大学）

张桃洲（首都师范大学）　　张天伟（北京外国语大学）

张子青（新疆大学）　　周国炎（中央民族大学）

宗　诚（中国教育科学研究院）　　邹　煜（中国传媒大学）

编辑委员会

主　编

柳长安

副主编

史运涛　　　高世吉　　　周　燕

编　委（按音序排列）

陈丽湘	陈维昌	孟　晴	苗耀华	牛小铁
沈　杰	时玲玲	孙　川	唐正清	王　东
王　佼				

编辑部

葛东雷	孔令俐	樊子湘	郭鸿宇	赵　哲
冯诗涵	高卿云	张雨晨	赫如意	吴梦瑶

《国际职业中文教育》编辑部

地址：北京市石景山区石门路 368 号

邮编：100042

邮箱：zyzwxk@163.com

目　录

职教出海 中文鼓帆[*]

李宇明

（北京语言大学语言科学与资源学院，北京 100083）

"中文＋职业技能"教学，几十年前就开展起来了；那时包含在"专门用途中文教育"里，主要有商务、科技、中医、旅游、铁路等专门用途的中文教育。2019 年 12 月召开的国际中文教育大会，明确提出要积极推进"中文＋职业技能"项目，帮助更多的人掌握技能、学习中文，并首次设立"中文＋职业技能"论坛。自此，"中文＋职业技能"概念凸显，事业突进。

2021 年 9 月，教育部中外语言交流合作中心与北京工业职业技术学院共建"中文＋职业技能"教育实践与研究基地。2021 年始创的中文工坊，如今已发展到 34 家，分布在全球 25 个国家。2016 年始建的鲁班工坊也进入快速发展期，如今已在亚欧非三大洲 28 个国家合作建成 39 所，累计培养学历生近万人。职教出海，国际中文教育为其鼓动风帆。

中文加持国际职业教育，将中文与各类职业场景深度融合，将语言文化与科技文化等深度融合，有利于培养具备跨文化沟通能力与专业技能的复合型人才，以满足全球产业合作与交流的现实需求。国际职业中文教育，可为海外中资企业提供源源不断的人力支持，可为中国产品的海外应用与传播提供多方面便利，可促进中国的技术标准、产业标准、职教标准走向世界，更可促进当地借助中国的技术强项而发展经济；同时，也使中文功能从文化教育领域扩展到经济技术的传播领域，并可动员大批职教师资加入国际中文教育行业，可迅速扩大中文的国际影响力。

世界上越来越多的国家和地区，也认识到"中文＋职业技能"的重要意义，纷纷将其纳入职业教育体系，开设了与不同行业紧密结合的中文教育活动。国际职业中文教育为推动当地经济发展、增进中外合作交流发挥着积极作用。然而，在世界一体化、政治多极化、文化多元化的世界大变局中，国际职业中文教育如何发展，也有许多亟待解决的课题。例如：把握世界发展大局和各国实际，探索国际职业中文教育能够落地生根的方略与路径；科学进行专业规划，什么职业技能最有利于中国职教走出去，最能适合不同国家和地区的需求；合理设置课程体系，使其既能贴合甚或改善不同国家和地区的职业教育标准，又能较好发挥中文的加持作用；开发具有针对性和实用性的教材与教学资源，满足多样化的职业场景需求；打造高素质专业化的师资队伍，提升教学质量与效果；构建合适的办学、教学评价体系，使国际职业中文教育的各当事方都能从中受益，发挥持久的积极性；积极开发人工智能职教专业，并充分利用人工智能发展国际职业中文教育等。

《国际职业中文教育》在北京市教育委员会的指导下，依托北京工业职业技术学院的良好基础，将聚焦事业发展的热点、重点和难点，围绕国际职业中文教育的事业规划、课程标准、教

　＊ **作者简介**：李宇明，北京语言大学原党委书记，教育部语言文字信息管理司原司长，中国辞书学会会长。

育模式、教材研发、师资培养、学生需求、评价体系等方面深入探讨,通过收录学术论文、教学案例、实践报告等,为国际职业中文教育的理论创新与实践发展提供支持。

《国际职业中文教育》提倡扎实的学风和朴实的文风,欢迎有一手数据、有研究方法、发现新问题、提出新举措的文章。当然,文章难以十全十美,但能把事情想透彻、把问题说明白、让读者能读愿读且有所得的文章,应是好文章。学术研究和作者都需要读者,没有读者支持、不为读者写作和服务,只能是"自娱自乐"。

2025 年 4 月,中共北京市委教育科技人才工作领导小组办公室发布《加快建设教育强国首善之区三年行动计划(2025—2027 年)》,《国际职业中文教育》被纳入重大工程。《国际职业中文教育》是国际职业中文教育共同体的一员,要能够对事业、对从业者、对关心这一领域的人士有些作用,当属不易。有恒心者方有恒业,学术委员会和编委会同仁愿同心合力,在作者、读者的关心支持下,办好《国际职业中文教育》,为国际职业中文教育事业的发展作出贡献!

职教出海,中文加持,千帆竞发,鼓风破浪,一往无前。

职场汉语的语言特征

——基于《国际职场通用汉语》"会话"的语言分析[*]

张 博

（北京语言大学国际中文教育研究院，北京 100083）

摘 要：职场汉语的语言特征是其多维特征共同的源点和基石。本文基于《国际职场通用汉语》"会话"的语言分析，提炼出职场汉语的一些语言特征，包括：会话主体多为本单位内部人员；对答的功能类型以"询问—回答"为主，"陈述—陈述/补充/肯定/提问""建议—同意""要求—接受"等次之；话轮长度较短，应答语常使用词或短语，省略现象突出；词语使用不受通用词汇大纲限制，语块类型丰富且使用量大；口语化风格特征凸显。希望本文的研究发现能为职场汉语教学及教学资源研发提供借鉴，为进一步探讨职场汉语与"中文＋专业""中文＋技能""中文＋职业"等"中文＋"语言的异同提供启发。

关键词：职场汉语；语言特征；会话；《国际职场通用汉语》

职场汉语是一种专门用途汉语（Chinese for Specific Purposes），因其通常特指"国际上以汉语作为第二语言的职场工作人员在职场工作场景中所使用的汉语"，故又称"国际职场汉语"。[1]为了因应越来越多的外国来华工作者及"一带一路"工程项目所在国员工对职场汉语的迫切需求，贾益民和吴煜钊主持研编"五行国际职场汉语系列教材"，该教材分为"国际职场通用汉语"和"国际职场专业汉语"两个子系统，其中《国际职场通用汉语》一～六册已于 2020—2021 年正式出版。[1]该教材"前言"指出，"'国际职场汉语'具有二语性、国际性、职场性、实用性、速效性等特点"。这些特点是教材主编从不同维度为国际职场汉语设定的基本特点。"二语性"强调汉语是职场人士的第二语言；"国际性"是指职场汉语可应用于国际范围内协同工作的中外人员之间；"职场性"是职场汉语的场域[2]特性；"实用性"是职场汉语的功能特点；"速效性"是职场人士学习需求决定的教学目标特点。

本文认为，上述不同维度的特征需要依托职场汉语的语言特征来体现，也就是说，职场汉语的语言特征是其多维特征的底层特征，是多维特征共同的源点和基石。基于这一认识，本文以商务汉语口语/会话类教材、通用口语/会话类教材及职场小说《杜拉拉升职记》中的人物对话为参照，从会话主体、对答的功能类型、话轮的长度与句法特点、词语使用、语言风格等方面对《国际职

---

* **基金项目**：本文系国家社会科学基金重大项目"汉语文本可读性测评和分级的跨学科研究"（17ZDA305）的研究成果。
作者简介：张博，北京语言大学国际中文教育研究院教授，博士。研究方向：汉语词汇与词汇教学。

场通用汉语》中的"会话"①进行分析。之所以用商务汉语口语/会话类教材、通用口语/会话类教材为参照,意在观察职场汉语与"商务汉语""专业汉语""职业中文"及"通用汉语"的差异;以职场小说《杜拉拉升职记》中的人物对话为参照,是为了呈现真实工作场合的人物对话与文学作品的职场人物对话有何不同,以便更为准确地概括提炼职场汉语的语言特征,为职场汉语教学及教学和学习资源研发提供语言学视角的参考依据或经验借鉴,从而使职场汉语"二语性、国际性、职场性、实用性、速效性"的特点更为鲜明,更切合母语非汉语职场人士的语言学习需求。

一、会话主体的分布特征

从会话主体的角度来说,职场人士在工作场域及相关场合既可与本单位人员沟通交流,包括同一部门的同事、不同部门的同事以及上下级,也可与本单位以外人员沟通交流,例如客户、合作者、其他业务相关者以及单位之外的朋友。为称说方便,我们将这两类会话主体分别称为内部会话主体和内外会话主体。

商务汉语口语/会话类教材的会话主体基本属于内外会话主体,主要是职场人士与客户、合作者等业务相关方。例如,黄为之主编《中级商务汉语实用会话》[3]共 25 课,包括"到中国做生意、晚宴、文化节、申办驻京代表处、建立账户、报请商检、报关注册登记、订货洽谈、价格谈判、打破僵局、成交、审核合同、索赔、仲裁、参观工厂、额度与关税、定牌生产、包装与运输、租船订舱、货物保险、参展、申请专利、招标与投标、代理、投资"。其会话主体基本上是主要人物——美国远东进出口公司经理范若君及其秘书潘保罗与他们在中国投资做生意时打交道的各种人。而《国际职场通用汉语》的会话主体则以内部会话主体为主,该教材一~六册 120 课的 173 段对话中,会话主体主要是华海集团内部人员,占 67.06%(详见表 1)。"同部门同事"之间的会话最多,有 58 段,会话主体是华海集团市场部的职员、主管和实习生;"跨部门同事"指会话主体是华海集团市场部人员与行政部/技术部/产品部/财务部等部门的人员;"上下级"包括华海集团总经理与副总经理、总经理与部门经理、总经理与厂长、部门经理与职员、经理与秘书等。华海集团人员与集团外人员的会话只占 32.94%,会话主体包括华海集团人员与客户、合作者、其他业务相关者(服务员、应聘者、政府人员、海关人员、保险公司、银行、税务代理公司、猎头、货运公司客服、记者、律师、路人,顾客与客服,顾客与售货员等)以及大卫与他的朋友。

表 1 《国际职场通用汉语》会话主体分布

会话主体	内部会话主体			内外会话主体			
	同部门同事	跨部门同事	上下级	与客户	与合作者	与其他	与朋友
会话数量	58	10	48	28	10	15	4
比重(%)	33.53	5.78	27.75	16.18	5.78	8.67	2.31
总比重(%)	67.06			32.94			

《国际职场通用汉语》以内部会话主体为主的分布特征与商务汉语口语/会话类教材迥异,倒与职场小说《杜拉拉升职记》中会话主体分布特征颇为一致。我们认为,这充分体现了职场

---

① 《国际职场通用汉语》中的主要人物是英国人大卫,教材以大卫从市场部基层职员逐渐成长为公司高管的工作经历为主线,会话均围绕工作或与工作相关的社交活动展开,在话题内容上与商务汉语口语/会话类教材中的人物对话和《杜拉拉升职记》中的人物对话相对较接近(该小说主人公在外资企业——美资 5 强企业 DB 工作,也身处中外人员均用汉语交流的职场)。

汉语的"职场性"，因为，对于职场人士来说，口头交流应当主要发生于与之一起工作的本单位同事之间、上下级之间，诸如打招呼问候、分配工作、请示汇报、交接工作、通报信息、请求协助、升职加薪、产品设计、安全检查、会议准备、宣传策划、市场分析、营销策略、财务预算、绩效评估、总结表彰等等，都是职场人士内部会话的经常性话题。

《国际职场通用汉语》以内部会话主体为主的特征折射出其对职场汉语场域特性的精准把握，符合"以场景化教学为主"的基本原则，"尽量在接近真实的职场环境中组织教学，以'学了就能说、学了就有用'作为教学最高目标"，[4]为职场汉语教学及教材研发中的话题设计提供了借鉴。大量工作场域内的会话实例有助于母语非汉语者积累在工作场景中的汉语表达经验，提高用汉语与中国同事或其他母语者同事交流沟通的能力。

二、对答的主要功能类型

刘虹《会话结构分析》从话语功能的角度将对答类型分为 15 类，包含 46 个次类。[5] 本文参照该分类体系，采用等距抽样的方法，选取《国际职场通用汉语》每册第 9、19 课（共 12 课）进行抽样调查，得到对答 104 组，①各类对答的数量分布见表 2。

表 2　《国际职场通用汉语》对答的功能类型分布②

对答类型	数量	举例
致意—致意	1	李小姐，幸会幸会！ // 您好，史密斯先生。
询问—回答	42	工厂什么地方失火了？ // 黄厂长说是电房的配电箱烧了。
介绍—致意	1	我来介绍一下，这位是我的助理，李小文小姐。 // 李小姐，幸会幸会！
建议—同意／搛塞／反对／质疑	21	● 你得向技术部的同事求助了。 // 我现在就打电话。 ● ……九点在您的办公室见面，好吗？ // 十点怎么样？
陈述—陈述／补充／肯定／质疑／确认／提问／否定	22	● 早上下大雨，路上堵车很严重。 // 我来的时候也堵车了。最近天气不好，常常下雨，很容易堵车。…… ● 以前我们的产品以店铺直销为主，自己开店，成本较高，程序也比较复杂。 // 是的。每次开店都需要做大量的前期准备工作，这就拖慢了销售进度。 ● 那我先做一个预案，以防万一，然后把情况跟客户说清楚，征求他的意见。 // 行，就这样做吧。 ● 您放心，我们的产品质量有保证，售后服务也很周到，买过的顾客都说好。 // 你们有哪些售后服务？
感谢—谦虚／感谢	4	好的。谢谢你的耐心解答。 // 不客气。
提供—接受／谢绝／搛塞／质疑	3	● 我快离职了，经理让我把税务申报工作交给你，我先简单跟你说说。 // 好的。 ● 刘先生，明天晚上您有时间吗？我想请您吃饭。 // 不好意思，我明天晚上有事。
要求—接受／推迟／搛塞／拒绝／质问	10	● 工厂的线路要再彻底检查一遍，杜绝一切安全隐患。 // 我已经安排电工去做检查了。 ● 尽快全部召回！ // 杨总，这么做的话工作量会非常大，损失也会很大。 ● 我男朋友要出差，我想去机场送他。 // 最近我们部门工作任务很重，你还是别请假了。

---

① 有些话轮既含对前一引发语的应答，又含新的引发语。例如下面大卫的话：

　　王一明：大卫，我们去吃午饭吧。

　　大卫：好啊。去哪儿吃？

　　王一明：去公司旁边的中餐馆吧。

　　在这种情况下，我们将大卫的话与前一句归为"建议—同意"类，与后一句归为"询问—回答"类。

② 表中"对答类型"中加删除线的次类表示抽样调查的会话中没有出现；举例中"//"之前为引发语，之后为应答语。

数据显示,15类对答中有7类在抽样调查的课文语料中无用例,即"告别—告别""呼唤—回答""道歉—宽慰/责备""祝愿—感谢/祝愿/宽慰""指责—道歉/否认/借口/承认/争辩/挑衅""赞扬—谦虚/感谢/赞同/赞扬""祝贺—感谢/谦虚/祝贺",这些类型的对答大多属于礼节性表达,在实际工作中极少用到。即便个别类型在抽样之外的其他课文会话中偶有语例,数量也极少,例如,"祝贺—感谢"次类的对答在全套教材中仅有1例:"众人:大卫,恭喜你呀! // 大卫:谢谢各位,正是有大家的支持和配合,我才能取得这样的进步。"(五5)①"道歉—宽慰"次类的对答也很少,如:"小刘:真的很抱歉,请您原谅。// 客户:没关系,……。"(二4)《国际职场通用汉语》会话中使用频度最高的是"询问—回答"类对答,占抽样语料对答总数的40.4%(42/104),这个比重高于通用会话/口语教材"询问—回答"类对答的比重。王文龙曾对4部通用汉语口语教材中会话对答的功能分布进行统计分析,[6]《汉语高级口语教程》《发展汉语中级汉语口语》《汉语会话课本》《高级汉语口语》中"询问—回答"类对答的占比分别为36.8%、30.0%、38.5%、19.3%,平均占比31.2%,低于《国际职场通用汉语》9个百分点。此外,"陈述—陈述/补充/肯定/提问""建议—同意""要求—接受"等类型的对答在《国际职场通用汉语》中的频度也较高。相比其他类型的对答,"询问—回答"等几类对答更多用于职场工作中的语言沟通,因而有较高的出现频度。由此可见,《国际职场通用汉语》对答功能类型的分布特征充分体现了职场汉语的"实用性"。

三、话轮长度与句法特点

(一) 话轮长度

"话轮指会话过程中,说话者在任意时间内连续说出的一番话,其结尾以说话者和听话者的角色互换或各方的沉默为标志。"[5]话轮长度指每一个话轮包含的字数或词数。本文以字为单位(不计标点符号),对《国际职场通用汉语》各册第9课和第19课会话的平均话轮长度进行统计分析,统计结果见表3。

表3 会话的话轮长度

	一 9、19	二 9、19	三 9、19	四 9、19	五 9、19	六 9、19
总字数	298	428	804	897	925	1 343
话轮数	26	26	35	40	29	32
话轮平均长度	11.46	16.46	22.97	22.43	31.90	41.97

数据显示,《国际职场通用汉语》在话轮长度上有两个特点:一是话轮长度有序增加;二是话轮长度总体上控制较好,百字以上的长话轮极为罕见。这两个特点充分体现出教材能准确把握汉语第二语言职场人士的语言发展过程,根据学习者口语能力的发展,不断增加话轮长度,体现教学的"速效性";同时又虑及"二语性"和"实用性",力求帮助二语者以简短的话语达成工作上的有效沟通交流,解决实际问题。

(二) 话轮的句法特点

《国际职场通用汉语》会话话轮的构成单位丰富多样,包括词、语块/短语、单句、复句、句

---

① 中文数字表示第几册,阿拉伯数字表示第几课。下同。

群。从总体上来看,呈现出偏好短语言单位和省略现象凸显的特点,体现在:

1. 应答语经常使用词或短语,不用完整句

例如:(＊号后表示可用而未用的完整句)

（1）王　一　明:你觉得哪个菜最好吃?

　　　　大　　卫:<u>糖醋鱼</u>。(一 9)(＊我觉得糖醋鱼最好吃。)

（2）大　　卫:刘先生,方便告诉我您的手机号码吗?

　　刘　先　生:<u>186×××××××</u>。(一 11)(＊方便,我的手机号码是
　　　　　　　　186×××××××。)

（3）财务部经理:史总,这是为即将上市的新品做的销售预算,请您审核。

　　　　大　　卫:<u>500 万元</u>?是不是太多了?今年的销售预算还剩多少?(五 19)
　　　　　　　　　(＊销售预算高达 500 万元?)

在汉语课堂上,教师为了训练学生说出句法结构复杂的句子,通常要求学生用完整句回答问题。然而《国际职场通用汉语》的会话使我们看到,在职场交流的语境中,说话人的应答语通常简短扼要而不过多重复问句内容,以能提供达到交际目的的语言信息为准,因此往往并不需要完整句,有时用词或短语应答反倒显得更为真实自然。

2. 经常省去复句关联词或某些句子成分

例如:(方括号中为省略成分)

（4）张　副　总:我认为我们的品牌理念已经陈旧,不能适应当下的市场需求了。

　　李　副　总:可是这个品牌理念我们已经用了十年,[如果]突然改变可能会冲击消
　　　　　　　　费市场。(六 19)

（5）大　　卫:平安险的赔偿责任范围主要有哪些呢?

　　保险公司:主要赔偿海啸、地震、洪水等自然灾害造成的货物损失,还包括运输工
　　　　　　　具触礁、沉没、爆炸、失火等意外造成的货物损失。

　　　　大　　卫:那[我们]就[选择]平安险吧。(四 14)

（6）顾　　　客:你们产品的保修期一般是多长时间?

　　售　货　员:各种产品[的保修期]不一样,有三年、五年的,也有终身保修的。

　　顾　　　客:我看中的这款[保修期是多长]呢?(三 19)

例(4)省略假设复句关联词;例(5)省略主语和谓语;例(6)"各种产品[的保修期]"省略主语中心成分,"我看中的这款[保修期是多长]呢"则省略主语中心成分及谓语部分。这类省略造成的句子成分缺失并不影响意义表达,反而使会话语言显得简洁利落,符合真实工作场景的语言表达习惯。

四、会话的词语使用特征

(一)词语使用不受通用词汇大纲限制

通用汉语教材用词通常谨慎依据现行词汇大纲,尽量避免超纲词及超等级词。而《国际职场通用汉语》则以职场特定活动任务中是否常用为标准,"选用国际职场工作场景高频词语"。[1] 即便是位于初级的第一、二册的会话中,也出现了不少《新汉语水平考试大纲》[7]和《汉语国际教育用音节汉字词汇等级划分》[8]词表未收录的超纲词,例如张博列举的第一册中的

"投影仪、通讯录、二维码、改天、笑纳"等,第二册中的"带薪、泡汤、爆胎、文档、拷、转发、垃圾箱、订货、黑屏、显示器、重启、主机、报价、过目、茶歇、升职、加薪、模板、存档、纸质版、高清"等。[9]从通用汉语的角度看,这些词语够不上常用,而在职场汉语中大多是高频词语。为与通用词语相区别,我们可将国际职场工作场景中高频而在通用汉语中不那么高频的词语称为职场词语。

需要注意的是,职场词语一方面有别于通用词语,另一方面也不同于职业汉语中的专业术语。吴伟平强调指出,"我们还必须区分职场汉语和职业汉语。虽然有人觉得这两者是一回事,而且常常混用,但从测试研发的角度看,它们之间有很大的不同。前者的重点是'汉语',侧重在工作场景中常见的语言交流;后者的重点是'职业',关注的是某一特定的职业所需要用到的某些特别的语言。"[10]目前商务汉语或经贸汉语口语/会话类教材普遍呈现出职业汉语的倾向,常常在会话中密集使用以商务或经贸为职业者所需要的专业术语。例如,张卓编著《新时代经贸汉语口语:用汉语做贸易》[11]第8课"海运保险"的对话中,出现了"投保、投保单、仓至仓条款、承保、险别、一切险、战争险、罢工险、平安险、水灾险、一般附加险、特殊附加险、附加险、基本险、保险单"等多个保险业术语。这类词语的使用语域相对有限,负载着特定行业的基础知识或基本概念,而职场词语则是多种职业的工作者在工作场所经常使用的词语,可以视为职业汉语中的通用词语。

(二) 语块丰富

《国际职场通用汉语》会话中语块数量大,结构类型非常丰富。下面列举其中几类重要语块。①

1. 定形式语块

"定形式指该语块的两个直接组成成分之间一般不能进行句法操作,即'形'上具有固定性。它包括习语式和交际套语式两种类型。"[12]《国际职场通用汉语》会话中常用习语式语块如例(7),交际套语式语块如例(8)。

(7) 必不可少、弊大于利、不情之请、对不起、接地气、立于不败之地、扭亏为盈、全力以赴、容不得、说不定、以防万一、与时俱进、真倒霉

(8) 恭喜恭喜、静候佳音、麻烦你了、没关系、您贵姓、您太客气了、请您过目、请您见谅、请稍等、让您久等了、是这样的、要是您方便的话、幸会幸会、这再好不过了

2. 离合式语块

离合式语块分为离合词式语块和离合语式语块两类,前者指可在复合词中插入其他成分的语块,如例(9);后者指可在惯用语中插入其他成分的语块,如例(10)。

(9) 帮～忙(帮不上忙)、订～货(订一大批货)、跟～上(跟不上/跟得上)、请～假(请一天假)、放～假(放几天假)、开～会(开什么会)

(10) 开～玩笑(开我玩笑)、出～问题(出了什么问题)

3. 配选式语块

配选式语块下分定选式和配伍式两个次类。"定选式语块通常由两部分组成,一般是固定的有序搭配,其功能已经类似一个凝固的短语。""配伍式语块的两部分虽然共现,但搭配的确

---

① 关于语块的命名、界定及在汉语语块层级系统中的层级地位,详见薛小芳、施春宏(2013)。

定性没有定选式强。"[12]定选式语块如例(11),配伍式语块如例(12):

  (11) 超额完成、更新迭代、无可挑剔、物色人选、吸引眼球、至关重要、质的飞跃

  (12) 发展—潜力/成就/动力/趋势/战略/思路/方向/重点

    及时—改进/跟进/通知

    尽快—落实/提供/到位/筛选/做起来

    认真—对待/考虑/落实/准备/打磨/学习

    抓紧—落实/准备/生产

    应对/改进/管理/预防—措施

  由于配伍式语块内部成分的搭配确定性没有定选式强,因此一个节点词通常可以和多个词语搭配。《国际职场通用汉语》会话中这类语块数量很多,教学中可以在适当的时候训练学生根据搭配实例概括搭配规则,并区分不同类别的搭配。例如从"发展—潜力/成就/动力/趋势/战略/思路/方向/重点"中概括出"动+名=定中结构"的规则,而"发展—快/迅速/迅猛/全面/缓慢/平稳/顺利/困难"则属于"动+形=动补结构"。

  4. 框架式语块

  框架式是指"语块内部有空槽,需要填入合适的成分才能形成完整的表达"。[12]又可分为单槽式和双槽式两类。《国际职场通用汉语》会话中单槽式语块如例(13),双槽式语块如例(14):

  (13) 跟～相比(跟其他公司相比)、跟～差不多(跟往年差不多)、尽～所能(尽我所能)、离～还有一定距离(离我的期望还有一定距离)、[如果]～的话(如果销量好的话/有困难的话/有问题的话/批发的话/海运的话)、向～反映(向我/上级反映)、向～请示(向谁请示)、用～结算(用日元/美元/欧元/什么货币结算)

  (14) 以～为～(以市场预测为依据/以介绍系列产品和公司形象为主线)、比～增加～(比今年的销售计划增加了四个百分点)、越～越～(越多越实惠)、又～又～(又方便又快捷)、再～也～(再快也要五个工作日)

  5. 插入式语块

  插入式语块或位于两个小句/句子中间,独立使用,或作为句首插入,或作为句末插入,表达特定的语用功能。[12]例如:

  (15) 对了、还有、您知道的、说起这事、坦白来讲、[要不]这样吧、这不、总的来说

  6. 呼应式语块

  "呼应式语块更多表达的是逻辑事理关系、篇章功能。"[13]例如:

  (16) 第一……第二……第三……、一是……二是……、因为……所以……(因为系统中毒了,所以电脑黑屏了)、之所以……是因为……(之所以冒昧打扰您,是因为想跟您洽谈经销代理方面的业务)

  近年来,一些学者发现语言大部分是由语块而不是单个的词组成。Altenberg 指出人们的日常口语中 70% 的部分是语块,Erman & Warren 计算出英语口语中语块占了 58.6%。[13]从《国际职场通用汉语》会话来看,职场汉语中也存在大量常用语块,语块是构成职场会话的重要语言单位。同时,语块又是第二语言记忆和生成的理想单位,掌握具有预制性和整体性的常用语块,有利于弥补第二语言学习者语法知识有限、语言输出能力不足的局限,提升其语言表达的流利性。[14]因此,应当特别重视不同职业场域工作语言中常用语块的发掘和研究,在职场汉

语教学中探讨常用语块的教学策略。

五、会话的语言风格特征

会话的语言风格不言而喻是口语性。以往有些汉语口语教材由于缺乏对特定情境中口语表达的调查,或者为了追求表达的规范性,口语化程度较低。而《国际职场通用汉语》力求"语言尽可能口语化,简洁易懂,实用上口,着重培养国际职场口语交际能力",[1]口语化特征较为凸显,表现在以下几个方面。

(一)口语词多

《国际职场通用汉语》会话大量使用有别于书面语词或通用语词的口语词。下面列举的词对中,前者是职场常用口语词,后者则是书面语词或通用语词。

撑(撑)—坚持;出(出个报告)—出具、拿出;大意—掉以轻心;倒是—虽然;点儿(还能再优惠点儿吗)—一些;点子—主意;盯紧—持续关注;多多少少—不同程度;该—应当;干脆—索性;刚好—正好;光—只、仅;砍掉—减去;厉害—强;亮眼—显著;毛病—缺点;泡汤—落空;批下来—批复;听说—据说;问(问清楚他们的合作意向)—了解;要不然—否则;有空—有时间

(二)多用叹词

较多使用表示叹息的"唉"、表示惊异的"嘿""咦"、表示应答的"嗯"、表示领会或醒悟的"哦"、表示惊叹的"哇"等。

(三)大量使用简短反馈语

简短反馈语指"在会话过程中听话人对说话人话语所发出的简短言语反馈信号"。其中"听话人对说话人所传达的信息或发表的意见表示肯定的态度"[15]的认可型简短反馈语最多,例如:"是是是""是啊""是的""对""当然""好吧""没错""对对对"等。

(四)大量使用动词重叠

以往研究发现,"口语性越强,使用重叠形式的情况就越多"。[16]《国际职场通用汉语》会话中的动词重叠特别普遍,不仅有单音节动词重叠,还有不少双音节动词重叠。例如"见见、敬敬(你还应该敬敬你的老同学)、看看、试试、说说、谈谈、听听、问问、想想、找找、欢迎欢迎、了解了解、熟悉熟悉、探讨探讨、调整调整"等。

(五)大量使用"V 一下"结构

"'V 一下'侧重于陈述动作过程的短时存在",[17]也是具有口语性的一种动词结构。《国际职场通用汉语》会话中"V 一下"结构十分常见,例如"参考一下、发表一下、反映一下、分析一下、讲解一下、介绍一下、精简一下、了解一下、请示一下、确认一下、实践一下、思考一下、搜一下、探讨一下、讨论一下、问一下、修改一下、学习一下、演示一下"等。

(六)大量使用口语性习惯表达

职场汉语中还有大量口语性习惯表达,例如"别提了、还好、还真是、就这么定了、快说来听听、奇怪了、天啊、想到一块了、有什么可以帮到你、这就好、这样吧"等等。

(七)表达方式直截了当

职场汉语表达方式的突出特点是直截了当,以《国际职场通用汉语》第二册第十八课会话"加薪"为例:

王一明：张经理，我有事想跟您谈谈。

张　　华：有什么事？

王一明：您知道的，我在公司工作了一年多了，您觉得我做得怎么样？

张　　华：你工作认真努力，每次业绩考核都是 A，我觉得你是一个很优秀的员工。

王一明：谢谢您的夸奖。我就直接说了，我今天想跟您谈谈工资的事情。

张　　华：你有什么想法吗？

王一明：我的工资一直没涨。我想知道是否有加薪的机会？

张　　华：作为部门经理，我也希望为大家争取更多的福利。我会向上级反映你的情
　　　　　况，为你争取加薪的机会。

王一明：谢谢张经理。

王一明一开始就申明找张华是有事要谈，很快直接说出要谈的是"工资的事情"，询问"是否有加薪的机会"，而张华也明确表示为他"争取加薪的机会"。

同样是要求加薪，职场小说《杜拉拉升职记》有关加薪的对话则表现出不同的语言风格：

杜拉拉：项目完成了，会不会有相应的奖金？①

李斯特：何好德最讨厌人家讲钱了，讲钱就不好了，工作不是为了钱。

杜拉拉：玫瑰上次能批到总裁奖，我们这个应该更没有问题了。

李斯特：这个项目工作量很大，项目小组应该得到表彰，特别是你，很辛苦。我正想着
　　　　跟公司提议给你去做一个水晶的纪念牌，一定要做一个大的，小的我不要。
　　　　柯必得很小气的，不知道他会不会有意见，如果他不愿意，我自己掏钱，也要
　　　　做这个水晶牌。

杜拉拉：柯必得亲口和我说，可以由您这里提议给我申请一个总裁奖，他不会反对的。

李斯特：他没有让我提议呀。

杜拉拉：按常规流程，要提升一个人，或者给一个人加钱，不是应该由用人部门自下而
　　　　上地申请吗？

李斯特：我回头查查公司申请总裁奖的有关政策。

在这段对话中，杜拉拉开始并没有直接提出加薪请求，而是先以跟李斯特探讨的口吻开场，提出会不会有奖金的话题；李斯特不想回答杜拉拉的问题，用上司何好德讨厌人家讲钱来搪塞。杜拉拉又攀比玫瑰上次能批到总裁奖的事，李斯特不得不承认杜拉拉主持的项目工作量很大，项目小组特别是杜拉拉应该得到表彰；但他佯装不知杜拉拉的诉求，说要自己掏钱给杜拉拉做个大水晶纪念牌，还说柯必得很小气可能会有意见。这时，杜拉拉被逼无奈，不得不明说，柯必得说过，"可以由您这里提议给我申请一个总裁奖，他不会反对的。"在杜拉拉已经告诉李斯特加薪申请流程的情况下，李斯特还是没个痛快话，表示回头去查查有关政策，导致杜拉拉要实现的交际目的无果而终。

通过对比可以看到，同样的话题，文学作品中的会话拐弯抹角、迂回曲折、话中有话，为的是借此刻画人物性格、增加情节的曲折性。而真正的职场会话是在紧张繁忙的工作状态下进

① 为方便比较，笔者将小说中这段文字改为会话形式编排，并删略了非对话内容的描写性文字。如：<u>拉拉不接他的话，坚持说：</u>"玫瑰上次能批到总裁奖，我们这个应该更没有问题了。"

行的,会话者追求的是尽快实现交际目的,因此,通常采用直奔主题、直截了当的表达方式。

六、结语

本文以商务汉语口语/会话类教材、通用口语/会话类教材及职场小说人物对话为参照,从会话主体、对答的功能类型、话轮的长度与句法特点、词语使用、语言风格等五个方面对《国际职场通用汉语》会话的语言特征进行了初步分析,发现职场汉语的会话主体多为本单位内部人员,更侧重内部会话主体间的沟通交流,这与商务汉语口语/会话类教材的对话多发生于职场人士与客户、合作者等业务相关方之间不同;对答的功能类型以"询问—回答"为主,其次是"陈述—陈述/补充/肯定/提问""建议—同意""要求—接受"等类型,"询问—回答"类对话的占比明显高于通用汉语口语教材;话轮长度较短,应答语常使用词或短语,省略现象突出;词语使用不受通用词汇大纲限制,语块类型丰富且使用量大;口语化风格特征凸显,体现在多用口语词、叹词、简短反馈语、动词重叠、"V 一下"结构、口语性表达以及直截了当的表达方式。这些语言特征充分体现了国际职场汉语"二语性、国际性、职场性、实用性、速效性"特点,可以为今后职场汉语教学及教学资源研发提供一些借鉴和启发。

当前,"中文+X"是国际中文教育的重要发展趋势之一。李宇明、李艳华将"中文+X"概括为"中文+专业、中文+技能、中文+职业、中文+职业教育"四种类型,[18]其中并没有涉及职场汉语或职场中文。既然"在'中文+X'中,中文具有工具语言性质",那么,"职场汉语/中文"中的汉语/中文更是具有工具语言性质。其与各种"中文+X"中的"中文"有什么共性和区别?如何确定各自的教学目标、教学内容、教学重点和教学策略?笔者以为,要想厘清这些问题,一项必不可少的工作就是对各种"中文+X"中的"中文"和职场汉语的语言特征进行深入研究。本文只是在这方面做了一点初步探讨,希望有更多的一线教师和同行学者关注这个问题,共同推进相关研究。

参考文献

[1] 贾益民,吴煜钊主编.国际职场通用汉语(一～六册)[Z]. 广州:暨南大学出版社,2020—2021.

[2] 曾毅平.论领域变体性质的职场汉语教学[J].当代修辞学,2018(1):74 - 81.

[3] 黄为之主编.中级商务汉语实用会话[Z].北京:北京语言大学出版社,2007.

[4] 胡建刚,贾益民.国际职场汉语教学探讨[J].世界汉语教学,2022,36(3):294 - 305.

[5] 刘虹.会话结构分析[M].北京:北京大学出版社,2004.

[6] 王文龙.汉语口语教材中会话对答结构类型的表现分析[J].华文教学与研究,2013(4):65 - 74.

[7] 国家汉办/孔子学院总部编制.新汉语水平考试大纲(共 6 册)[Z].北京:商务印书馆,2009.

[8] 国家汉办、教育部社科司《汉语国际教育用音节汉字词汇等级划分》课题组.汉语国际教育用音节汉字词汇等级划分[Z].北京:北京语言大学出版社,2010.

[9] 张博.从教材开发看职场汉语教学模式构建[J].国际中文教育(中英文),2021,6(2):38 - 44+12.

[10] 吴伟平.国际职场汉语口语能力测试体系的构建[J].语言战略研究,2023,8(6):22 - 32.

[11] 张卓.新时代经贸汉语口语:用汉语做贸易[Z].北京:外语教学与研究出版社,2022.

[12] 薛小芳,施春宏.语块的性质及汉语语块系统的层级关系[J].当代修辞学,2013(3):32 - 46.

[13] 饶天爽.浅析语块教学法的优势及途径[J].时代教育,2013(21):53 - 54.

[14] 张博."语素法""语块法"的要义及应用[J].语言教学与研究,2020(4):12 - 24.

[15] 张金辉.德语会话中的简短反馈语研究[J].解放军外国语学院学报,2013,36(2):44 - 49.

［16］王永娜.谈韵律、语体对汉语表短时体的动词重叠的制约［J］.语言科学,2008,7(6):636－646.

［17］蒋湘平."VV"和"V一下"的语义及句法差异［J］.汉语学习,2015(4):50－57.

［18］李宇明,李艳华."中文＋X"的类型及"工具语言"问题［J］.世界汉语教学,2024,38(2):147－159.

Linguistic Features of Workplace Chinese
—A Language Analysis Based on "Conversations" in General Chinese in International Workplaces

Zhang Bo

(Research Institute of International Chinese Language Education,

Beijing Language and Culture University, Beijing 100083)

Abstract: The linguistic characteristics of Chinese in workplaces serve as the foundational source and cornerstone of its multidimensional characteristics. This study investigates the linguistic features of workplaces Chinese through an analysis of conversational data from *General Chinese in International Workplaces*. The features includes: a distinct communicative pattern characterized by internal organizational interactions with functional dialogue structures; main function type of the conversations "question-answer", with other types "statement-statement/supplement/affirmation/question", "suggestion-agreement", and "request-acceptance"; short turns with frequent elliptical responses; flexible vocabulary uses beyond standard lexical syllabus and abundant formulaic expressions; a strong oral communication style. These findings provide empirical support for teaching materials development and teaching design in workplace Chinese, while establishing a framework for comparative studies with other "Chinese＋" professional language variants (e.g., "Chinese＋Professions" "Chinese＋Skills" "Chinese＋Vocational Training")

Keywords: Workplace Chinese; Linguistic Characteristics; Conversation; *General Chinese in International Workplaces*

【执行编辑:高卿云】

国际中文教育应加强对言格式教学[*]

完　权

（中国社会科学院语言研究所，北京 100732）

摘　要：从汉语本身的特点出发，国际中文教育应加强对言格式教学。"对言语法"发现汉语中与印欧语主谓结构地位相当的结构是对言结构，支撑对言语法的是"对言格式"。对句是散句的基础，散句依然有两相对待的性质。汉语对言语法和对言结构受对举思维和对待范畴观的支配，重视对言教学有助于学习者形成汉语思维方式。以对言语法为基础的教学内容主要包括四个方面：字本位、四字格、俚俗语、对对子。汉语对言教学应用于国际中文教育有演化语言学基础。汉语对言教学的教材编写与教学实践应强调综合性、实用性且口笔并重。

关键词：国际中文教育；对言；字本位；四字格；俚俗语

一、前言

国际中文教育理论在既往发展过程中主要受到外来教育教学思想的启发。传统上比较有影响力的教学法，例如被称为外语教学第一法的语法翻译法、仿照幼儿学语的直接法、重视语言结构教学的听说法、强调发挥学生智力作用的认知法、突出实践的自觉实践法、重视培养交际能力的功能法，都有各自的用武之地，不过也有一个共性：这些教学法都是着眼于教学本身的教学法，似乎放之四海而皆准，适用于所有的第二语言教学。

本文的思路，是换一个视角，着眼于语言本身，以作为教学内容的汉语的特点为中心来设计教学法。着眼于语言本身的思路，以往也有国别化教学的理念，但那是从学生母语出发，针对不同母语的学生，制定相应的教学方法。本文则反过来看，从作为教学内容的汉语出发，来探索国际中文教学法。在以往的第二语言教学研究中，着眼于语言本身的研究不多，用从汉语本身的特点得到的领悟来指引国际中文教育教学法的研究就更少。究其根本原因，是汉语本体的研究对汉语特点的揭示还不够，还不足以指导国际中文教育。不过，近年来提出的对言语法，是一条触及汉语本质的理论研究新思路，这给国际中文教育教学法研究提供了锦上添花的新启发。

* **基金项目**：本文系国家社科基金重点项目"基于中国特色概念体系的汉语对言语法研究"（23AYY005）的研究成果。
　作者简介：完权，中国社会科学院语言研究所研究员，博士。研究方向：理论语言学，汉英对比。

二、对言语法走进国际中文教育

(一)"对言"关乎汉语句法根本

谈"对言语法"前,有必要解释一下什么是"对言"。

很多人一听到"对",马上就想起"对对子"。确实,"对对子"是传统私塾发蒙的必修课。对子,正式的名称是对联,也叫联语,上下两句,字数相等。形式上(包括声调、词性、结构等)相"对",内容上相"联",富有平衡对称的美感。比如:"天"对"地","来鸿"对"去雁","孙行者"对"祖冲之"等等。简而言之,可以把对对子暂且当成填写近义词或反义词。这背后的规律,正是汉语"把类聚关系展现在组合轴上"这一对言语法的精髓。[1]

但是,对言,却不仅仅是对联。对联只是对言在外在形式上最为突出甚至极端的形式。看起来好像对联只是关乎汉语美不美的问题,然而,成双成对其实也是关乎汉语好不好、对不对的问题。楹联学家刘叶秋说得好:"撰写对联,看来虽似小道,却最能全面反映一个人的学问见识和运用文字的功夫。"这句话点明了掌握对言的程度实际上标志着汉语文运用的能力。而研究语言本体的学者,更加重视的是在两两相对的形式中反映出来的句法语义本质问题。

多年来,不少学者注意到,比对联更为基础的对举格式,在汉语中关乎句子成立与否,是汉语语法的一个重大底层问题。刘丹青描写了对称格式的特殊语法功能,区分了内对称和外对称两种类别,前者是"对称才使得这种组合成立",而后者是"对称才使得这种语言单位带上某种语法功能"。[2]用例转引如下:

1. 内对称

  (1)人们<u>你一句我一句</u>地催他。(王蒙等《重放的鲜花》)

  (2)<u>东也闹兵,西也闹兵</u>,谁敢走啊。(老舍《骆驼祥子》)

2. 外对称

  (3)满屋子的人<u>你看看我,我看看你</u>。(王蒙等《重放的鲜花》)

  (4)俺管她陆素云,七素云的。(陈登科《风雷》)

陈一对对举表达式做了进一步的分类,并揭示其并立性、依存性、偏依性等特点。[3]

张国宪从句法、语义和语用功能的校对刻画了对举格式,并特别指出了对举格式在韵律上的功能,比如汉语中一般不出现"2+1"式的主谓句,但是在对举结构中就可以。[4]用例转引如下:

  (5)a. *大狗叫。b. 大狗叫,小狗跳。

  (6)a. *东方红。b. 东方红,太阳升。

刘云也探讨了对举的各方面功能,特别探讨了对举格式的句法标记问题。[5]铃木庆夏则分别进一步探讨了对举形式在语义上不表示事件、不叙述故事情节、突出前景化焦点等特点,以及在语用上所具有的范畴化功能。[6][7]总之,越来越多的学者看到了对称、对举、对言在汉语中的重大意义,看到了对称规律如何回答在某些语法难题时传统语法所不能及的解释作用,以及对称规律对传统语法规则的补充和完善,所以周殿龙认为对称规律是解决语法难题的一把钥匙。[8]

随着研究的进展,也有一些学者开始思考如何解释为什么对举格式在汉语中具有如此巨大的句法语义价值。有的学者尝试从构式语法角度入手,比如温锁林探索了汉语中的极性义对举构式,[9]吴早生探索了数字对举格式的构式语义。[10]也有的学者从认知语法角度入手,比如殷志平从数量象似和完型结构的角度探讨对称结构的认知特点,[11]陈一从交互象似性的认知突显功能来分析回环式对举结构,[12]秦洪庆使用概念整合理论来解释"古有 X,今有 Y"这一种特殊的对举结构。[13]

　　以上研究都揭示了对称、对举、对言在汉语句子组织中的巨大作用,但是相反,我们熟悉的一些外语似乎却并不关注这个问题。这应该是一种系统性的差异。正如布龙菲尔德所说:"英语完整句的较普遍的特点,并不同样广泛地存在于其他语言。"[14]萨丕尔也提出,语言结构反映出来的是系统化了的概念世界,而不同的语言不仅有不同的概念世界,表达概念世界的语言结构也不是截然等同于这样的概念世界。[15]

　　所以,对言是汉语底层的根本造句要求。以上所引前人研究,主要还是集中于表层形式相对的格式,但是对言绝不只是对联、对偶、对仗这样对称的表层形式,那么,对言语法如何认识对言呢?

(二)"对言语法"深化了对言研究

　　从对称格式开始的研究,是沈家煊提出对言语法的重要先导之一。[1]但是,对言语法,却远远不止研究对称格式。

　　沈家煊从集语音、语义、词汇、语法于一身的"对"作为汉语的成句条件入手,开创了汉语语法理论研究的重要新领域,发现汉语中与印欧语主谓结构地位相当的结构是对言结构,提出汉语语法是基于对话的"对言语法",支撑对言语法的是"对言格式"。"对"是多个义项的综合,包括对话、应对、相对、对待、比对、对错、对应、对称、对偶、对仗等,其中,对话和应对是根本。"对言"既指对话,又指对举言辞,集语音、语义、词汇、语法于一身。"对言格式",包括四字语、上下句、互文回文、重言叠词、排比对偶、顶真续麻、比喻典故、起承转合、偶字奇字、实字虚字、声象乎意、施受同辞等等,有正对还有偏对。对句是散句的基础,散句依然有两相对待的性质。对言的格式化是汉语的语法化。[1]

　　"对言语法"系统地论证了对言语法是音、形、义、用四位一体的汉语大语法,超越了西方语言基于主谓结构的语法理论框架。印欧语语法以主谓结构为主干,主谓结构是以续为主,续中有对。汉语大语法以对言结构为主干,对言结构是以对为本,对而有续,对而有序。对西方人来说,主语加谓语才表达一个完整的意思,才成为"完好形式";对中国人来说,对举着说才表达一个完整的意思,才成为"完好形式",不对言无以明义完形。"超越主谓结构"的意思是,如果说汉语也有主谓结构,那不过是比附西方传统逻辑的主谓式命题。这就在汉语里消解了主谓对立以及动词的中心地位。沈家煊还阐释了对言语法如何植根于语言的对话性。从对话和互动的角度,从汉语流水型语篇的特性着眼,看汉语究竟是如何运作和传情达意的。对言语法是"字句章篇贯通,音形义用一体,传情达意不二,历时共时交织"的大语法。[1]

　　从形式语法的角度看对言语法,其实也很容易理解。在最简方案中,结构的生成被简化到一个最基本的推导操作——合并(merge),即将 X 与 Y 合并构成一个新的成分 Z。图解如下:

(7)
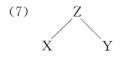

　　合并操作有一个必要条件,即假设 X 作为该合并成分 Z 的中心词,而且要让 X 和 Y 可以

结合,那么 X 必须相应地具有一个不可解读的 Y 选择特征[uY],而 Y 本身也就具有一个可解读的 Y 成分特征,这样的两个特征就好像"搭扣"一样把二者结合起来,合并成 Z。在此基础上,辅以其他各种操作,就形成了层级性的有中心的句法树。以上假设的关键,是 X 和 Y 的关系是不对等的——X 作为中心词,并且二者的选择特征也是不对称的。我们熟悉的西方语言,就是在这样的结构基础之上形成了复杂的层级句法。

那么,根据汉语的表现,我们有理由相信,这样的最简方案,还可以更加简化,可以进一步假设有一种更加简单的合并,就是不要求中心词的合并,X 和 Y 的关系是对等的,可以称为"前合并"或"初级合并"。X 和 Y 的选择是对等的相互选择,是由语义和语用条件决定的。不依靠语法上的"搭扣",韵律上的联系就更加重要。这样的 X 和 Y 就是汉语的"对言"。我们熟悉而又陌生的汉语,就是在这样的结构基础之上形成了复杂的对言语法。

"对西方人来说,主语接续谓语才表达一个完整的意思,形式上才是完好的;对中国人来说,'对着说'的对言才表达一个完整的意思,才制造意义,形式才是完好的,不对言无以明义完形。"[16]对言语法体系目前还在发展之中,对国际中文教育而言,重要的不是教授理论语法研究的具体结论,而是让学习者塑造汉语思维方式,感受汉语"对"的灵魂。

(三) 对言教学给国际中文教育注入灵魂

对言语法体系既具有鲜明的中国特色,也建立在世界语言共性的基础之上,有望成为指导国际中文教育教学方法的一个新的尝试。

从宏观上讲,语言教学宜取法乎上,汉语教材不能像个实用旅行翻译手册。从基础教学起,就要注入汉语的灵魂,尤其是体悟汉语的韵律和节奏。"汉语的结构具有互文性和对言性。对汉语来说修辞本身就是语法,是语法不可分割的组成部分。"[1]"音节对称是汉语自身的一种语法形态。"[1]对言语法在大语法的视野里,对传统所述的汉语现象,包括四字格、互文回文、对仗对称、施受同辞、重言叠语、顶真续麻等,重新加以审视和阐释。这些结论都值得引入国际中文教育教学中。教外国人说中国话,一定要把中国话说得像中国话,兼具传情达意的实用和美轮美奂的感受,这不是非得放在高级阶段的目标,而是从一开始接触汉语就可以做到的。不光汉语,英语同样。以下两则儿歌,是汉英儿童学习母语过程中常见的,它们都显示出韵律美和易学性的兼容:

　(8) 小老鼠,上灯台;偷油吃,下不来;叫妈妈,妈不在;骨碌骨碌滚下来。

　(9) Twinkle, twinkle, little star, how I wonder what you are.

　　　Up above the world so high, like a diamond in the sky.

　　　Twinkle, twinkle, little star, how I wonder what you are.

从微观上讲,韵律有助于学习者形成该语言的思维方式。汉语思维的特点,就是对待;对待思维的语言外壳,就是对言。汉语对言语法和对言结构受对举思维和对待范畴观的支配,这就是中国人的语言观。这从吕叔湘英译汉技巧中可以窥斑见豹。吕先生译文常常使用汉语对言格式翻译英语非对言的日常表达,而且也常常就是大白话。略举一例如下:

　(10) Now that's the sort of silly sentiment that there's been much too much of.

　　　吕译:诺,这种无聊的感情话,<u>你也这么说,他也这么说</u>,我真听腻了。(《哥儿回来了》)

这说明对言格式不只是阳春白雪,也是下里巴人。对言语法适用于从初级到高级的整个汉语学习过程。注重对言教学可以提高学习者的汉语语感,培养学习者的汉语思维。外国人初学汉语,要掌握地道的汉语表达,就不能词对词地学汉语,甚至不宜句对句,而是应该从实际表达效果着眼,选用合适的汉语表达法,在语言运用中学。现有教材中的表达常常比较正式,甚至过度正式,以至于脱离生活。比如以下为某传统汉语口语教材节选:

(11) Bèidì：Huānyíng nǐ. Qǐng zuò!

　　　Betty：Welcome. Please sit down!

　　　Bùlǎng：Xièxiè.

　　　Brown：Thank you.

这样的对话在生活中其实是有特殊语用要求的,是在非常正式的场合,而常见的自然对话其实是对言形式,重叠是典型的对言,这样才是生活化的表达:

(12) 甲:欢迎欢迎! 请坐请坐!

　　　乙:谢谢谢谢!

同一教材中再比如:

(13) Bùlǎng：Míngtiān shì wǒ de shēngrì.

　　　Brown：Tomorrow will be my birthday.

　　　Gélín：O, nǐ de shēngrì shì liùyuè qī hào.

　　　Green：Oh, your birthday is on the 7th of June.

尽管这也是汉语,但给母语者的感觉却不是口语交际对话中地道的汉语,关键就是过于迁就主谓结构。汉语本质上是对言基础上的话题说明连续结构,虽然也能容纳主谓结构,但是常常还要附加语用条件。说"明天是我的生日"比较适合于书面语,比如写信。而上面的例子,口语中更自然的说法是:

(14) 甲:明天我生日。

　　　乙:哦,你生日六月七号呀!

这样就随意多了,像是朋友间的对话。"明天""我生日"是对照着说的话题说明结构,"我""生日"又是一层对照着说的话题说明结构,都是对言。而这些对言的两部分之间并没有什么语法的形式选择特征,关联是靠语义和语用达成的。认识到这一点,在对言形式中融入语用教学,才有助于提升学习者的汉语思维。

三、以对言语法为基础的教学内容举隅

(一) 字本位

要在形式上对称起来,对音韵结构就有要求。参差长短不容易相对,单音节珠圆玉润就对得起来。所以,对言的基础是字,汉语的韵律结构、语法结构、语义结构的基础都是字。最早涉及这个观点的,其实不是徐通锵、潘文国等国内的几位字本位语法倡导者,也不是法国的字本位教学法鼻祖白乐桑,而是美国的描写语言学大师布龙菲尔德。他在 1933 年的《语言论》中说:"……完全的分析语,如现代汉语。在这样的语言中,每个词是一个单音节词素或是一个复合词或短语词。"[14]简而言之,汉语的字就是词,字和字组成的复合词也是词。这一点对于母语者来说,其实应该是一种直觉。翻开《现代汉语词典》,也是一个个字头,汉语的词典其实首先是字典,字就是词。

双音节词,本质上是复合词,当然也是词。"本位"就是"基本单位",在汉语中单字构成的单音节词是"基本单位",形成了汉语反映世界的概念基础。掌握了字,也就是掌握了破解汉语的密码。相比之下,双音节词虽然是"强势单位",作为组合单位满足了现代生活所需的表征需要,但说到底它们是由基本单位组成。

双音字组是复合词,所以从外语的眼光来看,它们"像词"的程度不等,赵元任提出一个"类似 word 的各种单位综合表",横跨了从一般认为的不成词语素到临时句法词的种种可能性。[17]但透过复杂的现象看本质,基础还是字。"像词"的程度差异绝不是在"词"和"语"之间设立一个中间站(离合词、短语词、句法词)就解决问题的,"韵律词"也不行。所以,不如干脆承认,汉语对世界的基础概念划分法和外语是不一样的,因此汉语对应于英语 word 的语法单位就是字。要根据语法地位等同的标准来判断语法的基本单位,而不能根据语义等同的标准来判断。

字本位,就意味着字与字在听感上大致等重,一个个音节本身就是一个个大致"等音长"的节奏单位,那么,字与字组合的结果必然是这样:最小的字组是由两个对等项(equated terms)组成的二字组,再作为对等项造就四字格;均匀的 2+2 音节结构是均匀的 1+1 音节结构的放大版、充实版。这样的扩展方式,也是一种递归。这样的音节结构递归在语法上的后果必然是,字本位语法自然包含韵律语法。

教学语法的字本位在本质上和理论语法的字本位相一致。前人对字本位教学法已经有很多实践,本文只想强调一点——韵律。尽管汉语是字本位,英语是词本位,但是英语的入门课本依然是充分考虑到韵律的。这一点我们可以借鉴英国的一套小学语文教材 *The Royal Readers*,比如其中第一课如下:

（15）　　　　　　　　　　　MY CAT

I have a cat,	From off the rug,	Each day I bring
Its name is Tit,	It scarce will stir,	Its dish of milk,
And by the fire,	But there will sit,	And smooth its coat,
It loves to sit.	All day and purr.	To shine like silk.

初始课文采用韵文,这个思路跟我们的"三百千"一样,移植到二语教学中,是有价值的尝试。汉语以字为本位,以骈偶为美,音节对称,韵律协调,句子读起来才抑扬顿挫,悦耳动听。好的教材不能编得像一本旅游翻译手册,教学的起始就要触及语言的灵魂,期待我们的教材中有更多的汉语之美。

赵元任说:"在中国人的观念里'字'是中心主题,'词'则在许多不同的意义上都是辅助性的副题,节奏给汉语裁定了这一样式。"[17]这说明字本位决定了节奏韵律在汉语中的重要地位,而汉语的节奏韵律典型地体现在四字格上。

（二）四字格

教学任何一门外语都不能采用翻译思维,国际中文教育也一样。字本位的汉语,在组合阶段的第一层,即双字词阶段,在以往的教学中,是受到足够重视的。但是进一步的组合,即四字格,在以往的教学中,其重要性往往是被忽略的。教材编排较少,专门教学时间安排也少。四字格是教学难点,作为汉语特色,富有文化底蕴,好像教成语外国学生就不容易懂似的。但是,以下两点原因,可以使我们打消顾虑。

其一,四字格并不限于成语,而是广泛存在。吕叔湘是较早深入探究四字格的学者,其中提出"'2＋2'的四音节是现代汉语里一种重要的节奏倾向"。[18]四字格包括大量一般性四音节词组,比如:"进行调查、钢铁生产、伟大人物、文化教育"等等。当然,进一步就是四音节熟语,比如:"牛羊马匹、横看竖看、大小事务、城乡居民"等等。再进一步才是固定的成语,比如:"丰衣足食、风调雨顺"等等。这只是作为习语固化程度的不同而已,但是它们在韵律语法上的意义是同样重要的。四字格不限于古语,现在网络用语也有很多新四字格,比如"喜大普奔、男默女泪、不明觉厉、十动然拒"等等;四字格也不限于书面语——"各种各样、连纺带织①"等等。四字格从最初的教材就可以开始,比如例(12)。作为国际中文教育的教学内容,四字格可以很好地融入整个教学计划之中,而不至于增加不必要的难度。

其二,其实即便是成语,只要方法得当,学生也会很喜欢。笔者曾经带过的初级班上有一个西班牙学生,有一天指着自己衣服上四个字问我写的是什么。我一看——"醉生梦死"。解释给他听后,他非常高兴,还说自己就喜欢过那样的日子。关键是,他很快就学会了这个成语的使用。国际中文教育不能怕难,而要化难点为重点,有好的教材教法教学设计,一定会取得成效。

对四字格的重视,在国际中文教育中实际上是古已有之。图1是1896年在香港出版的一部面向法语学习者的汉语初级课本②内页书影。其中可以清楚地看到,四字格比比皆是,而且对四字格的要求十分宽泛,连"放我的水""翻一本书"都在内。四字格具有预制性、整存整取性,编者对这一点是很有自己的体悟的,把四字格编入教材,其意义在于,学习者习得这样的预制块后,会很容易就运用到汉语交际中。

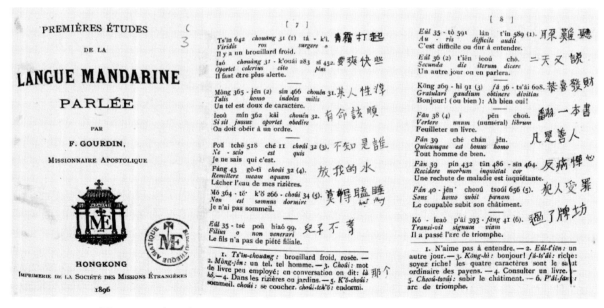

图1　*Premières études de la langue mandarine parlée*《官话口语初级教程》书影

现在的教材中,也有做得好的,比如:

(16)"早在远古时代,龙就被赋予<u>上天入海、呼风唤雨</u>的本领……它无所不能,无所不会,千变万化,神秘莫测;它和人类一道去战胜灾难,征服自然……"(《中级汉语精读教程Ⅱ》,《中国龙》)

---

① 沈家煊(2022)中讲了一个老婆婆口语中用到"连纺带织"的故事。
② 感谢李青峰提供资料!在线阅读网址:babel.hathitrust.org/cgi/pt? id＝coo.31924023343613&seq＝9。

这段课文不长,但四字格却不少,作为教材,很耐品味。四字格不宜按西方模式拆分①后去理解表达,如果说成"龙就被赋予飞到天上去、到海里面游泳、呼唤风和雨的本领",虽然意思还在,但是失去了汉语的味道,脱离了文化语境,不利于形象教学,读起来也不顺口,难以在朗读教学中体会美感。这样就不是教语言,更不是教生活了。

再比如图2《国际商务汉语》中这个选段,二人对话都是口语,但是充分体现了四字格的灵活运用,其中包含了四字格,如:"欢跳不眠、醒脑提神、轻松自如、沾沾自喜、知己知彼、内部作业、越少越好";四字格的扩展:"风靡全世界、介绍点经验";对称句:"头脑清楚,思维敏捷;战胜自我、克敌制胜;你越……,越……;如何……如何……"。

史　霞:咖啡这种洋饮料,多少年来风靡全世界,你说喝这种东西到底有没有好处?

左晓晴:非洲羊吃了咖啡豆,欢跳不眠。听国外的朋友说,如果一天不超过四杯,确实有醒脑提神的作用,还有人说喝咖啡能治头疼。史经理,看您在谈判桌上,很轻松自如,您的谈判对手也都认为您头脑清楚,思维敏捷。您能给我介绍点经验吗?

史　霞:那都是一般的客套话,不能沾沾自喜。在商战中,我倒是研究过许多战胜自我、克敌制胜的文献,尤其是《孙子兵法》。

左晓晴:您能给我谈谈吗?

史　霞:我体会最深的是,要知己知彼。你越了解自己的公司、产品、行业,在谈判时越有利;你越清楚自己的客户和他的公司,你越占上风。知道如何倾听、如何引导他人很重要;而买主对你公司内部作业的状况,则是知道的越少越好。

图2 《国际商务汉语》选段

四字格在汉语中占据了作为下接双音词、上接对称句的桥梁和枢机的重要地位,值得我们投入足够的精力去进行教学研究。

(三) 俚俗语

四字格的预制性程度上是有差异的,而预制性强的是俚俗语。赵元任提出"陈词套语;成语、格言、谚语、警句等"同样反映了汉语节奏与结构的对应关系,并有如下精辟的论述:

> 从语言学习的角度看,我想,把整句形式的成语、譬喻都收入以"词典"命名的汉语工具书不会是编纂者的偶然疏忽。从西方标准看,词典只应该包括结构词,至多加上短语。而汉语的"词"在日常语言中,我们说过,是指措词用语或各种固定短语。既然如此,碰到由几个音节组成、有紧凑节奏的短短的组合,其意义又必须加以解释有什么理由不把它收入词典呢?[17]

---

① 这个观点应该是郭绍虞先生提出的,但是一时无法核实出处,向读者致歉!

赵先生虽然说的是词典收词,但是应用到教学上,原理是同样的,就是汉语词的节奏和结构具有重要关联,"这种可伸缩性已经影响到了中国人的思维方式。语言中有意义的单位的简练和整齐有助于把结构词和词组做成两个、三个、四个、五个乃至更多音节的方便好用的模式"。[17]因此,掌握汉语词的节奏有助于掌握汉语组词造句的模式与结构,有助于掌握中国人的思维方式。

地道的俚俗表达体现了汉语的对言韵味,充分反映了汉语对言的丰富特点。根据沈家煊,[16]对言的特点可以从以下不同的角度来看,以各种俚俗语为例。

1. 有序对

汉语以对为本,对而有续、对而有序。这个"序"是统摄各种结构的一条自然序,先易后难。例如:

> (17)一个好汉三个帮。
>
> 说曹操,曹操到。
>
> 上面一句话,下面忙不停。
>
> 百尺竿头,更进一步。

2. 缩放对

汉语对言,可以从字组放大到语篇,通体成对言格局,这叫"对言同构性"。例如:

> (18)吃要吃有味的,说要说有理的。
>
> 会走走不过影,会说说不过理。
>
> 只怕不勤,不怕不精;只怕无恒,不怕无成。
>
> 宁可身冷,不可心冷;宁可人穷,不可志穷。

3. 链接对

对言的链接,无须借助定中、主谓、动补这些概念,也无须采用层次分析,就依靠扁平结构和首尾相连的指语对,叫"链接对",照样可以实现对这个句子的理解。例如:

> (19)有什么,吃什么。
>
> 谁有钱,谁请客。
>
> 轮到谁,谁请客。
>
> 哪里苦,去哪里。

4. 多重对

对言格式贯穿语音、语法(也叫语形)、语义、语用,可称为"音形义用四重对",综合考虑这四方面的因素,选择当前最合适的对言表达形式,形成整齐中有参差、对称中有变化的局面。例如:

> (20)一停,二看,三通过。
>
> 不下水,一辈子不会游泳;不扬帆,一辈子不会撑船。
>
> 光说不练假把式,光练不说真把式,连说带练全把式。
>
> 井越掏,水越清;事越摆,理越明。

适量学习使用俚俗语是汉语学习中很有趣味的调料。笔者在小时候就很喜欢看歇后语词典,"泥菩萨过江——自身难保""一二三四五六七——忘(王)八"至今都觉得让人忍俊不禁。理解这些歇后语的过程,也可以在趣味中深化学习者对汉语文章的理解。国际汉学名家、瑞典奥斯陆大学的何莫邪教授一直都很强调要快快乐乐学汉语。所以，在汉语国际教育中适当引入俚俗语教学，把语言学习教成语言游戏，不仅有助于提升学习者的兴趣，还可以在潜移默化中增强学习者对汉语的感悟。

（四）对对子

赵元任也强调"同样重要的还有作'对子'"。[17]对偶对仗都有助于培养对[①]的语感，以前儿童入塾开蒙都从对对子起步，这是有道理的。而且这样培养起来的语感，不限于文言，也是掌握好现代汉语的需求。国际中文教育同样也可以从刚入门的时候，就在对对子的教学中嵌入、渗透汉语的对言底色。

从对言语法的角度看，对偶对仗是"把本来是类聚关系的对等词语拉到横向组合轴上"[1]的典型手段。这样的练习，非常有助于系统地扩展学生的词汇量，快速形成汉语概念体系，形成汉语思维方式。赵元任提出汉语词节奏的整齐性促使汉语产生了"阴阳""乾坤"这样影响深远的概念。[17]沈家煊更进一步提出，中国人的思想以"对待"关系为出发点，"中国哲学进行思辨的成对范畴，天—人，人—圣，用—体，器—道，无—有，物—事，都是动态的、由一生二的甲乙包含关系、对待关系"。[1]对言语法与对待关系是中华语言文化的底层。当然，在汉语国际教育中我们不能从理论上讲授，必须采用隐蔽式教学，呈现出汉语的对言特色，在潜移默化中感染学生。

对言对待，是中国的，也是世界的。实际上所有语言都有对言基因，汉语不过是尤其发达而已。这是对言适用于国际中文教育的演化语言学基础。这一点可以从演化语言学视角得到证明。布龙菲尔德提出的一种特殊的零句，叫作格言式（aphoristic type）。[14]例如：

（21）First come, first served.（先到先得。）

　　　Old saint，young sinner.（老来圣徒，少时罪人。）

　　　The more you have, the more you want.（越富有越贪婪。）

　　　The more，the merrier.（越多越开心。）

这样的句子很明显由两部分对称形式组成，Progovac指出这类句子之间其实是并置关系，并且提供了一些其他用例。[19]这些句子对言形式明显，说它们就是英语中的对偶，大约也不算错。Progovac还举出了更多的英语例子：

（22）Nothing ventured, nothing gained.（不入虎穴，焉得虎子。）

　　　Easy come, easy go.（来得容易去得快。）

　　　First come, first serve.（先到先得。）

　　　Monkey see, monkey do.（有样学样。）

　　　Come one, come all.（一个来，个个来。）

　　　Like father, like son.（既有其父，必有其子。）

　　　So far, so good.（直到现在，一切都好。）

再如塞尔维亚语的例子：

（23）Preko preče, naokolo bliže.（捷径虽短，未必最好。）

　　　Što na umu, to na drumu.（心有所思，口有所言。）

　　　Duga kosa, kratka pamet.（头发长，见识短。）

---

① 这个"对"是双关，既有两两相对的意思，也有正确的意思。

非洲尼日尔-刚果语系的 Twi 语的例子：

    （24）Wo dua wo twa.［你种你收。（自种自吃，丰衣足食。）］

          Wo hwehwea wo hu.（你找你得。）

Progovac 从演化句法角度指出，这是语言演化早期的非层级性的、对称的"并联"组合，这样的语法演化阶段早于小句，甚至早于小小句，是从独词句阶段到小小句阶段的合理过渡，至今仍保存在很多语言中，成为语法结构的"活化石"。

所以，从这样的语言演化共性来看，外国学生学习对对子也不是什么无法接受的事情，只要我们处理好教学方法，设计好课程教材，潜移默化，循序渐进，不求甚解，避免贪多嚼不烂，应该能够收到良好的教学效果。

四、余论：教材编写与教学实践原则

良好的教学效果需要依托于良好的教材编写与教学实践，限于本文主题和篇幅，只能在结尾略谈几句原则性的想法。

强调综合性而非分析性。对言教学是音形义用一体的综合教学。在理解中，汉语对言以明义，"对着说"表达一个完整的意思、生出一个新的意思，这需要在语言实际交际场景中运用综合性的教学手段才能达到效果。

强调实用性而非理论性。上一节谈到的四个方面的主要教学内容都应该以实际使用为训练中心而不必涉及对言语法理论。这是一个新的理论，尚待开拓，不必作为教学内容；但是汉语的对言特征却是挥之不去的现实，学习者可以在使用中得到深切的感悟。

强调口笔并重而无偏废。对言不只是写下来才看见的特征，而是植根于语言的对话性，以双方的互动合作为前提。对话的各种特征在对言语法中都有体现，不必等到高级阶段或者书面语教学中才纳入对言的教学内容，在口语教学中就可以自然嵌入。

关于以上原则，详细的分析、论证与落实只能以俟后文。希望有更多的学界同仁共同参与，携手开拓国际中文教育中对言教学这一片新天地。

参考文献

［1］沈家煊.超越主谓结构——对言语法和对言格式［M］.北京：商务印书馆，2019：281.

［2］北京市语言学会.语文知识丛刊 3［M］.北京：地震出版社，1982.

［3］陈一.对举表达式的再分类及其意义［J］.中国语言学报，2008（6）：19－31.

［4］张国宪.论对举格式的句法、语义和语用功能［J］.淮北煤师院学报（社会科学版），1993（1）：96－100.

［5］刘云.现代汉语中的对举现象及其作用［J］.汉语学报，2006（4）：75－85＋96.

［6］铃木庆夏.对举形式的句法语义特点及其教学［C］//第十四次现代汉语语法学术讨论会论文集，2006.

［7］铃木庆夏.论对举形式的范畴化功能［J］.世界汉语教学，2008（2）：45－53＋2－3.

［8］周殿龙.对称规律——解决语法难题的一把钥匙［J］.山西师范大学学报（社会科学版），1990（1）：89－92.

［9］温锁林.汉语中的极性义对举构式［J］.汉语学习，2010（4）：16－24.

［10］吴早生.数字对举格式的构式语义［J］.中国社会科学院研究生院学报，2014（4）：109－115.

［11］殷志平.对称格式的认知解释［J］.语言科学，2004（3）：89－95.

［12］陈一.现代汉语中两类回环式对举结构的认知分析［J］.北方论丛，2012（4）：68－69.

［13］秦洪庆."古有 X，今有 Y"对举结构的认知阐释［J］.洛阳师范学院学报（社会科学版），2017，36（1）：73－76.

［14］［美］布龙菲尔德.语言论［M］.袁家骅,赵世开,甘世福,译.北京:商务印书馆,2008.

［15］［美］萨丕尔.语言论［M］.陆卓元,译.北京:商务印书馆,2017.

［16］沈家煊.说四言格［J］.世界汉语教学,2019,33(3):300－317.

［17］赵元任.汉语词的概念及其结构和节奏［M］∥赵元任语言学论文集.王洪君,译,叶蜚声,校.北京:商务印书馆,2002.

［18］吕叔湘.现代汉语单双音节问题初探［J］.中国语文,1963(1):10－22.

［19］Progovac. L. *Evolutionary Syntax*［M］. Oxford: Oxford University Press,2015.

Strengthening Dui-Speech Construction Teaching in International Chinese Education

Wan Quan

(Institute of Linguistics, Chinese Academy of Social Sciences, Beijing 100732)

Abstract: Starting from the characteristics of Chinese language itself, international Chinese education should strengthen the teaching of Dui-speech. The Dui-speech Grammar found that the structure in Chinese that is equivalent in status to the subject-predicate structure of Indo-European languages is the Dui-speech, and the Dui-speech format supports the Dui-speech grammar. The Dui-speech sentence is the foundation of the scattered sentence, and scattered sentence still holds the property of Dui-speech. The grammar and structure of Chinese Dui-speech are governed by the concepts of couplet thinking and mutual treatment categories. Emphasizing Dui-speech teaching can help learners develop a Chinese way of thinking. The teaching content based on Dui-speech grammar mainly includes four aspects: zi-centered, four-character structure, slangs and idioms, and making couplets. The application of Dui-speech teaching in international Chinese education has an evolutionary linguistic foundation. The textbook compilation and teaching practice of Chinese language should emphasize comprehensiveness, practicality, and equal importance of both oral and written Chinese learning.

Keywords: International Chinese Education; Dui-Speech; Zi-Centered; Four-Character Structure; Slangs and Idioms

【执行编辑:郭鸿宇】

基于扎根理论的"中文十"教材评价指标体系构建[*]

李 颖 梁 宇

(北京语言大学国际中文教育研究院,北京 100083)

摘 要: 为推动"中文十"教材研发实现从"规模扩大"向"质量提升"转型,亟须建立科学的评价指标体系,充分发挥教材评价对教材开发的指导作用。本文基于扎根理论,确立了包含4个一级维度、12个二级维度和43条指标描述语的"中文十"教材评价指标体系。该评价指标体系具有契合教材编写原则、兼具系统性与易操作性、突出职业导向性三大特色,既可为"中文十"教材评价实践提供有效工具,也可为后续"中文十"教材评价研究提供参考。

关键词: 国际中文教育;"中文十";教材评价;指标体系;扎根理论

一、前言

党的二十大报告强调,要"加强教材建设和管理"。[1]《教育强国建设规划纲要(2024—2035年)》进一步强调,要"打造培根铸魂、启智增慧的高质量教材"。[2]作为我国教材体系的重要组成部分,国际中文教材是面向国内外中文学习者的第二语言/外语教材。因此,打造适应新时代需求的国际中文教材体系,通过科学评价促进教材质量提升,已成为落实国家教育政策、服务国际中文教育高质量发展的必然要求。

2019年年底,首届国际中文教育大会召开,大会设立专题论坛,探讨如何将中文教育与就业创业对接,使中文教学更好地服务当地经济社会的发展。[3]与此同时,学界普遍呼吁国际中文教育应着力推进"中文十"发展模式,培养"懂中文、会技能、通文化、高素质"的人才。[4]从学理渊源来看,"中文十"与专门用途中文(Chinese for Specific Purposes,CSP)一脉相承,李泉将专门用途中文分为学术性的"专业汉语"和职业性的"业务汉语"两类,[5]李宇明和李艳华则进一步将面向职业需求的专门用途中文分为"中文十专业/技能/职业/职业教育"四类。[6]在此基础上,本文所指的"中文十"对应专门用途中文中的专业中文和职业中文两大部分或李宇明和李艳华所述的"中文十X"。相应地,"中

---

[*] **基金项目:** 本文系2023年度国家社会科学基金重点项目"新时代国际中文教学资源助推中华文化对外传播创新路径研究"(23AYY026)、国家语委"十四五"科研规划2022年度重点项目"'中文十职业技能'教学资源建设研究"(ZDI145-35)的研究成果。

作者简介: 李颖,北京语言大学国际中文教育研究院硕士研究生。研究方向:国际中文教育。梁宇(通讯作者),北京语言大学国际中文教育研究院教授、博导,世界汉语教学学会会员。研究方向:国际中文教育。

文＋"教材特指为"中文＋专业/技能/职业/职业教育"需求所研发的第二语言/外语教学材料。

在国际中文教育领域,现有教材评价研究主要聚焦于评价量表的研制,如梁宇和李诺恩采用德尔菲法和层次分析法构建量表。[7]在"中文＋"教材研究领域,学界针对"中文＋"教材的系统性评价研究尚不多见,目前仅见陈肯基于评价周期的前中后阶段构建了评价体系。[8]需要特别指出的是,现有的国际中文教材评价多采用通用性指标,而"中文＋"教材因其专业/职业导向的特殊性,在评价维度上既需要借鉴通用性指标,更需要建立具有针对性的特色指标。因此,本文尝试运用扎根理论的方法,系统构建适用于"中文＋"教材的评价指标体系。本文欲回答三个问题:(1)如何确定"中文＋"教材评价指标体系的一级、二级评价维度?(2)如何确定"中文＋"教材评价指标体系中指标描述语的具体构成?(3)构建的"中文＋"教材评价指标体系有何特色?

二、研究设计

"中文＋"教材作为专门用途中文教材的重要分支,其理论根源可追溯至专门用途英语(English for Specific Purposes, ESP)领域,即专门用途英语教材与"中文＋"教材在诸多方面存在共性。因此,本文将专门用途中文和专门用途英语教材的相关文献纳入研究视野,以期为"中文＋"教材评价指标体系的构建提供有益参考。此外,本文聚焦于"业务"领域,因而剔除了"学术汉语/中文/英语/英文"教材的相关研究。

在文献检索阶段,本文依托中国学术期刊全文数据库(CAJD),首先采用"时间(1981—2025年)＋主题('中文＋'＋专门用途)＊(教材＋课本＋教科书＋教学资源)or(商务＋旅游＋科技＋医学＋媒体＋公务＋交通＋职业教育＋体育＋法律＋国防＋政治＋外交＋翻译)[9]＊(汉语＋中文＋华文＋华语)＊(教材＋课本＋教科书＋教学资源)"的检索式进行初步检索,共获取1765篇期刊文献。随后,为进一步聚焦与教材编写及评价相关的研究,在主题检索中加入"评估＋评价＋编写＋开发"进行二次筛选,共获取489篇期刊文献,检索时间为2025年3月。最后,为确保研究样本的代表性和有效性,本文以人工审查的方式剔除区域教学资源发展研究、专门用途教材综述等相关研究,以及会议通知和新闻等与"中文＋"教材编写及评价关联性不强的研究,最终得到有效文献97篇,其中"专门用途中文"教材编写与评价研究的有效文献为35篇,"专门用途英语"教材编写与评价研究的有效文献为62篇。

扎根理论(Grounded Theory)是一种自下而上建立实质理论的方法。[10]本文基于这一方法,使用NVivo 12质性分析软件对97篇文献的文本数据进行编码,将文献资料转化成结构清晰的编码节点系统,通过开放式编码、主轴式编码、选择式编码、理论饱和度检验和一致性检验5个步骤,初步构建"中文＋"教材评价指标体系。

三、研究过程

本文通过对研究材料进行三级编码处理,结合两步检验程序,确保了研究数据的科学性和可靠性,从而为"中文＋"教材评价指标体系的构建奠定坚实的基础。

(一)开放式编码

开放式编码是编码过程的第一步,具体包括"标签化—概念化—范畴化"三个步骤。在对原始资料标签化的过程中,本文采用"EN＋标签语句名称"的命名方式,并尽量使用原文内容作为标签语句,以确保编码标签语句与原文保持一致性。经过这一过程,本文共得到588条标签语句,并构建了相关节点。经过对标签语句进行细分归纳、逐级缩编,588 条标签语句被进一步归纳为 40 条概念语句,并按照"DN＋概念化语句名称"的方式命名。之后,本文又从这些概念语句中进一步凝练出 12 条范畴语句,并以"CN＋范畴化语句名称"的方式命名。开放式编码过程示例见表 1。

表 1　原始资料开放式编码过程示例(部分)

文献编号及文献名称	原始文献内容	标签化	概念化	范畴化
文献 64:《商贸类汉语教材编写和研究的基本情况述评》	教学内容的选择应遵循文体标准,即选择能够体现专业特点和规律的词汇、句式和语篇。	E83 教学内容应选择能够体现专业特点和规律的词汇 E84 教学内容应选择能够体现专业特点和规律的句式 E85 教学内容应选择能够体现专业特点和规律的语篇	D22 教材词汇 D23 教材句法 D24 教材语篇	C7 语言内容

(二) 主轴式编码

主轴式编码的本质是厘清不同范畴之间的各种联系,基于 Corbin 和 Strauss 提出的范式模型(Paradigm Model),即分析现象、条件、背景、行动与互动的策略和结果之间所体现的逻辑关系。[11]通过对 12 个初始范畴关系的比较分析,本文最终确定了 4 个一级指标的主范畴,分别为适配设计、内容设计、结构设计和形态设计。

(三) 选择式编码

选择式编码的主要目标是选择核心范畴,将其系统地与其他范畴予以联系,并将之概念化和理论化。[11]基于对主轴式编码结果的分析,本文将"'中文＋'教材评价指标体系"作为核心范畴,并形成了该体系的完整编码结果(见表 2)。该核心范畴包括适配设计、内容设计、结构设计以及形态设计 4 个主范畴,它们既是指导"中文＋"教材开发的核心要素,也是科学构建"中文＋"教材评价体系的关键维度。这 4 个主范畴遵循内在逻辑与组合规律,相互支撑、协同作用,从而能够精准判断教材是否满足职业领域的教学与学习需求。

表 2　"中文＋"教材评价指标体系的编码结果(数字表示编码数量)

选择式编码	主轴式编码	开放式编码
"中文＋"教材评价指标体系	适配设计(141)	学生适配(51)
		课程适配(36)
		标准适配(30)
		环境适配(24)
	内容设计(316)	语言内容(36)
		职业内容(188)
		文化内容(16)
		练习内容(76)
	结构设计(104)	框架结构(22)
		内容编排(82)
	形态设计(27)	装帧设计(15)
		配套资源(12)

（四）饱和度检验

本文通过三级编码构建了"中文＋"教材评价指标体系，该体系包含 1 个核心范畴、4 个主范畴与 12 个初级范畴，共有 40 条概念语句和 588 条标签语句。在编码过程中，我们将 80％ 的文献作为编码样本（共 78 份编码文献），并将其余 20％ 的文献（共 19 份编码文献）用作理论饱和检验样本。检验结果并未出现新的节点，即未在剩余样本中发现新的范畴及关系。由此我们可以认定编码内容已达饱和，目前形成的"中文＋"教材评价指标体系较为客观、科学。

（五）一致性检验

本文先从所有研究样本中随机抽取 20 段内容作为编码检测样本，再邀请两位研究合作者对样本进行背对背编码，最后根据公式计算编码重复率。计算公式如下：一致性系数＝评定一致的段落数/总段落数。两位合作者的计算结果分别为 0.85 和 0.90，即编码一致性系数＞0.80，说明编码过程未受到研究者个人主观偏见影响，具有较好的信度。

四、研究结果

通过对编码结果的整理与分析，本文初步构建了"中文＋"教材评价指标体系。下文将详细阐释各评价维度的内涵以及具体的指标描述语。

（一）初拟"中文＋"教材评价指标体系

根据上述编码结果，本文初拟了"中文＋"教材评价指标体系，共包含适配设计、内容设计、结构设计和形态设计 4 个一级维度、12 个二级维度、43 条指标描述语（见图 1）。

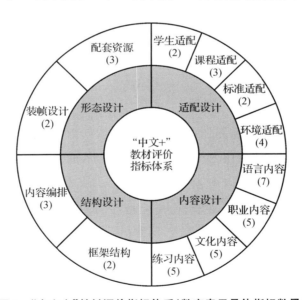

图 1　"中文＋"教材评价指标体系（数字表示具体指标数量）

评价指标体系是由多维多层的一系列指标及其权重有机组合，全面反映评价对象的指标群。[12] 本文初拟的指标体系基本涵盖了"中文＋"教材的方方面面，4 个一级维度相互关联、互为支撑，共同构成了一个有机整体。其中，适配设计是基础导向，决定了"中文＋"教材的目标定位；内容设计是关键核心，基于适配要求构建语言、职业、文化与练习相融合的内容系统；结构设计是组织框架，将内容要素按教学逻辑进行序列化表征；而形态设计是呈现方式，通过多模态等技术手段实现前三者的具象表现。四者形成"定位—内容—组织—呈现"的逻辑递进和互为支撑的关系,共同构建起"中文＋"教材的质量评价体系。

（二）"中文＋"教材评价指标描述语

教材评价是衡量教材质量的重要手段,其评价维度是指从哪些方面或什么角度出发对教材进行评价,每个维度都反映了教材质量的一个重要方面。[13]评价指标描述语是用于具体描述每个评价指标的详细内容和要求的语句,一系列相互联系的指标描述语反映出教材质量的整体情况。[14]深入剖析现有评价体系,并充分考虑"中文＋"教材的专业性与职业性,使本文构建的评价指标体系既确保了教材评价的系统性和全面性,又避免了评价的宽泛性,能够精准聚焦"中文＋"教材的编写特色。

1. 形成"学生—课程—标准—环境"四维适配设计

"适配"义为"适和、匹配",具有"两项事物合在一起合适、相称"的意思,教材适配是指教材与一定教育环境之间的适应力和匹配度。[15]已有国际中文教材评价研究中,适配设计主要涉及教学大纲、教学环境(情境)、课程、学习者等4个维度,[15][16]其中学习者的适配至关重要。对于"中文＋"这类专业技能教材而言,其适配性更侧重于教材与学习者职业需求的紧密结合。专门用途语言教学的需求分析理论涵盖目标情景分析和学习需求分析,[17]能为本文提供重要指导,助力教材与目标情景、学习者实际需求实现精准对接,为后续课程设计、内容选择做好铺垫。此外,"中文＋"教材主要服务于职业教育领域,除考查教材与教学大纲(或课程标准)是否相符,还应着重考查教材与企业的相关标准是否契合。基于此,本文构建的"中文＋"教材评价指标体系从学生、课程、标准和环境4个维度对教材的适配进行评价。

学生适配是指教材与学习者的语言水平及学习目标相契合,其指标描述语为:(1) 符合学习者当前的中文水平;(2) 符合学习者职业中文学习目标。

课程适配是指教材与职业中文课程体系相符,其指标描述语为:(1) 符合职业中文课程目标,包括总目标和阶段目标;(2) 符合职业中文课程的学时安排;(3) 符合职业中文课程的教学环节。

标准适配是指教材与相关教育标准、职业标准对接,其指标描述语为:(1) 符合现行的课程标准或者教学大纲;(2) 符合企业用人标准、企业岗位工作要求;

环境适配是指教材内容与目标使用环境相匹配,其指标描述语为:(1) 符合当地文化环境;(2) 符合当地教学环境;(3) 提供职业所需的中文使用场景;(4) 提供职业所需的中文使用范围。

教材适配是评价教材质量的重要标准,为教材编写与使用奠定基础,教材的适配性越高越有益于教材的生存与发展,反之将被替代和淘汰。在"中文＋"教材开发过程中,教材开发者既需要深入分析学习者的职业特征、学习动机和发展需求,为教材设计提供精准依据,也需要确保教材与课程体系、企业标准及教学环境等相协调,为教材落地实施提供重要保障。通过这种多维度的适配评价,能够显著提升教材适配的精确性,从而实现教材与职业中文教育生态的精准对接,满足职业中文教学需求。

2. 构成"语言—职业—文化—练习"四维内容设计

"内容"一词在《现代汉语词典》中指"事物内部所含的实质存在的情况",教材内容是学生为达成学习目标需要通过教材具体要学的内容,[18]包括语音、语调、词汇、语法、汉字、句子、对话、语篇、课文、练习、翻译、注释、活动、文化等。[19]在学界已有的国际中文教材评价量表中,既有从语言、材料和练习 3 个维度[20]对教材内容进行考查,也有从主题、语言、文化和活动 4 个维度[7]对教材内容进行考查。随着"中文＋"教育的兴起,语言学习理念从单纯的语言学习进一步发展为"用中文学"和"用中文做",[6]强调学习者应在"语技文养"4 个维度的协同发展,[4]进而成为具备综合能力的复合型人才。在此背景下,"中文＋"教材应明确其核心功能,即为学习者提供学习中文和专业技能的内容。[21]由此,本文构建的"中文＋"教材评价指标体系从语言、职业、文化和练习 4 个维度评价教材内容。

语言内容是指教材中语言要素的选取,其核心要点在于保障语言知识与技能在职业场景中的适用性以及规范性,其指标描述语为:(1) 选用适合的职业中文语音内容(如:工具 gōng jù);(2) 选用适合的职业中文汉字(如:操、作);(3) 选用适合的职业中文词汇;(4) 选用适合的职业中文语法(如:表示命令、禁止的祈使句);(5) 选用适合的职业中文语篇;(6) 有明确的语言技能要求;(7) 符合中文表达规范和职业用语规范。

职业内容是指与学习者职业需求相关的语言表达、工作任务、实际场景以及行业知识等要素的集合,其指标描述语为:(1) 选用岗位、工种适用的职业话题;(2) 选取职业工作场景中的典型工作任务;(3) 选取职业工作场景中的真实语料;(4) 选用行业典型技术及概念;(5) 职业内容应难度合理。

文化内容是指与学习者母语文化存在差异的文化态度、文化知识、文化意识与文化技能以及专业领域内中外行为方式的差异,[22]其指标描述语为:(1) 选用与职业相关的文化内容;(2) 选用中国优秀的产业/职业文化内容;(3) 融入与学习者职业存在差异的文化知识、态度、技能;(4) 职业文化内容应真实、立体;(5) 职业文化的融入方式应合理、自然。

练习内容是指教材中为巩固和应用所学知识而设计的各类练习活动,是学习者由"懂"转为"会"的关键,直接关系到学习者的职业语言应用能力,其指标描述语为:(1) 练习要求明确;(2) 练习题型丰富多样;(3) 练习具有交际性,且与学习者当下或未来工作有关;(4) 练习紧密结合专业知识,聚焦岗位实际操作;(5) 练习具有启发性,开阔学习者思维。

内容是教材的血肉,直接影响教材的教学效果和人才培养质量,是评价教材质量的关键。"中文＋"教材广泛涵盖商务、医疗、工程、旅游等多个专业领域,只有采用跨学科、跨领域的融合视角,才能实现语言知识、文化知识与专业技能知识的系统整合,进而通过创设真实的职业情境任务,培养学习者在真实工作场景中的语言应用能力、专业实践能力和跨文化交际能力。因而,不仅要从多维度考查教材内容,还需注重内容之间的连贯性与融合度,从而有效提升"中文＋"教材的专业性和实用性,促进"中文＋"教材的转型升级与高质量发展,为培养具有专业中文能力和职业素养的复合型人才提供有力支撑。

3. 搭建"框架—编排"二维结构设计

"结构"是指"组成整体的各部分的搭配和安排",教材结构即教材各部分之间的组织架构及内在关系,集中体现了教材编写对课程标准的理解和落实,[18]教材编写不是语言材料和语言项目的任意堆砌,而是需要按照一定规律或原则将各课(单元)进行系统的顺序编排。[23]已有评价研究中,不仅关注教材套系内部各部分之间的联系,还关注单本教材具体内容的组织和呈现方式。这种评价范式为本文提供了重要启示。据此,本文构建的"中文＋"教材评价指标体系从框架结构和内容编排 2 个维度评价教材的结构设计。

框架结构是指教材套系内部各部分的联系是否紧密以及整体框架结构是否合理,其指标描述语为：(1) 教材分级合理，衔接紧密；(2) 教材的编写大纲(包括语言、职业、文化、练习)设计合理，各部分联系紧密。

内容编排是指教材中教学内容的整体组织和系统排布，[24] 其指标描述语为：(1) 依据工作任务设计各课/单元主题，分解工作任务，按照工作流程编排内容；(2) 各课/单元相互关联，难度螺旋递进；(3) 各课/单元形成"学—练—测"完整链条。

教材结构设计是构建教材体系的基础框架，合理的结构设计能够使教材逻辑清晰、层次分明，保障教学实施的可操作性。已有的专门用途教材多采用传统的"语法结构"或"以课文为中心"的编写模式，[25] 这种模式往往导致教材难以满足职业技能系统化培养的需求。因此，"中文＋"教材的结构设计亟须突破传统模式，以职业为导向、系统整合教材内容，搭建合理的工作任务学习路径，从而为教师和学生提供清晰的教学指引和认知框架。

4. 构架"装帧—配套"二维形态设计

"形态"指的是"事物的形式与状态"，教材的形态是指教材在外观、形式、载体和呈现方式等方面的综合规划和设计。它不仅包括教材本身的形式设计，如排版、字号、插图等，还包括教材配套的辅助材料的设计。[24] 实用的形态设计，可以提高教材的可读性和易用性，从而更好地支持教学过程。因此，本文构建的"中文＋"教材评价指标体系从装帧设计和配套资源 2 个维度评价教材形态。

装帧设计是指教材在视觉呈现和版面布局方面的整体规划，包括封面设计、内页排版、色彩搭配、图片选择等，其指标描述语为：(1) 选取合适的与职业相关的图片；(2) 采用美观、实用的版面设计。

配套资源是指与教材内容相辅相成的辅助教学材料，这些资源通常包括辅导材料、练习册、习题集、多媒体资源等，其指标描述语为：(1) 组配多模态教辅资源包；(2) 配备适于岗位自学的教辅资源；(3) 提供配套的实训教辅资源。

教材的形态设计不仅是教材内容的外在呈现，也是提升教学效果的重要手段。装帧设计通过美观的视觉呈现和实用的版面布局，显著增强了教材的吸引力与易用性。配套资源的丰富性、实用性与易获取性，为学习者全方位提供职业学习所需的资源。尽管本文聚焦于传统纸质教学资源的评价体系，但在数字化转型背景下，教材开发者也需积极探索如何借助数字技术和智能化手段提升教材开发水平，并对数字资源进行有效评价。

五、评价指标体系的特色

本文构建的"中文＋"教材评价指标体系呈现以下三大核心特色。

(一) 契合教材编写原则

教材编写原则作为指导教材开发的理论基础，不仅规范着教材的编写实践，也为教材评价提供了重要的参照标准。国际中文教材编写历经多年探索，形成了诸多经典原则，如赵贤州提出的"四原则"[26]、吕必松提出的"六原则"[27] 等。本文构建的"中文＋"教材评价指标体系与之高度对应，特别是在"以学习者为中心"的原则以及真实性、科学性、实用性、交际性等基本原则方面。一方面，该评价指标体系体现了"以学习者为中心"的原则，注重教材是否精准把握学习者的职业背景、学习目标与语言水平，并为不同职业领域的学习者提供多样化的学习资源，以充分满足学习者的多元学习需求，助力其高效学习。另一方面，该评价指标体系考查了职业场景和语言材料的真实性、教材结构设计的科学性、专业知识的实用性以及教材练习内容是否具有交际性等多个方面，紧密贴合教材编写原则，从而显著提升评价体系的科学性，最终为教材的优化改进提供可靠的参照依据，促进教材编写和教材评价的良性发展。

（二）兼具系统性与易操作性

系统性与易操作性有助于教材评价更加科学、操作流程更加高效。一方面，该评价指标体系包含 4 个层次分明、逻辑清晰、相互支撑的维度，全面考查教材的语言知识、专业技能、文化内容以及编排结构等多个方面，形成了一个全面且系统的教材评价指标体系。借助这一评价指标体系，可以从多个维度对教材进行综合评价，有效避免评价的片面性和遗漏，确保评价结果的科学性和可靠性。另一方面，该评价指标体系制定了 43 条简明扼要、指向明确的评价指标描述语，实现了评价过程的优化与简化，大幅降低了评价的复杂度。此外，当前"中文＋"教材出版数量快速增长，但评价研究相对滞后，该评价指标体系的构建不仅为规模化开展"中文＋"教材研究提供了有力的工具支持，还能够帮助教材编写者和使用者快速识别教材的优势与不足，从而推动教材质量提升。

（三）突出职业导向性

"中文＋"教材作为专门用途语言教学的载体，其评价指标体系的构建不仅具有国际中文教材的共性特征，更要重点突出职业教育的特色要求。现有评价体系对教材内容的考查主要聚集于通用交际场景中的语言和文化内容，但"中文＋"教材中语言和文化内容的设计，应以服务学习者的职业发展为根本目标，侧重于专业/职业场景中的语言和文化内容，从而确保教材内容能够精准地契合学习者的职业发展需求。同时，对教材内容进行考查时，设立"职业内容"这一关键维度，重点考查教材中的职业内容是否包含与实际工作场景相关的语言表达、工作任务、实际操作流程以及专业知识等要素。此外，各评价维度均包含具有鲜明职业特色的指标描述语，如符合职业中文课程目标，包括总目标和阶段目标（课程适配维度）、依据工作任务设计各课/单元主题，分解工作任务，按照工作流程编排内容（内容编排维度）、配备适于岗位自学的教辅资源（配套资源维度）等，此类以职业需求为导向的评价指标体系，进一步强化了对教材职业针对性的考查，从而凸显了"中文＋"教材评价的职业特色。

六、结语

本文通过系统梳理前人研究成果，结合"中文＋"教材的独特需求，初步构建了"中文＋"教材评价指标体系，旨在为"中文＋"教材的编写、修订及质量提升提供科学依据，进而推动"中文＋"教育教学的高质量发展。然而，本文主要基于前期文献初步构建了评价指标体系，未来还需要通过专家咨询或用户访谈的方式，进一步完善评价指标体系，再通过评价实践检验其可行性和有效性，力争研制出更为简约、高效的"中文＋"教材评价工具。

参考文献

［1］习近平.高举中国特色社会主义伟大旗帜 为全面建设社会主义现代化国家而团结奋斗——在中国共产党第二十次全国代表大会上的报告［J］.党建，2022（11）：4-28.

［2］新华社.中共中央、国务院印发《教育强国建设规划纲要（2024—2035 年）》［EB/OL］.（2025-01-19）［2025-03-21］.https://www.gov.cn/zhengce/202501/content_6999913.htm.

［3］中国新闻网.2019 年国际中文教育大会在长沙闭幕［EB/OL］.(2019－12－10)［2025－03－21］.https://www.chinanews.com.cn/sh/2019/12－10/9030138.shtml.

［4］梁宇,李诺恩.供需视角下的"中文＋职业技能"人才培养模式构建［J］.河南大学学报(社会科学版),2025(1)：107－113＋155－156.

［5］李泉.论专门用途汉语教学［J］.语言文字应用,2011(3)：110－117.

［6］李宇明,李艳华."中文＋X"的类型及"工具语言"问题［J］.世界汉语教学,2024,38(2)：147－159.

［7］梁宇,李诺恩.国际中文教材评价指标体系构建——基于德尔菲法和层次分析法［J］.贵州师范大学学报(社会科学版),2023(6)：30－40.

［8］陈肯.专门用途中文教材评估框架构建初探［J］.国际中文教育(中英文),2023,8(3)：5－15.

［9］曾晨刚.全球专门用途中文教材出版状况调查研究(1990—2020)［J］.云南师范大学学报(对外汉语教学与研究版),2021,19(5)：24－31.

［10］陈向明.扎根理论的思路和方法［J］.教育研究与实验,1999(4)：58－63＋73.

［11］Corbin J. M. & A. Strauss. Grounded theory research：Procedures, canons, and evaluative criteria［J］. *Qualitative Sociology*, 1990, 13(1)：3－21.

［12］李慧君.教材评价的指标体系的制订［J］.课程·教材·教法,1996(3)：13－16.

［13］高凌飚.教材评价维度与标准［J］.教育发展研究,2007(12)：8－12.

［14］丁朝蓬.教材评价指标体系的建立［J］.课程·教材·教法,1998(7)：44－47.

［15］梁宇.试论国别汉语教材的适配性［J］.中国编辑,2017(2)：38－44.

［16］梁宇,周沐.基于一线教师访谈的国际中文教材评价指标框架研究［J］.沈阳师范大学学报(教育科学版),2023,2(2)：1－9.

［17］Hutchinson, T. & A. Water, *English for Specific Purposes—A Learning-centered Approach*［M］. Cambridge：Cambridge University Press, 1987.

［18］谭移民.基于课程标准的教材结构设计［J］.职教论坛,2014(36)：75－78.

［19］李泉,金允贞.论对外汉语教材的科学性［J］.语言文字应用,2008(4)：108－117.

［20］赵金铭.论对外汉语教材评估［J］.语言教学与研究,1998(3)：4－19.

［21］王导,徐瑞莉."一带一路"背景下的医学汉语教材编写研究［J］.高教学刊,2020(36)：77－80.

［22］余可华,徐丽丽."一带一路"新形势下专门用途汉语教材建设［J］.教学研究,2019,42(6)：61－66.

［23］Gibbons J. Sequencing in language syllabus design［C］//Read J. Trends in Syllabus Design. Singapore：Singapore University Press, 1984.

［24］宫雪,梁宇.基于描述语库的国际中文教材评价指标基础框架构建［J］.民族教育研究,2023,34(3)：161－167.

［25］孟源,商若凡."中文＋职业技能"教育：发展脉络、现实挑战与路径选择［J］.中国职业技术教育,2022(29)：28－33.

［26］赵贤州.教学法理论与教材编写的关系［J］.世界汉语教学,1987(3)：57－59.

［27］吕必松.对外汉语教学概论(讲义)(续五)第四章教学过程和教学活动［J］.世界汉语教学,1993(3)：206－219.

Construction of Evaluation Indicator System for "Chinese＋" Textbooks

Li Ying   Liang Yu

(Research Institute of International Chinese Language Education,

Beiing Language and Culture University, Beijing 100083)

Abstract：To promote the transformation of "Chinese＋" textbook development from "expansion in scale" to "enhancement in quality", it is urgent to establish a scientific evaluation indicator system to fully leverage the guiding role of textbook evaluation in textbook development. Based on Grounded Theory, this paper establishes an evaluation indicator system for "Chinese＋" textbooks which includes four primary dimensions, twelve secondary dimensions, and forty-three indicator descriptions. This evaluation indicator system has three major characteristics: alignment with textbook compilation principles, combination of systematicness and operability, and emphasis on vocational orientation. It not only provides a tool for the practice of "Chinese＋" textbook evaluation, but also offers a reference for subsequent evaluation research on "Chinese＋" textbook.

Keywords: International Chinese Language Education; "Chinese＋"; Textbook Evaluation; Indicator System; Grounded Theory

【执行编辑:葛东雷】

新时期国际中文教材研发出版生态、理念与进路[*]

曹　波[1]　邱　竹[2]

(1. 大连外国语大学 汉学院,辽宁 大连 116044;

2. 大连财经学院 文法学院,辽宁 大连 116029)

摘　要: 无论从学科发展的内生动力来看,还是从所处的时代格局来讲,国际中文教育都处于一个转型发展的新时期。作为国际中文教育重要依托的国际中文教材也面临着质量型、内涵式发展的新转变,并表现出数智化、本土化、分众化、市场化等新的研发出版生态。在这种情况下,需要实现理念转变,构建跨学科、跨领域、跨区域国别的新型研发团队,培养复合型、融合型、创新型出版人才,广泛开展研发出版的理论与实践研究,并不断创新和完善研发出版的思想、内容、形式、体系及品牌等,这是确保国际中文教育顺利转型,并得以长久发展的重要出路。

关键词: 国际中文教材;研发生态;数智教材;出版理念

进入新时代以来,习近平总书记多次强调要加强教材建设和管理,用心打造培根铸魂、启智增慧的精品教材。中国共产党的二十大报告中也明确提出加强教材建设管理。教材是教育教学活动的核心载体,承载着育人的核心功能。经过 70 年的发展,国际中文教材研发出版取得了耀眼的成果。国际中文教材达 19 530 种,涵盖 80 个语种,年均发行世界 101 个国家的 1 200 余个中文教学机构,融入 20 余个国家国民教育体系;数字教材近 4 000 种。[1]国际中文教材体系日益完善,教材海外供给能力逐步提升,但也存在教材质量良莠不齐、教材适用性亟待提高、技术融合有待深化等问题。[2]2022 年新发布的《研究生教育学科专业目录(2022 年)》中,原"汉语国际教育"专业学位类别被调整为"国际中文教育"(代码 0453),并明确为教育学下的一级学科门类。这标志着国际中文教育发展进入新的时期。在新时期国际中文教育学科体系的规范下,国际中文教材的研发出版也应做出相应的调适与改变。从总体上看,新时期国际中文教育已迈入高质量、内涵式发展的重要阶段,国际中文教材也逐渐出现数智化、本土化、分众化、市场化等新的研发出版生态。新生态呼吁新的教材研发理念,但目前国际中文教育新形态教材建设仍面临研发基础薄弱,研发队伍规模小而分散,研发人才缺乏且专业化程度低,关于国际中文教材研发与出版研究的成果少,影响力弱等现实挑战。因此,加强新时期中国特色国

* **基金项目:** 本文系辽宁省社会科学规划基金重点建设学科项目"文化交流互鉴理念的东北亚国家话语传播与国际中文教育研究"(L23ZD031);大连外国语大学教学改革研究项目"外语院校留学生当代中国故事叙事能力的培育与提升实践研究"的研究成果。

作者简介: 曹波,大连外国语大学汉学院副院长、副教授,博士。研究方向:中文国际传播。邱竹,大连财经学院讲师,硕士。研究方向:国际中文教育。

际中文教材的研发出版是时代发展、学科创新、人才培养的必然要求。[3]基于以上,深度开展新时期国际中文教材研发出版研究势在必行。

一、新时期国际中文教材出版研发面临的新生态

20 世纪 80 年代以来,国际中文教育经历了"对外汉语教学"时期、"汉语国际教育"时期,目前逐步向"国际中文教育"新时期转型发展。新时期国际中文教材体系建设总体表现为教材研发更加注重质量型发展、本土化建设、数智化呈现等。在教材出版方面则越来越贴近全媒体出版、分众化出版、市场化检验等特点。这些特点按照特定关系构成了新时期国际中文教材研发出版的新生态。

(一)质量型发展是新时期国际中文教材研发出版的根本诉求

对中华人民共和国成立以来国际中文教材发展阶段的梳理发现,国际中文教材的研发出版与国际中文教育的发展相呼应,不断呈现出教材种类多样化、教材内容精细化、研发理念创新化等质量型发展的新特点。

1950 年,清华大学东欧交换生中国语文专修班标志着新中国国际中文教育事业的开端。这一时期,来华留学生主要来自社会主义阵营国家,如罗马尼亚、捷克斯洛伐克等。[4]彼时,国际中文教育受国内政治环境和国际政治关系影响,具有较强的政治色彩和显著的公益特征,其发展宗旨主要是服务国家政治外交大局,为建立外交关系的国家培养懂中文的人才。[5]这一阶段国际中文教材以 1958 年出版的《汉语教科书》为标志,教材编写主要围绕语法教学展开,旨在帮助学习者建立汉语的基本语法框架和词汇基础。这一时期的国际中文教材内容也多与当时的政治外交需求紧密相连,同时受教材研发人才缺乏、教材出版技术低下等现实原因的影响,这一时期国际中文教材质量有待提升。

随着党的十一届三中全会后改革开放政策的实施,来华留学生人数不断增加,国际中文教育迎来新的发展机遇,进入快速发展期。这一时期,具备招收来华留学生资质的高等院校数量不断增加,国内高等院校逐渐成为国际中文教育发展的主阵地。为解决师资短缺问题,多所高等院校开设了对外汉语专业,并开始培养对外汉语方向的研究生。同时,随着学习群体规模的扩大,一些参与机构在保持公益特性的基础上,开始以收取学费、培训费等营利方式经营国际中文教育事业。这一时期,以《实用汉语课本》等为代表的国际中文教材,不再单纯以语法为纲,开始从交际需要出发,探索了结构、功能、情境相结合的编写理念,帮助学习者在实际交际中运用汉语。[6]这一时期,改革开放的深入和来华留学生人数的增加,国际中文教材的需求也日益多样化,推动了国际中文教材研发出版的创新和发展,教材数量和质量都得到了进一步提升。

进入 21 世纪,国际中文教育事业又有了新突破。2004 年,全球首所孔子学院在韩国首尔成立,标志着国际中文教育进入全球化发展的新阶段。2004—2018 年,全球有 154 个国家(地区)设立了 548 所孔子学院和 1 193 个孔子课堂。这一时期,全球对中文教育的需求持续增长,国内外市场规模不断拓展壮大,以中文培训、国际中文教师培训为代表的教育机构不断涌现。市场对国际中文教材的需求越来越旺盛,这一阶段国际中文教材呈现出猛增的趋势,以北京语言大学出版社、北京大学出版社、高等教育出版社、人民教育出版社、外语教学与研究出版社等出版社为代表,出版了一系列针对国内外不同受众体系的各型教材。[7]总体上看,这一阶段的

国际中文教材既有精品之作,但也不乏应景式的低质教材。

2019 年国际中文教育大会的召开以及新冠肺炎疫情的暴发,催生了大规模线上教学。慕课、微课、直播课以及数字教学资源等科技化产品在国际中文教育中得到广泛应用。这一阶段,伴随互联网教育技术的发展成熟,数字媒介类教材逐渐增多。一些教材已建成初具规模的数字资源 App 或在线学习平台,如《长城汉语》(第 2 版)等,为学习者提供了更加便捷、高效的学习方式。这一时期,以数字化为代表的教材研发和出版形态也进入了新阶段。

当前,进入国际中文教育转型发展新时期以来,国际中文教育事业又有了新的发展。根据教育部发布的《2023 年度中国教育现状统计公报》,2023 年我国共有来自 214 个国家和地区的51.6 万名国际学生在中国高校就读,显示出来华留学教育的持续吸引力。尤其在工业 4.0 时代的助推下,国家秉持以高精深为目标的高质量发展理念为主。党的二十大报告提出,高质量发展是全面建设社会主义现代化国家的首要任务。习近平总书记也多次发表重要讲话指出,必须更好统筹质的有效提升和量的合理增长;视质量为生命,以高质量为追求。当前,以高科技、高效能、高质量为特征的新质生产力正在引领中国社会的发展,正是对新时代中国特色社会主义社会建设呼吁质量型发展的最好注解。在这种大的社会发展背景之下,国际中文教材的研发出版也逐步转向质量型发展的新时期。

(二) 新型分众化与全媒体出版是新时期国际中文教材发展的整体趋势

国际中文教材的分众化研发和全媒体出版是相辅相成的。从传播学的角度来看,教材是重要的传播媒介。分众化策略的实施促进了教材内容的差异化设计,为全媒体出版的应用提供了需求导向;全媒体出版则扩大了教材的传播范围和影响力,是教材内容分众化的重要手段。

"分众化"是传播者根据受众需求的差异性,向特定受众或受众群体提供差异性的信息和服务,具有多样化、个性化、多中心化等传播特点。在传播领域,分众化传播成为优化信息、规避信息同质化、实现传播效果最大化的重要手段。国际中文教材作为一种重要的国际中文教育传播媒介,在研发过程中,坚持分众化是国际中文教育纵深发展的必然。事实上,在国际中文教材出版的早期就在一定程度上考虑了"分众化"的需要,例如 1958 年出版的《汉语教科书》就把受众锚定为学习汉语为主的从事涉中外事外交的成人。受当时国内外环境的影响,这一分众化的表现实际上是迫于国际形势的一种无奈之举,因此并未形成分众化的教材体系。经过半个多世纪的发展,国际中文教材按学习环境、教育层次、教学性质、学习方式、学习目标、受众年龄、中文水平、母语背景等多个维度进行分类,对受众的把握越来越精细,具备了较好的分众化传播的特点。但综合来看,现有的教材分众仍主要集中在"对象分众"方面,对其他要素考虑得不是很充分。在国际中文教育转型发展阶段,国际中文教材的研发,在原有分众化的基础上,又有了新的特点,主要包括"内容分众""区域与国别分众"等。

"内容分众"是为了顺应国际中文教育转型发展的新趋势。未来国际中文教材需要更好地迎合海外本土教学,以及中文纳入其他国家国民教育体系的需求。因此在内容研发上,需要从教育层次和专业需求上细分。在教育层次上,应在广泛调研的基础上,研发出版涵盖学前教育、基础教育、高等教育、职业教育、社会教育等全教育层次的系列教材。例如,学前教育阶段的教材注重培养儿童对中文的兴趣和基本的听说能力;基础教育阶段则逐渐增加阅读、写作和语法知识;高等教育和职业教育阶段则更注重专业术语和高级语言技能的培养。尤其是随着

"一带一路"建设的推进和中资企业在海外的发展壮大,越来越多的海外员工需要学习中文以提高职业技能,因此"中文＋职业技能"教材应成为国际中文教材研发的一个重要方向。这就要求国际中文教材在研发时应更加注重实现内容上的精准分众,以满足国际中文学习者对不同职业发展的需要。此外,"区域与国别分众"也是新时期国际中文教材研发出版需要关注的新特点。随着全球化的深入发展,国际中文学习者的背景和学习需求变得日益多样化。不同国家和地区的学习者可能因文化背景、教育体系、语言习惯、学习目标等方面的差异,对中文教材有着不同的需求。进行区域与国别分众,可以针对不同学习者的特点和需求,编写更具针对性和适用性的教材,从而更好地满足他们的学习需求。而传统的"一刀切"式教材往往难以适应所有学习者的需求,导致教学效果不佳,学习体验也受到影响。此外,国际中文教育不仅是语言知识的传授,更是文化交流和理解的桥梁。通过区域与国别分众,可以在教材中融入不同国家和地区的文化元素,从而实现从他者熟悉的话语内容出发,讲好属于中国的故事。

"国际中文教材全媒体出版"是指将中文教材的内容通过文字、图像、视频等多种媒体形式进行全方位、立体化的展示,并借助报刊、阅读器、互联网、移动应用等多种媒介进行传播的一种新型出版模式。这种模式融合了传统出版和数字出版的优势,旨在提供更加丰富、生动、个性化的学习体验,满足全球范围内中文学习者的多样化需求。通过全媒体出版,国际中文教材将以统合体态、口语、文本、声音、图像等所有载体形态的全媒体教材形式存在。[8]随着 5G、物联网等新一代信息技术的普及和应用,国际中文教材的全媒体出版还将更加注重技术的融合与创新,将增强现实(AR)、虚拟现实(VR)等技术应用于国际中文教材的建设,从而生成新型"国际中文数智教材"。"国际中文数智教材"也叫"国际中文智慧教材",是以中文的有效教学为目的,以智能技术为承载方式的新型教材。它是中文教材与智能技术相融合的产物,是扩大国际中文教育传播面、转变中文教育传播方式的有益尝试。[9]毋庸置疑,现有教材的数字化水平正在不断提高。许多通用型国际中文教材也开发出了数字教材、学习系统、网站、APP 应用等升级版资源。但就其效果而言,仍然难以满足快速发展的数字化时代的需要。当前,数字化应用已经深入社会生活的各个领域。教育领域也应积极适应数字化转型发展,创建一种充分利用互联网、人工智能、大数据等新技术服务于教育的新形态、新业态,实现数字教育场景的大开发,已经成为教育发展的必然趋势。但事实上,现代教育技术的研究和应用始终未能融入学科建设的核心领域,未能成为国际中文教师专业发展的重要取向。[10]受当前教育理念的影响,线下教学仍是主要的教学形态,国际中文教材仍以纸质教材为主,而国际中文数智教材作为一种新生事物,仍处于概念提出和尝试研发的阶段,但随着全媒体出版的深入发展和数字化教育环境的不断优化,国际中文数智教材必然会得到快速发展,从而真正实现线上教材与线下教材搭配、传统媒介与未来媒介融通的国际中文教材出版新模态。

（三）本土化和市场化是新时期国际中文教材研发出版的总体目标

随着全球新格局的不断重塑,海外对中文的学习需求日趋多样化,研发出版更加符合海外本土需求的国际中文教材是国际中文教育长期发展的动力。因此,我们应积极实施本土教材建设项目,开发适合本国或本地区中文学习的各类教学资源,增强教学资源的海外适应力。[2]研发本土中文教材能够更多考虑海外受众的实际情况,从而在内容选择、语言难度、文化背景等方面更加贴近学习者的实际生活和学习环境。这种贴近性还能更好地推动中文融入当地的教育体系和课程标准,促进中文纳入海外国民教育体系。因此,国际中文教材应尽量凸显国际化、外向型特征，从教材"走出去"，逐步实现"走进去""融进去"。[1]此外，本土化还是推动国际中文教材市场化的关键动力。将国际中文教材的研发与出版推向市场，接受市场检验，确保资源建设与教育需求紧密相连，并最大化资源的利用和价值实现。[11]这是构建国际中文教育长期生命力的关键。第一，国际中文教育的长期发展使中文的语言经济属性逐渐显现，进而给国际中文教材的研发出版带来了重要的经济效益。[12]第二，国际中文教材研发出版的市场化还可以确保教材内容的实用性、本土化和质量控制，从而更好地服务于全球的中文学习者。第三，国际中文教育学科正经历着从传统到现代的转型，其使命已从单一的语言教育扩展到集语言教育、职业发展、文化传播等多元功能于一体的新型教育学科。这种转型促使国际中文教材必须紧跟时代步伐，实现市场化发展。第四，全球中文教育生态的深刻变革也为国际中文教材的市场转型提供了广阔舞台。随着全球中文学习者需求多样化、国际中文教育技术的飞速进步以及国际中文教育市场的国际化趋势，国际中文教材需要不断创新，以适应这些变化。特别是新冠肺炎疫情的影响，加速了教育资源的线上化、数字化进程，为国际中文教材的市场开拓推广提供了新的契机。第五，国际环境的变化，尤其是全球政治经济格局的调整，也促使国际中文教育在国际交流中扮演更加重要的角色，进一步推动了国际中文教材的市场化发展。此外，市场化还可以进一步为国际中文教材的本土研发出版提供必要的资金和资源支持。通过市场化运作，本土中文教材能够获得更多的资金投入，用于市场调研、研发团队组建、编辑出版及宣传推广等各个环节。这些资源的注入又继续促进本土中文教材在内容、形式和技术上的不断创新与升级，使之形成良性发展模式。目前，国际中文教材已初步形成了资本投入、合作出版、版权输出、实物出口等市场化形式，并在一些国家和地区产生了市场效益，未来这种市场发展理念和经营模式还会进一步凸显。[13]

二、新时期国际中文教材研发出版的新理念

在新时期，国际中文教材研发出版秉持着创新与融合的新理念，致力于通过整合资源构建跨学科、跨领域、跨区域国别的"三跨"型研发团队，以汇聚多元智慧与力量。同时，着重培养复合型、融合型、创新型的国际中文教材新型出版人才，这些人才不仅精通语言学知识，还具备跨学科视野、技术应用能力和创新思维，以应对日益复杂的教学需求。此外，广泛开展国际中文教材研发出版的理论与实践研究，旨在通过理论探索与实践验证相结合，为教材研发提供科学支撑和实证依据，推动国际中文教育事业的持续繁荣与发展。

（一）整合资源，构建"三跨"型教材研发团队

"三跨"指的是跨学科、跨领域、跨区域国别。构建"三跨"型教材研发出版团队，是由国际中文教育的交叉学科属性所决定的。"跨学科"指的是在国际中文教材研发过程中，应尽可能组建一个包括语言学、教育学、心理学、文化学、传播学等多学科学者组成的跨学科团队，以确保教材内容的实用性、全面性和科学性。[14]"跨领域"则要求在国际中文教材研发过程中，整合包括高校、孔子学院教材研究机构、出版社等相关领域在内的优质资源，形成合力，共同推动教材研发工作。"跨区域国别"指的是通过跨国合作，不同国家的国际中文教材研发人员、教材出版机构能够共享教学资源、教学经验和研究成果，形成资源网络，共同面对和解决教材研发中的难题。

构建"三跨"型教材研发团队的目的在于广泛开展国内国外联动的教学资源共享计划，联

手打造符合国际中文教育学科发展的新型国际中文教材。这就需要鼓励国内各型国际中文教学机构加强与各国教育部门、中文教学机构、中外出版机构合作,鼓励各种形式的合作出版、版权输出和实物出口,鼓励出版机构积极参与各国中文教学资源遴选,推动中文教学资源进入国民教育体系教材推荐目录。[2]在这个过程中,还需要形成一个以中国为中心的资源共享网络。具体来讲就是中国资源中心负责通过会议、研讨、培训等多种方式,组织、协调各区域国别成员单位,以保证网络整体运转的畅通。尤其是要发挥遍布世界各地的孔子学院的作用。孔子学院不仅在全球各地建立了分支机构,开展国际中文教育,还积极参与国际中文教材的研发与推广工作。通过与其他国家和地区的合作与交流,孔子学院不断推动中文教材的本土化与国际化进程,为全球中文学习者提供更加优质的教学资源。此外,我们还需要积极推动区域国别内部、区域国别之间形成自发联动的运作机制。2022年全球共有167家出版机构参与国际中文教材出版。其中,国外出版机构113家,占总比67.66%,出版教材473种,占新增教材总量的65.42%;中国出版机构54家,占总比32.34%,出版教材250种,占新增教材总量的34.58%。数据反映出国外出版机构的国际中文教材出版数量和种类已超过中国出版机构。[15]因此,发挥国际资源在中文教材"教(教学实践)、采(素材采集)、编(教材编写)、研(研究支持)、发(出版发行)"方面形成的优秀经验,并形成他者传播优势,是未来国际中文教材发展工作的重中之重。

(二) 培养复合型、融合型、创新型国际中文教材新型出版人才

事实证明,在任何行业、任何领域,人才建设是工作开展的重要前提之一。国际中文教材建设工作也离不开专业人才的培育。首先就是要针对国际中文教材出版的特殊需求,勇于打破传统教育与产业之间的壁垒,形成政产学研协作共同体,加强理论研究,加强专业人才队伍建设。[16]这要求我们建立校企联合培养模式,确保学术研究与实际应用紧密结合,同时注重复合型、融合型人才的培养路径。复合型人才需具备中文教育与出版业务的双重能力,以适应国际市场需求;融合型人才则需紧跟数字化时代步伐,熟练运用新技术进行出版创新。其次,新时代的国际中文教材出版人才不仅需要具备扎实的中文教育基础和出版专业知识,还应积极拥抱人工智能,提升技术素养和创新能力,实现从知识储备型向综合创新型的转变。他们具备坚定的政治立场和敏感性,能够应对数字化时代的挑战,对国际中文教材出版的新业态进行深入研究。此外,构建一个全方位、多层次的优质生态环境,用以培养国际中文教材出版领域的"年轻化"名编大家,也是培养国际中文教材新型出版人才的关键环节。一方面,应建立统一的评价体系和完善的经营保障机制,确保名编大家在出版项目中获得应有的尊重与激励,从而激发其创新潜能与领导力,引领国际中文教材出版的方向。另一方面,强化国际中文教材出版从业者的责任意识、职业素养及合作精神,特别是鼓励他们成为专家型、学者型的编辑,以深厚的文化底蕴和开放的国际视野,推动国际中文教材的创新与发展。[17]

(三) 广泛开展国际中文教材研发出版的理论与实践研究

目前学界对国际中文教材研发出版的理论研究仍显不足,无论在广度和深度上,都需要进一步提升。通过对教材编写原则、方法、内容等方面的深入研究,可以构建一套科学、系统的理论体系,有助于填补国际中文教育学科相关理论研究的短板。同时,国际中文教材理论研究能够推动中文教材研发出版的科学化、严谨化。通过运用前沿的研究成果和实证方法,编写出更具针对性、实用性和实效性的优质教材,提升国际中文教育的整体水平。教材研发出版的理论研究还有助于教师完善教学方法。通过教材理论研究深入分析教材的特点和教学目标,教师可以根据学生的学习需求和特点，灵活调整教学策略，提高教学效果。此外，理论研究需要与实践相结合，我们还需要强化国际中文教材研发出版的实践研究。这包括通过实地调研了解不同国家和地区汉语教学的实际情况和需求，根据调研结果开发适合当地学生的教材，注重教材的本土化改造和创新，并通过各种渠道和平台推广新教材。实践研究还包括对具体教材编写案例的分析和总结，通过收集一线教师的反馈意见和学习者的学习体验，评估教材的实际应用效果，发现存在的问题并提出改进建议。这些案例研究有助于积累宝贵的教材编写经验，为未来的教材研发提供有益的参考。

三、新时期国际中文教材研发出版的新进路

如上所言，国际中文教育正面临着一场深刻的变革，这场变革受全球新政治环境的影响，并由人工智能、大数据、虚拟现实等新科技驱动，对国际中文教育的转型发展起到直接的推动作用。在这场变革中，国际中文教材作为教育活动的基石，其研发、使用、传播、评估等各个环节都需紧跟时代步伐，不断创新和完善研发出版的理念、内容、形式、体系及品牌等，以更好地服务于全球中文学习者，推动国际中文教育的繁荣发展。

（一）确定指导思想，既要做到"兼容并蓄"，也要凸显"中国特色"

国际中文教材在指导思想层面既要做到"兼容并蓄"，广泛吸纳全球教育智慧和文化成果；又要凸显"中国特色"，展现中华文化的独特魅力和中国特色社会主义教育思想的精髓。通过中国教材与海外教材的相互结合和创新发展，构建具有中国特色的国际中文教材体系，为全球汉语学习者提供高质量的学习资源和文化体验。

随着全球化发展新格局的出现，国际中文教材研发出版的核心理念愈发聚焦于"全球视野与文明互鉴"，并贯穿于内容选择、形式创新、体系构建、品牌塑造等教材研发的每一个环节，同时也应用于教材使用、传播、评估与区域国别适应性调整的全过程。它强调在全球视野下促进文化的深度交流与理解，要求教材做到"兼收并蓄"，兼顾不同区域国别的文化背景，推动文化的双向互动与和谐共生。国际中文教材在内容选择上应超越单一文化的局限，广泛吸收世界各国的优秀文化成果和先进教育理念。通过引入不同地域、不同民族的文学作品、历史故事、科技成就等，使教材内容更加符合国际中文学习者的话语向度，以减弱学习中的文化艰涩感，从而增加学习者的兴趣。在教材形式创新上，应借鉴海外教材的成功经验，如采用富有当地特色的故事化语言、互动式练习等提高教材的趣味性和阅读性，使学习者在轻松愉快的氛围中掌握中文知识。教材体系构建也应体现包容性，既要遵循语言学习的一般规律，又要兼顾不同学习者的个体差异和学习需求。通过模块化、层次化的设计，为学习者提供多样化的学习路径和选择空间，促进个性化学习的发展。此外，国际中文教材应注重展现中华文化的独特魅力和价值。通过选取具有代表性的文化元素和经典案例，如诗词歌赋、书法绘画、传统节日、民俗风情等，使学习者在掌握语言技能的同时，深刻理解中华文化的精髓和魅力。教材编写还应鲜明体现中国特色社会主义教育思想，展现中国时代形象，并最终成为中外文化交流的使者和中国故事的讲述者。

（二）专注教材内容，构建呼应国际中文教育学科转型的原创教材体系

国际中文教材不仅是中文知识体系传播的主要载体，也是国际中文教育学科自主知识体系外化与传播的重要工具。受原有学科体系的影响，国际中文教材较多关注汉语语音教学、词

汇教学、语法教学等语言本体教学内容,以及与语言本体教学相关的二语习得、跨文化交际等方面内容。这些内容已不符合国际中文教育学科转型发展的需要。因此,我们需要对教材内容进行"改扩建",以构建呼应国际中文教育学科转型发展的原创教材体系。

在学科交叉融合日益频繁的今天,国际中文教育应加强与其他学科的对话和融合,但绝不能简单复制或移植其他学科的概念、理论、方法和原理。相反,应在广泛交流与互鉴的基础上,取其精华,去其糟粕,将其他学科知识与国际中文教育的实际需求相结合,创造出独具特色的国际中文教育知识体系,并在国际中文教材建设中得以实践。这就要求学界应加强对国际中文教育元问题与基础理论的研究,不仅要清晰界定国际中文教育与中国语言文学、外国语言文学、教育学、传播学等其他相关学科的区别,还要展现我国国际中文教育知识体系与全球其他国家中文教学的差异,凸显我国国际中文教育的独特优势,体现中国特色、中国风格与中国气派。

此外,作为知识传承与创新的重要载体,国际中文教材应形成符合国际中文教育发展新格局的原创体系,即以国际教育教学为主体,在满足传统的中国语言文化教学基础上,还应为学生提供丰富的学术资源和深刻的理论洞察。教材内容不仅要涵盖实践教学体系,也要构建完整的理论知识体系,用以阐释国际中文教育的概念范畴、理论框架和实践方法。尤为重要的是,要强调教材内容的原创性,鼓励教材研发者结合教学实践与研究成果,创新国际中文教育的理论、方法和话语体系,改变国际中文教育"重实践,轻理论""重教学,轻研究"的现状,形成理论与实践双向奔赴、教学与研究比翼齐飞的新格局,不仅为全球中文学习者提供更高质量的学习材料,也为全球中文教学及研究者提供更有深度的教学与研究资料。

(三)丰富教材形式,研发出版国际中文教育新形态教材

在国际中文教育领域,新形态教材的研发已成为推动国际中文教育转型发展的关键一环。面对出版产业日新月异的变革,元宇宙、人工智能等新兴技术的崛起给国际中文教材编写带来了新的挑战与机遇。教材编写需紧跟时代步伐,敏锐捕捉产业发展新趋势与学术前沿动态,通过将新技术、新趋势与出版学的新范式、新方法、新理论深度融合,构建出既科学严谨又贴近实践,层次分明、供需匹配且与时俱进的国际中文教育新形态教材。国际中文教育新形态教材应致力于让国际中文教材呈现出数智化、互动性和动态性等新特点。首先,数智化的呈现方式,包括电子书、在线课程、虚拟仿真课程等,为学习者提供了丰富多样的学习资源。其次,通过多媒体互动形式,如音频、视频、动画等,增强学习的趣味性和参与感。再者,教材内容的即时更新和动态调整,能够确保学习内容的时效性和前沿性。国际中文教育新形态教材还应打破传统教材的局限,为学习者提供更加灵活、个性化的学习体验。未来,随着技术的不断进步和教育理念的不断创新,国际中文教育新形态教材将继续发挥重要作用,为推动全球中文教育事业的繁荣发展贡献中国智慧与力量。

(四)树立品牌意识,打造新时期国际中文精品教材

在当今全球中文教育持续繁荣的态势下,国际中文教材正加速向"差异化、品牌化、国际化"的三大方向迈进。这一战略转型不仅要求教材在内容编排、教育理念及教学方法上独具匠心,塑造鲜明的品牌个性,还致力于通过品牌塑造与品牌推广,增强品牌在全球市场的辨识度和认可度,吸引全球学习者的关注与青睐。

品牌构建作为国际中文教材的核心市场竞争力,是一个贯穿研发、应用、传播及评估的全系统工程。在研发初期,需明确并坚守独特的教学理念,设计富有创新性和针对性的教学内容,探索适应全球学习者需求的教学方法,以此奠定品牌差异化的坚实基础。进入应用阶段,注重提升教学质量和学习体验,积累良好口碑,成为品牌美誉度提升的关键。为打造国际中文精品教材,推动品牌发展,还需采取系统的推广策略。这包括以先进的教育理念为指导,汇聚国内外中文教育领域的顶尖专家与学者,构建高效协同的教材研发与编写团队,整合教育资源,共同推进高质量教材的开发与建设。同时,相关单位和部门还要建立激励机制,鼓励优质教材的创作与出版,并积极争取国内外高水平教材奖项的认可,进一步提升教材的行业地位和社会影响力。此外,出版社应充分利用多元化的宣传渠道,如样本邮寄、广告宣传、试读体验、数字营销、书展展示及国际中文教育论坛等,结合精准的市场定位与策略,有效提升教材的知名度和市场占有率。最终目标是构建出知名度广、使用率高、影响力强的国际中文教材品牌,以卓越的教学内容推动全球中文教育事业的发展,为全球学习者提供丰富多元的学习资源和优质的教育服务,展现中国文化的魅力和中国教育的智慧。

四、结语

国际中文教育的转型发展与当今时代大变局同向呼应,是构建中国软实力的重要组成部分,应予以足够重视。这呼吁学界、业界要深刻认识新时期国际中文教材研发出版对于推动中文教育全球化、构建中国新形象的重要性。目前我们仍面临国际中文教材建设的诸多挑战,包括教材质量参差不齐、适用性不足以及技术融合深度有限等,我们必须构建一个以创新、开放、合作为核心的研发出版生态以应对挑战。这要求我们坚持教材建设的标准化、规范化与创新化,确保教材内容的前沿性、科学性和实用性。在技术层面,积极探索新技术与教材研发的深度融合,以科技赋能教育,提升教材的互动性和趣味性。最后,建立健全的教材推广机制,加强国际交流与合作,共同推动国际中文教材的共享与互补。总之,新时期国际中文教材研发出版的生态构建、理念革新与进路探索,将为构建更加开放、包容、规范的国际中文教育体系奠定坚实基础,助力中文及中华文化的国际传播事业蓬勃发展。

参考文献

[1]马箭飞,梁宇,吴应辉,等.国际中文教育教学资源建设70年:成就与展望[J].天津师范大学学报(社会科学版),2021(6):15－22.

[2]教育部中外语言交流合作中心组编.国际中文教育教学资源建设行动计划2021—2025[R].教育部中外语言交流合作中心,2021(12):1－9.

[3]郭风岚、张一萍,论新时代中国特色国际中文教材实践体系的构建[J].国际汉语教学研究,2023(1):31－36＋74.

[4]张西平,张晓慧.国际汉语教学动态与研究:第2辑[M].北京:外语教学与研究出版社,2005.

[5]郑东晓,杜敏.新阶段国际中文教育的经济价值及其产业发展[J].江汉学术,2022(6):102－111.

[6]梁宇.国际汉语教材评价理论与方法研究[M].北京:中央民族大学出版社,2015.

[7]李振荣.从一套少儿对外汉语教材的策划与编辑谈几点体会[J].中国出版,2009(3):23－26.

[8]方寅.汉语国际教育教材全媒体出版探析[J].中国出版,2013(12):42.

[9]杜敏,刘林燕.国际中文智慧教材及其建设[J].陕西师范大学学报(哲学社会科学版),2023(3):159.

[10]李泉.2020:国际中文教育转型之元年[J].海外华文教育,2020(3):3.

［11］赵杨,万众.建设面向市场的国际中文教育资源［J］.国际中文教育(中英文),2021(4):35－41.

［12］李宇明.语言与经济的关系试说 ［J］. 语言产业研究,2018(1):1－7.

［13］梁宇.需求增长背景下的国际中文教育资源建设［N］.中国社会科学报,2020－04－21(003).

［14］张晓慧.汉语国际教育学科的队伍建设问题［J］.国际汉语教学研究,2014(2):1－8.

［15］章红雨.“他者传播”成国际中文教材出版发行新趋势［N］.中国新闻出版广电报,2023－12－14(003).

［16］李宝贵,国际中文教育新形态教材建设:内涵特征、现实挑战与推进路径［J］.语言教学与研究,2023(3):15－25.

［17］商小舟.产学研共建体系是新型出版人才培养之“梯”［N］.中国新闻出版广电报,2024－06－03(005).

Ecosystem，Philosophy，and Development Pathway of International Chinese Teaching Materials Research and Development in the New Era

Cao Bo[1]　Qiu Zhu[2]

(1. School of Chinese Studies, Dalian University of Foreign Languages, Dalian Liaoning 116044;

2. School of Humanities and Law, Dalian University of Finance and

Economics, Dalian Liaoning 116029)

Abstract: Examined through the lens of endogenous disciplinary advancements or the evolving global dynamics of our era, International Chinese Language Education has entered a transformative phase. As critical pillars supporting this field, international Chinese teaching materials are transitioning toward quality-driven and connotative development, characterized by emerging trends in research and publishing ecosystems—digitally intelligent integration, localization, audience-specific customization, and market-driven innovation. To address this paradigm shift, strategic conceptual shifts must be implemented across three dimensions: establishing interdisciplinary, cross-domain, and transnational R&D teams; cultivating versatile professionals skilled in cross-disciplinary integration and innovative publishing; and advancing theoretical and practical research in educational resource development. Continuous innovation in pedagogical frameworks, content architecture, presentation formats, systemic structures, and brand ecosystems for teaching materials remains imperative to ensure the successful evolution and enduring sustainability of International Chinese Language Education.

Keywords: International Chinese Teaching Materials; Research and Development Ecosystem; Digital-Intelligent Teaching Resources; Publishing Philosophy

【执行编辑:赫如意】

《职通中文》(初级)教材编写实例二、三例 *

摘　要：《职通中文》属于"中文＋职业技能"教材，它不同于通用汉语教材，也不同于职业教育专业教材，它是中文和职业技能深度融合而产生的一种新的教材形式。本文根据笔者编写《职通中文》教材的经验，提出编写此类教材的关键是要处理好中文和职业技能之间的关系，并列举实例，解决了编写此类教材所遇到的难度问题、难易程度问题、技能点不突出问题、语法点偏少问题、对话体和叙述体使用问题等。本文为"中文＋职业技能"教材编写提供借鉴，旨在推动"中文＋职业技能"教学资源建设健康发展，为"中文＋职业技能"教育高水平、高质量发展贡献力量。

关键词：《职通中文》教材；"中文＋职业技能"；典型工作任务；深度融合

一、引言

2021 年 12 月，教育部中外语言交流合作中心（以下简称语合中心）出台了《"中文＋职业技能"教学资源建设行动计划（2021—2025 年）》（以下简称《行动计划》）。《行动计划》有五大任务，研制高质量教材和建设数字化资源则是其中的两项任务。[1]2022 年年底，语合中心全面启动了"中文＋职业技能"教学资源建设工作。2025 年 3 月，一批"中文＋职业技能"教材即《职通中文》（初级）教材陆续出版，为国际中文教育和职业教育领域教学资源建设提供了新思路。

《职通中文》教材将国际中文教育和职业教育这两大完全不同的领域融合在一起，为职业教育与国际中文教育深度融合树立了典范。《职通中文》教材有四大特点：一是勇于创新，实现中文和职业技能的深度融合；二是注重实效，打破了传统专业教材的编写模式；三是适应市场，满足境外中资企业一线员工的培训需求；四是肩负使命，传播中华优秀传统文化和企业文化。它编写思路清晰，结构设计合理，具有较高的科学性和先进性。它突出技能，把中文和职业技能深度融合在一起，具有较强的职业性和适宜性。它特色明显，紧密对接国家"一带一路"倡议的深层次推进，服务国家"职教出海"战略定位，瞄准"走出去"中资企业实际，满足本土员工培训需求，是企业所需要的和所欢迎的。

笔者有幸成为"中文＋职业技能"教学资源建设专家团队成员，参加了《职通中文》（初级）

---

* **作者简介**：梁赤民，中国—赞比亚职业技术学院原院长，副教授，世界汉语教学学会会员，专门用途中文教育委员会委员。研究方向：英文翻译、"中文＋职业技能"教育。

教材编写的顶层设计,全程参与了教材编写的培训和指导工作,并一对一指导了 20 余本教材的编写。本文拟结合编写《职通中文》教材的亲身经历,与各位同仁分享"中文＋职业技能"教材编写工作的几点体会,恳请批评指正。

二、"中文＋职业技能"教材需要注意的几个问题

中文和职业技能原本是完全不同的两个领域,把两者融合在一起,本身就是一种创新。然而,要把它们真正有效地融合在一起,也不是一件容易的事情。实际上,在编写此类教材时应考虑下列几个问题:

(一) 如何处理中文和职业技能之间的关系

编写"中文＋职业技能"教材,首先应考虑教材要解决什么问题,是语言问题,还是技能问题;语言和技能在教材中各占什么位置和比重,且两者之间是一种什么关系。

《职通中文》教材既不同于通用语言类教材,也不同于职业教育中的专业教材,它是语言和技能的深度融合。它要求语言和技能相辅相成,致力于中文能力和职业技能水平的同步提升。换句话说,《职通中文》教材既教授中文,又传授职业技能,把中文和职业技能完全融为一体。

(二) 如何处理中文和职业技能之间的难度问题

《职通中文》教材的起点为双零起点,即语言零起点、技能零起点。它虽然同时教授中文和职业技能,其实还是一本语言类教材。它的语言难度参考国际中文等级标准的初等 1—2 级界定。如果是通用中文初级教材,它应该比较简单,但加入职业技能的内容,无论是词汇、句子,还是语法,都很难与通用中文教材同步,很难做到不超标。因此,用最简单的语言把技能点说出来,是这套教材编写的一条原则。它的另一条原则就是尽量做到简单。除每课生词和课文字数有限制外,语法尽量做到不超标,词汇做到跨级不跨等。

(三) 如何处理中文和职业技能之间的语料选取问题

《职通中文》的教学对象是境外中资企业接受在岗语言和技能培训的一线本土员工,也可供其他适合的学习者选择使用。主体是一线工人,其他学习者则包括中国—海外职业技术学院的学生、来华培训和在高职院校学习的留学生、孔子学院、中文工坊的学生等。境外中资企业一线的本土员工非常渴望学习中文,但他们更希望学习与生产、工作密切相关的中文。由此可见,语料的选取十分重要。

《职通中文》教材对语料的选取做了明确规定,即语料选自专业领域最常用的岗位交际话题或工作任务情境,即生产一线特定的工作情境或典型工作任务。因此,生产、工作中最常用的词汇、短语和句子,典型的工作任务和特定的工作情境是《职通中文》教材的首选。

三、教材编写中遇到的问题及其解决方法实例

如上所述,处理好这些问题,是编写好《职通中文》教材的关键。在教材编写的过程中,这些问题的确是存在的。这里,列举几例,简述在编写教材时遇到的问题及其解决方法。

(一) 难度问题

一般来说,只要教材的编写原则和思路定下来了,教材的难度就不难解决。但《职通中文》教材不同于一般的通用中文教材,它既要考虑语言,也要考虑技能。而受技能点编写的影响,它的词汇、句式、语法点都会偏难,因此,初级教材的难度问题,是《职通中文》教材编写遇到的

第一个大问题。

山东理工职业学院编写的《跨境电子商务》第2课课文的初稿是这样的：

课文　请遵守规则

王明：请遵守跨境电商平台的使用规则。

马丁：平台规则有什么？

王明：比如禁止抄袭品牌商标，禁止出售违禁物品等。违反规则的店铺会被平台处理，账号也会被关闭。

这篇课文从职业技能的角度看，其实并不难。从通用汉语的角度来看，第2课72个汉字也不算难。但仔细分析一下，4级以上的汉字13个，4级以上的词汇17个，4级以上的语法1个，无论是词汇、句子，还是语法，都显得很难了。不仅词汇超纲，语法也有超纲。为此，我们对这篇课文作了修改，去掉一些超纲的词汇，把句子改短、改简单，把被动句改成主动句，并把它调到了第7课，从而把难度降了下来。

学习课文　请遵守平台规则

马丁：跨境电商平台的规则有什么？

王明：不要用别人的商标。

马丁：还有呢？

王明：不要卖违法商品等。

马丁：店铺不遵守规则会怎么样？

王明：平台会关闭店铺的账号。[2]

为了解决《职通中文》教材的难度问题，体例框架还对生词和课文作出了以下具体规定：

第一，每课生词不超过15个。

第二，每个句子字数不超过15个字。

第三，课文字数控制在60—120字之间，其中前10课60—80字，中间10课80—100字，后10课100—120字。

第四，前五课安排自我介绍、安全知识、认识工具等通用汉语课程。

根据境外中资企业员工语言和技能水平现状及培训的特点，该教材还提出了两条编写原则：简单和重复。具体来说，一是在编写初级教材时，尽量做到简单、简单、再简单；二是根据体例框架要求，在生词、课文、语法等每个部分安排了两个练习，做到重点内容不断重复。最后再对生词、语法和课文作小结/评价，重复生词、课文和语法所学内容。所有这些，都是为了把难度降下来。

（二）难易程度问题

一般专业类教材，都是根据体系或工艺流程编写，无须考虑语言的难易程度问题。但《职通中文》教材，除了要考虑技能点如何编写，还要考虑语言的难易程度。在教材编写时，专业知识即技能点若从语言的角度去衡量，就会出现有时难、有时易的情况。解决语言忽难忽易的问题，也是《职通中文》教材必须考虑的一点。

北京经济管理职业技术学院编写的《玉器设计与工艺》第3—6课课文的初稿是这样的：

课文　使用玉雕横机（第3课）

玉雕横机辅具有水箱、挡水板和夹头等。启动横机前要确认转速旋钮归零。启动横机后,调节转速后进行雕琢。

课文 认识吊机(第 4 课)

玉雕吊机是软轴玉雕设备。吊机有悬挂轴架,通过软轴带动手柄工作。手柄夹头安装砣具。吊机启动后,用调速机调节转速,进行雕琢。雕琢时控制手柄要稳定、灵活。

课文 认识玉雕台式机(第 5 课)

A:这是什么?

B:这是玉雕台式机。它的转速高,运行平稳,适合细雕。

A:怎么用台式机?

B:把手柄接头插入接口,打开启动开关,用调速旋钮调节转速。

A:向左扭还是向右扭?

B:雕琢时,向右扭调高转速。抛光时,向左扭调低转速。

课文 认识开料工具(第 6 课)

开料工具有圆盘锯、带锯和线锯。

按照冷却方式,圆盘锯分为水锯和油切机。大型玉石用水锯开料。平行度高的用油切机开料。大平面用带锯开料。线锯能直线切割,也能曲线切割。

这几篇课文的字数分别是 50、69、90 和 77 个汉字,这种过山车式的曲线和忽难忽易的情况,在通用汉语教材的编写中不会出现,也是不允许的。《职通中文》教材如果这样编写,显然不符合语言类教材的编写规律,学生学起来很难,教师教起来也不容易。解决这一问题最有效的方法是修改课文,或调整课文的前后顺序。其实,这里只需把第 3 课、第 4 课和第 6 课略作修改,重点把第 5 课课文的字数减少,难度降低就可以了:

学习课文 使用玉雕台式机

A:这是什么?

B:这是玉雕台式机。

A:怎么用台式机?

B:把手柄接头插入接口,启动设备,调节转速。

A:调节旋钮向左扭还是向右扭?

B:向右扭调高转速。向左扭调低转速。[3]

《职通中文》教材不论在语言编写方面,还是在技能点编写方面,都必须做到由易到难、由浅入深、循序渐进,这是原则,不能打破。因此,它在技能点的编写上大胆创新,打破了传统的专业教材编写思路和编写模式,打破了所谓体系的完整性,打破了工艺流程的绝对先后顺序。每课选择一个小技能点,容易的放在前面的课程里,难的放在后续课程里。这样一来,既符合语言类教材的编写原则,又能将技能点传授给学生。这是《职通中文》教材所需要的结果,也是企业员工培训所需要的效果。

(三) 技能点不突出问题

如前所述,《职通中文》教材是用最简单的语言把技能点说出来。通常,无论是编写语言类教材,还是编写专业类教材,我们的惯性思维是描述或叙述。"中文＋职业技能"教材最重要的一点,就是要突出技能点,一课一个小主题,一课一项小技能。而我们在编写《职通中文》时,常常会出现有技能点,但没有编出来,或技能点不突出的现象。先看一例没有技能点的课文:

　　课文　使用剥线钳

　　马丁:剥线钳有很多齿口。有的大,有的小。怎么选择齿口?

　　李明:粗导线用大齿口,细导线用小齿口。如果可以顺利剥除导线的绝缘层,又不伤线芯,就是合适的齿口。(滨州职业学院编写的《电气设备运行与控制》第 5 课课文初稿)

　　这篇课文的标题是《使用剥线钳》,要传授的技能点应该是剥线钳的使用。但是,通篇课文是在叙述,在介绍剥线钳,根本看不出如何使用剥线钳,丝毫没有技能点可言。如果选用这篇语料,不符合《职通中文》教材编写要求。只有更换语料,或根据剥线钳使用要求,修改课文,把技能点编出来,突出出来,才能收到较好的效果:

　　学习课文　使用剥线钳

　　打开安全扣,张开钳口。用大刀口剥粗导线,小刀口剥细导线。导线放在刀口中间,握住手柄,拉导线。松开手柄,完成剥线。[4]

　　再看一例技能点不突出的课文:

　　课文　道别客户

　　王先生:我太太在等我,有时间我再来。

　　艾　伦:可以留下您的电话号码吗?

　　王先生:好的。

　　艾　伦:您的包,请拿好。您要出租车吗?

　　王先生:谢谢,不要。

　　艾　伦:感谢光临,欢迎再来。

　　王先生:好的,再见。(东营职业学院编写的《汽车技术服务与营销》第 12 课课文初稿)

　　这篇课文技能点既不突出,也不完整。服务和营销中的与客户道别,不仅仅是说再见,更重要的是希望客户再来,并为客户提供所需资料。如果是第一次来的客户,则应该留下客户的相关资料和信息,便于今后联系:

　　学习课文　道别客户

　　王先生:我太太正在等我,有时间我再来。

　　艾　伦:周六您能来吗?

　　王先生:能。

　　艾　伦:这是您关注的车型资料和随身物品,请拿好。

　　王先生:好的。

　　艾　伦:可以留下您的电话号码吗?

　　王先生:好的。

　　艾　伦:谢谢,周六见。[5]

　　修改后的课文,抓住了"与客户道别"这一技能点的几个要点:一是预约下次再来的时间;二是为客户提供所需的相关资料;三是留下客户的电话。条理清晰,技能点突出,学生学完后便知道该怎么与客户道别。

此外,《职通中文》教材的目的是教授语言和传授技能,因此,它轻理论、重实操。然而,在教材编写的过程中,往往这个语料有技能点,但课文编出来,总觉得是在叙述理论。"中文＋职业技能"教材要真正做到技能点一目了然,的确不是一件容易的事情。这是日照职业技术学院编写的《淡水养殖》第 30 课课文:

学习课文　储存饲料

储存饲料的时候,需要选择通风、干燥、一点儿水也不能有的地方。提前清理储存室,用水泥把地面抹平,消毒。摆放饲料的地方铺上木板,木板离地面约 20 厘米,防止底部的饲料霉变。如果储存时间长,就需要定期检查饲料的情况,保持干燥。[6]

这篇课文,其实是有技能点的,把如何保存饲料的几个关键要点都说出来了。但是,课文完全是在叙述,没有把技能点突出出来。如果我们把这篇课文作以下修改,把叙述的东西减少,把技能点突出出来,把保存饲料该如何做一一道明,或许会更好一些,更符合《职通中文》教材的编写要求:

课文　保存饲料

提前清扫好储存室,全面消毒。

在储存室里选择通风、干燥、一点儿水也没有的地方。

为防止底部的饲料霉变,在摆放饲料的地方铺上架空的木板,木板离地面约 20 厘米。

把饲料放在木板上保存。如果储存时间长,定期检查饲料的情况。

(四) 语法点偏少问题

如前所述,《职通中文》教材是语言和技能兼并,既教中文,又教技能,目的是通过语言教学和技能传授,让学生语言能力和技能水平同步提升。然而,就专业语料而言,文章往往较为单调,句式相对固定,句型比较单一,词汇变化不多,语法点偏少,到了后续课程,课文里几乎没有新的语法点。按照《职通中文》教材的体例框架要求,每节课需要设两个语法点,对专业类教材来说,要做到这一点的确不容易。

以下是济南职业学院编写的《机械制造技术》第 20 课和第 24 课课文初稿:

课文　装夹平面类毛坯件

1. 在毛坯件上选择一个大平面作为粗基准,把它靠在固定钳口面上;

2. 把铜皮垫在钳口和工件毛坯面之间;

3. 在工件和导轨之间垫上垫铁;

4. 轻敲工件,调整好位置,夹紧工件,确保垫铁不动,完成装夹。

课文　准备电弧焊机

准备电弧焊机应该注意:

在接通电弧焊机电源前,地线应该接地。

把地线夹连接到电弧焊机的正极接口上;把焊钳连接到电弧焊机的负极接口上;

把电弧焊机开关向上推。

控制面板亮了,电弧焊机准备完毕。

这两节课是专业类教材常有的表达形式,文章平铺直叙,句子相对固定,句型单调,没有什么变化。尤其是到了教材的后续课程,很多语法点前面已经学过,每节课再找出两个语法点,实属不易。《职通中文》教材不仅要为技能传授服务,还要为语言教学服务。因此,在编写时,有时不得不生搬硬套,强行装上两个语法点。这虽然有点勉强,但也是没有办法的办法。

学习课文　装夹平面类毛坯件

先在毛坯件上选择一个大平面作为粗基准,把它靠在固定钳口面上。

再把铜皮垫在钳口和工件毛坯面之间。

然后在工件和导轨之间垫上垫铁。

最后轻轻地敲一敲工件,调整好位置,夹紧工件,确保垫铁不动,完成装夹。

学习课文　准备电弧焊机

准备电弧焊机应该注意:

在接通电弧焊机电源前,地线应该接地。

将地线夹连接到电弧焊机的正极接口上,将焊钳连接到电弧焊机的负极接口上。

将电弧焊机开关向上推。

只要控制面板亮了,电弧焊机就准备好了。[7]

第 20 课通过改写,加上了两个语法点,把 1、2、3、4 改成“先……,再……,然后……,最后……”,把“轻敲工件”改成“轻轻地敲一敲工件”。这样一来,既让学生学到了这两个语法点,也解决了专业类课文中较少出现重叠用法的现象;既没有改变原文的意思,也丰富了教学内容。

同样,在第 24 课中,用“将”替换“把”,用条件复句“只要……就……”改写最后一句,不仅把问题说清楚了,而且多了两个语法点,丰富了学生的语法知识,从而解决了一节课两个语法点的难题。

(五) 对话体和叙述体使用问题

在通用汉语中,初级教材多以对话体为主,因为对话体课文对初学者来说相对容易些。但是,《职通中文》教材受技能点的约束,不可能都用对话体。为此,《职通中文》教材体例框架规定,课文可以用对话体,也可以用叙述体,两者兼顾。以下是青岛酒店管理职业技术学院的《酒店服务与管理》第 8 课和第 9 课课文:

学习课文　预订用餐

王天:您好,请问有什么可以帮您?

客人:我想预订 1 个包厢。

王天:请问您贵姓?

客人:我姓李。

王天:李先生,请问您几位? 什么时间用餐?

客人:4 位,今天晚上 7 点。

王天:4 位客人,今天晚上 7 点,101 包厢。

客人:谢谢。

学习课文　记录预订

服务员要记录客人的预订信息:客人的姓名、电话号码、用餐时间、用餐人数、预订的卡座还是包间。还要记录客人的用餐要求,例如喜欢或者禁忌的食物。最后,跟客人确认一遍预订信息。[8]

同样是与"预订"相关的内容,"预订用餐"是打电话的形式,用的是对话体。这个对话体是典型的工作情境,语言简洁明了,技能点清清楚楚。如果改成叙述体,就要把"预订用餐"的每项任务交代清楚,这样势必会大大增加字数、加大难度。而"记录预订"则是一篇叙述体短文,服务员要做的事一目了然,技能点很突出。如果改成对话体,则会显得啰唆,一问一答之间会增加许多内容。

由此可见,哪一课用对话体,哪一课用叙述体,不取决于是初级教材还是中级教材,也不取决于是第一课还是最后一课,而取决于语料,取决于特定的工作情境和典型的工作任务。

四、结语

综上所述,《职通中文》教材属于"中文＋职业技能"教材,鉴于它的特殊性,即它既不同于通用汉语教材,也不同于职业教育专业教材,它是中文和技能的深度融合,在编写此类教材时,必须将语言和技能两者兼顾,不可重语言、轻技能,也不可重技能、轻语言,而是要真正做到将两者完全融合在一起。

参考文献

[1] 教育部中外语言交流合作中心."中文＋职业技能"教学资源建设行动计划(2021—2025年)[EB/OL].(2022—01—25)[2025—05—13].http://www.chinese.cn/uploads/file/20220125-1643091122329263.pdf.

[2] 山东理工职业学院.跨境电子商务[M].北京:国家开放大学出版社,2025.

[3] 北京经济管理职业学院.玉器设计与工艺[M].北京:高等教育出版社,2025.

[4] 滨州职业学院.电气设备运行与控制[M].北京:北京语言大学出版社,2025.

[5] 东营职业学院.汽车技术服务与营销[M].北京:高等教育出版社,2025.

[6] 日照职业技术学院.淡水养殖[M].北京:高等教育出版社,2025.

[7] 济南职业学院.机械制造技术[M].北京:北京语言大学出版社,2025.

[8] 青岛酒店管理职业技术学院.酒店服务与管理[M].北京:外语教学与研究出版社,2025.

Two or Three Examples from the Compilation of
Access to Vocational Chinese (Elementary) Series Textbooks

Liang Chimin

(Sino-Zam Vocational College of Science and Technology, Zambia)

Abstract: The *Access to Vocational Chinese* series textbooks belong to the category of "Chinese＋vocational skills" textbooks. It is different from general Chinese textbooks and vocational education professional textbooks. It represents an in-depth integration of Chinese language and vocational skills. Based on the personal experience of compiling the *Access to Vocational Chinese* series textbooks, this paper proposes that the key to developing such textbooks lies in appropriately balancing the relationship between Chinese language and vocational skills. It also lists examples to solve problems encountered in the compilation of such textbooks, such as the degree of difficulty, degree of ease or difficulty, the unprominence of skills and grammars, and the appropriate use of dialogue and narrative style, and so on. This paper provides a reference for the compilation of "Chinese＋vocational skills" textbooks, aiming to promote the healthy development of the construction of teaching resources for "Chinese＋vocational skills" and contribute to the high-level and high-quality development of "Chinese＋vocational skills" education.

Keywords: *Access to Vocational Chinese* Textbook；"Chinese ＋ Vocational Skills"；Typical Job Tasks；Deep Integration

【执行编辑：赫如意】

深入推进"中文＋职业技能"打造职教出海 2.0 版[*]

周　燕

（北京工业职业技术学院，北京 100042）

摘　要：基于中国职业教育发展现状与"一带一路"倡议背景，深入探讨"中文＋职业技能"教育模式及职教出海战略。阐述了中国职业教育体系规模与成就，分析"中文＋职业技能"教育的背景、内涵与意义，提出打造职教出海 2.0 版的发展方向，从金标准、金专业、金课程、金教师队伍、金基地、金教材和教学资源六个方面论述职教出海建设要点，强调世界汉语教学学会及专门用途中文教育委员会的重要作用，旨在为中国职业教育国际化发展提供理论参考与实践指导。

关键词："中文＋职业技能"；职教出海；职业教育国际化

当前，中国已建成世界最大规模职业教育体系，职业教育吸引力、影响力、竞争力不断增强。截至 2025 年 3 月，中国共有职业学校 8 000 多所，在校生近 3 000 万人。其中，中等职业学校 7 000 余所，在校生 1 300 万人；高职（专科）学校 1 500 多所，在校生 1 700 万人；职业本科学校 60 所，在校生 32 万人。职业教育专业涉及 19 个专业大类、1 400 个专业，覆盖国民经济和社会发展各领域，每年有 70％新增劳动力来自职业院校，在现代制造业、战略性新兴产业和现代服务业等领域，一线新增从业人员 70％以上是职业院校的毕业生。[1]越来越多的中国青年通过职业教育实现自身价值。今天的中国，拥有 41 个工业大类、207 个工业中类、666 个工业小类，是全世界唯一拥有联合国产业分类中全部工业门类的国家。[2]制造业总体规模已连续 14 年位居世界首位，220 多种工业产品产量位居全球第一。中国职业教育有力支撑了中国成为全世界唯一拥有全部工业门类的国家和世界第二大经济体。[3]

根据商务部统计，截至 2022 年年底，我国在全球 190 个国家（地区）共设立对外直接投资企业 4.66 万家，有近 400 万个就业岗位需求。截至 2023 年年底，中国境内投资者共在全球 189 个国家和地区设立境外企业 4.8 万家。[4]其中，在共建"一带一路"国家设立境外企业 1.7 万家。[5]年末境外企业员工总数近 430 万人，其中六成以上为外方员工。

可以看出，中国企业走出去的步伐在加大，中国投资助力当地经济发展作用日益凸显。职业院校积极响应共建"一带一路"倡议，教随产出，产教同行。"职教出海"已经成为教育出海的生力军，成为职业院校发力的新方向。目前全国 27 个省（区、市）的 200 多所职业院校在 70 多

---

* **作者简介**：周燕，北京工业职业技术学院原副院长，博士，研究员，世界汉语教学学会专门用途中文教育专业委员会副主任。研究方向：职业教育国际化。

个国家(地区)设立了约 400 个办学机构和项目。[4]

一、"中文＋职业技能"的提出与内涵

"中文＋职业技能"作为特定概念正式出现是在 2019 年国际中文教育大会,时任国务院副总理孙春兰在会上强调,要在语言教学中融入适应合作需求的特色课程,积极推进"中文＋职业技能"项目,帮助更多的人掌握技能、学习中文。[6]2019 年的国际中文教育大会首次设立"中文＋职业技能"论坛;2020 年,教育部等九部门印发《职业教育提质培优行动计划(2020—2023年)》,明确提出推进"中文＋职业技能"项目,助力中国职业教育走出去。随后教育部中外语言交流合作中心与南京工业职业技术大学共建"中文＋职业技能"国际推广基地、与北京工业职业技术学院共建"中文＋职业技能"教育实践与研究基地。在海外,2020 年,中国教育部中外语言交流合作中心与泰国教育部职业教育委员会在线签署《关于开展"中文＋职业技能"合作的谅解备忘录》。2023 年 3 月 21 日,中国和泰国教育部门共同创办的语言与职业教育学院在曼谷成立,2024 年已由北京工业职业技术学院派出首任中方院长、南京工业职业技术大学派出专业教师,标志着中泰双方在中文教育领域的合作进一步走深、走实,为两国职业教育开展全面合作拓展了渠道,提供了更加广阔的平台。

"中文＋职业技能"教育,作为一种新型的国际中文教育和职业教育相结合的教育形态,一是语言教学和职业技能教学的"加合",二是语言与职业技能的"融合",三是教随产出、产教融合背景下双语能力与跨文化交际能力的"化合"。不仅能够更好地服务国际产能合作,为"走出去"中资企业提供本土化"懂中文、通文化、精技能"的技术技能人才,并且能够推动中外经贸深度合作,特别是推动共建"一带一路"建设。

二、职教出海 2.0 版的实施路径

教育部副部长吴岩近日明确提出:"在职业教育方面,推动职教出海。"此外,还要举办好世界职业技术教育发展大会、世界职业院校技能大赛和世界职业技术教育展。我们要设立首个世界职业技术教育大奖,建立世界职业技术教育发展联盟,高质量推动"一带一路"职业教育合作,支持中国职业院校有序开展海外办学。共建"一带一路"倡议已走过 10 年,职教出海也发轫于"一带一路"建设,10 年来的探索与实践,取得不俗的成绩。面向未来,职教出海也将开启职教出海 2.0 版,更加蓬勃发展。打造职教出海 2.0 版,就是要在前 10 年的基础上,将职业教育升级为促进国际产能合作、提升教育国际影响、服务国家外交大局和新发展格局的战略资源。

《中非合作论坛—北京行动计划(2025—2027)》具体提出几个方面的计划,包括:中方将继续实施"未来非洲—中非职业教育合作计划",同非洲国家建设高水平"鲁班工坊",增设更多专业,开展工程技术办学。[7]双方将继续支持非洲孔子学院高质量发展。中方愿与非洲国家教育部门签署国际中文教育合作协议,通过共设中文专业、培养中文教师、开展数字化教学等形式,支持非洲中文教育发展。中方将在非洲开展"中文＋职业技能"教育,在具备条件的非洲国家合作共建中文工坊,为非洲培养懂语言、通文化、精技能的复合型人才。[8]2024 年 9 月,教育部部长怀进鹏在中国—非洲—联合国教科文组织教育和文化遗产保护合作对话会主旨演讲中提出:"中国将同非洲国家、联合国教科文组织一起全面加强中非教育合作,重点实施数字教育共

享、职业教育赋能、教师能力建设三项优先行动。"以上行动计划还仅是中非合作,其他合作的重点区域还包括中国与东盟 10 国合作,中亚地区、南亚地区以及中海合作等等,中国职业教育服务国家外交大局的责任将更加重大,也为打造职教出海 2.0 版指明了方向。

打造职教出海 2.0 版,就是要稳步扩大职教出海的规模与数量,进一步有序化、系统化、集成化,聚焦服务国际产能合作,产业发展到哪里,职业教育就服务到哪里。提高职教出海的教育能力和质量。第一,打造职教出海 2.0 版,要突出中文的实用价值,中文要进一步与专业、职业、行业、领域紧密结合,使中文从语言教学领域延伸到更加广阔的语言应用空间中,不断扩大中文应用领域,发挥中文全方位、多领域服务的实用功能。第二,打造职教出海 2.0 版,要推进职普融通。职业院校与国内外普通高等院校及企业紧密合作,共同开展"中文＋职业技能"教育,一方面在海外开展"中文＋专业"教育培训和工程类学历教育,另一方面吸引更多国际学生来华学习,推动中国教育市场的国际化发展。第三,打造职教出海 2.0 版,要提升职教品牌国际影响力。通过优质的教育资源和教学服务,打造具有国际影响力的职教品牌,提升中国职业教育的国际声誉和地位,通过海外办学和合作,将中国职教品牌推向世界,为全球职业教育发展贡献中国智慧和力量。

三、加强职教出海"六金"建设

(一)"中文＋职业技能"金标准建设

要输出和共享中国职业教育办学标准、培养标准,包括专业标准、课程标准、教师标准、设备标准、培训标准等,并积极融入合作国国民教育体系和职业资格体系。要强化领导体制和协同机制。从目前职教出海推广"中文＋职业技能"的模式看,由教育部领导,发挥语合中心的牵头作用,协调世界汉语教学学会、行业协会、职业院校、企业共同参与,从国家层面研究推动国际中文教育＋职业技能标准体系"走出去"的领导体制是比较顺畅的体制。要因地制宜。"中文＋职业技能"教育应当坚持以中文教学为基础、以职业教育为特色,探索灵活多元的办学模式,充分利用国际产能合作,切实增强全球适应性。[6] 要与外方政府部门共同合作,各主体共同参与,相互融合,职普融通,职业院校和普通本科院校共同开展国际化标准建设及国际中文教育标准建设,在已经颁布的《国际中文教育中文水平等级标准》《职业中文能力等级标准》《国际中文教师专业能力标准》基础上,结合国内的教育教学标准、职业技能技术标准,以及相关产业的能力标准,构建不同区域和国家、不同层面、不同类型的"中文＋职业技能"标准体系。未来要逐步实现"中文＋职业技能"标准体系的国际认证。

(二)"中文＋职业技能"金专业建设

2024 年,习近平主席在中非合作论坛北京峰会开幕式上的主旨讲话中声明要建立十大伙伴行动,其中人文交流伙伴行动中提及深入推进"未来非洲职业教育"计划,共建工程技术学院,建设 10 个"鲁班工坊"。《中非合作论坛—北京行动计划(2025—2027)》具体提出,中方将继续实施"未来非洲—中非职业教育合作计划",同非洲国家建设高水平"鲁班工坊",增设更多专业,开展工程技术办学。这是国家领导人第一次提出共建工程技术学院并纳入未来 3 年的北京行动计划。目前中国在海外办学具有学历教育资质的只有中国—赞比亚职业技术学院(以下简称中赞职业技术学院)和柬华应用技术大学。在教育部的领导下,2019 年由北京工业职业技术学院等中国多所职业院校与中国有色矿业集团、有色人才中心在赞比亚建成中国在海外举办的首所开展学历教育的学院中赞职业技术学院,开发了 9 个专业标准纳入赞比亚国民教育体系,目前开办了 6 个专业学院,包括自动化与信息技术学院、装备制造学院、机械制造与自动化学院、建筑工程学院、矿业工程学院、机电学院等开展学历教育和非学历培训,并在新能源专业、汽车工程专业等领域开展非学历培训。近日,在教育部的指导下,中国铝业股份有限公司、山东省教育厅与有色金属工业人才中心共同合作计划在几内亚共建"中国—几内亚工程技术大学",助力打造教育对外开放新高地,促进几内亚本土技术技能人才培养。我们也期待在已举办的两所海外院校和未来的几内亚工程技术大学的专业设置、专业建设为今后在更多"一带一路"国家举办工程技术学院(大学)提供范本,开设更多符合所在国经济社会发展和中资企业人才需求的专业。

(三)"中文＋职业技能"金课程建设

遵循因地制宜原则,精准服务靶向,开展兼顾语言与职业技能的模块化课程体系设计和教学资源建设,积极运用现代数字技术创新教学方法,将理论教学内容同实际生产现场和工作场景操作有机整合,校企共同研制科学适用的海外人才培养方案,开发一批既符合学习者身心发展规律,又符合海外企业发展实际需求的高水平"中文＋职业技能"课程。

(四)"中文＋职业技能"金教师队伍建设

根据"中文＋职业技能"教育师资所需要的能力和素质,要培养"能上讲台、能下车间、会教中文",兼备"专业讲师、工程师、国际中文讲师"多重身份的复合型"双师＋"型教师。[9]从 2023 年职业院校在海外举办的项目与机构数量分析,我国能够开展"中文＋职业技能"教育的教师估计不足 5 000 人,职业院校教师考取语合中心颁发的国际中文教师证书人数目前只有 1 271 人。

"中文＋职业技能"复合型师资培养较为滞后,严重制约了"中文＋职业技能"人才培养的速度和质量,需要作为下一步重点建设领域。

第一,制定"中文＋职业技能"型("双师＋"型)教师队伍建设与发展规划,构建"中文＋职业技能"师资库。教师既可以是职业院校、普通高校的教师,也可以是学习和从事国际中文专业教学后,补充和完善了职业教育领域的知识和能力的教师,还可以是具备"中文＋职业技能"教学能力的企业培训人员。探索建立普通高校、职业院校、行业企业、地方政府联合培养"中文＋职业技能"专本硕博不同层次人才。根据当前职教出海项目发展速度和未来规划目标初步估算,未来几年需要的"双师＋"型教师应达到 3 万人至 5 万人的规模。

第二,建设"双师＋"型师资的人才培养方案和培训体系。以北京工业职业技术学院为例,一是为教师施展"中文＋职业技能"才干搭建平台。我校目前专业教师的"双师"型比例是 94.14％。学校在"中文＋职业技能"教育领域构建了 14 个平台,为教师成为"双师＋"型提供学习和实践条件。包括与教育部中外语言交流合作中心共建的"中文＋职业技能"教育实践与研究基地、中赞职院、阿根廷"中文工坊"、"孔子课堂"、北京市第一批"一带一路"人才培养基地,与北京语言大学共建"中文＋职业技能"学院、留学生培养、中外合作办学平台、教师出国(境)交流研修平台和施耐德电气城市能效管理应用工程师学院等等,教师参与相应平台任务和项目,通过赴海外任教,到美、英、德、法、澳、日、瑞士、俄罗斯等国家学习培训;开发赞比亚职业教育人才培养标准、课程标准和行业组织的走出去专业标准;编写走出去系列专业教材 17 本,"工业汉语"和"中文＋职业技能"教材 8 本和开发多语种教学资源;面向海外本土管理人员、教师、企业员工开展"中文＋职业技能"教学与培训;面向国内普通高校、职业院校管理人员和教师的国际化培训;组织参加校级和省部级相关课题研究,学校近200名教师参与到各个项目,占到学校专任教师的近2/3,47名教师获得语合中心颁发的国际中文教师证书。教师的专业能力、语言能力和国际交往能力得到了提升。目前有3位教师与管理人员分别在赞比亚中赞职业技术学院与孔子课堂、泰国中泰语言与职业学院、阿根廷中文工坊开展为期两年和一年的"中文＋职业技能"教育。二是为教师"上台阶"提供政策支持。在外派教师待遇、职务晋升、职称评定、考核评优、海外员工培训和留学生课时标准等方面,制定相关激励政策,出台相关文件,为"双师＋"教师培养保驾护航。三是强强联合、优势互补、共享共建。牵头组建北方校企协作机制,集北京语言大学、北京师范大学、北京第二外国语学院、有色金属工业人才中心和京、冀、鲁、晋、豫、黑、陕、粤、川、湘、赣等省市的高职院校师资,共同开展"中文＋职业技能"教育。

第三,建设"双师＋"型师资队伍,要制定"双师＋"型师资的人才培养方案、教学目标、教学标准、教学模式、教学内容、教学方法、考评机制等。组织外方教师、企业海外优秀员工(如班组长等)来华交流培训和跟岗学习,建立外方教师、海外优秀本土技能人才等"双师＋"型师资库,打造海外本土化师资队伍。[10]还有第三支队伍,建议开设国际中文教育专业(原汉语国际教育)的高校,针对面向服务"一带一路"师资的需求,开设职业教育的通识课,组织相关专业学生到职业院校和海外企业实习,参与有职教出海项目的职业院校工作,提升"中文＋职业技能"教育的能力,参与职教出海。

(五)"中文＋职业技能"金基地建设

稳步增加海外办学机构和项目。增加职业院校职教出海数量,提升职教出海质量,构建一定规模的以专科学历教育为主的海外应用技术学院、本科学历教育为主的海外应用技术大学以及以"鲁班工坊""中文工坊"为代表的境外合作办学项目的海外办学体系,全面提升我国职业教育参与全球教育治理能力。不断优化"职教出海"品牌的全球布局,举办"小而美"的境外办学项目,做到点多面广,惠及民生,提升"一带一路"共建国家民众获得感、幸福感,树立中国职业教育良好的国际形象。加强职教出海国内基地建设。在全国建立和遴选一批国家级、省市级"中文＋职业技能"研究、培训、推广基地。建设国际化教学实训中心等生产实训基地。高职院校通过在校内外建立有关中心,为参与"中文＋职业技能"项目的本土技术技能人才创造实操环境,加快企业所需技术技能人才的培养速度。建设一批远程网络实训平台。

(六)"中文＋职业技能"金教材和教学资源建设

目前多语种的"中文＋职业技能"教材和教学资源总体缺乏,基于"走出去"企业需求及岗位能力要求、海外学生和本土员工的学习基础和知识结构,现有的教材适配性、教材的数量、门类及可推广性等远远不够。2021年,语合中心发布了《"中文＋职业技能"教学资源建设行动计划(2021—2025年)》,组织职业院校、"走出去"企业联合开发针对职业教育和员工培训的多语种"中文＋职业技能"教学资源。争取利用3—5年时间出版完成300本"中文＋职业技能"系列教材,开发50个紧缺专业(机电设备维修技术、矿山采选技术、冶金技术、安全生产与管理、建筑工程、电子商务等)的500门网络课程资源和2 000个微课程等教学资源,研发"中文＋职业技能"App手机学习端。建立多语种数字化教学资源库。从研发进度看,一方面,这一计划现阶段因"中文＋职业技能"师资不足,编写新型教材经验不足,遇到的问题和困难较多,只完成了少部分,需要加快步伐;另一方面,在未来几年还需要建立国家、省市教育部门和校级教材和教学资源建设体系,与"走出去"企业、高等教育出版社等相关出版社和中文联盟等中文＋职业技能教育平台、教育机构等形成共同体,进一步增加开发数字化、活页式、融媒体教材以及配套数字资源的数量。

四、结语

在教育部中外语言交流合作中心领导下,汇聚国内外教育资源、联通学术网络。一是围绕"中文＋职业技能"专题开展有组织科研攻关,为"职教出海"提出更加务实、更加合理、更加有可操作性的制度建议和学理支撑。未来的研究包括应加强对不同地区、不同类型"中文＋职业技能"教育模式的实证研究,以提高研究的普遍性和适用性。同时,应关注教育模式与当地产业需求的对接,以及"职教出海"及其教育质量的持续改进。此外,随着信息技术的发展,如何利用现代教育技术提升"中文＋职业技能"教育的质量和效率,也是未来研究的重要方向。二是专门用途中文教育委员会在标准制定、师资培训、建设专家库等方面也应能发挥更多作用。

参考文献

［1］班娟娟,钟源.职业教育频迎政策暖风 强劲增长空间可期[J].决策探索(上),2021(11):40－41.

［2］江涌.应对系列挑战 开展文化斗争——总体国家安全观研究系列[J].国有资产管理,2017(11):71－76.

［3］陈帅.习近平关于职业教育重要论述的理论渊源、科学内涵及价值意蕴[J].天津职业大学学报,2024,33(6):36－43.

［4］彭斌柏.我国职业教育国际化发展实践与探索[J].教育国际交流,2024(4):7－10.

［5］柯爱茹."职教出海":价值意蕴、实践探索与经验启示[J].黎明职业大学学报,2024(4):84－89.

［6］孟源,商若凡."中文＋职业技能"教育:发展脉络、现实挑战与路径选择[J].中国职业技术教育,2022(29):28－33.

［7］王珩,徐梦瑶.共建"一带一路"倡议下中非职业教育合作的现状与展望[J].教育国际交流,2024(6):48－52.

［8］徐雷方,徐丽华.非洲中文教育与职业教育的合作之道[J].中国职业技术教育,2023(9):13－19.

［9］高喜军."一带一路"背景下职业教育"走出去"路径探究[J].北京教育(高教),2022(8):19－23.

［10］周燕,段媛媛,王瀛.面向"中文＋职业技能"教育的"双师＋"型师资队伍建设[J].国际汉语教学研究,2023(4):26－33.

Further Promote the "Chinese＋Vocational Skills" to Build
the Version 2.0 of Vocational Education Going Global

Zhou Yan

(Beijing Polytechnic College, Beijing 100042)

Abstract: Based on the current situation of the development of Vocational Education in China and the background of the "belt and road" initiative, this paper deeply discusses the "Chinese＋vocational skills" education mode and the strategy of vocational education going global. This paper expounds the scale and achievements of China's vocational education system, analyzes the background, connotation and significance of "Chinese＋vocational skills" education, puts forward the development direction of building vocational education going global version 2.0, discusses the key points of vocational education going global construction from six aspects of "gold standard, gold specialty, gold curriculum, gold teacher team, gold base, gold teaching materials and resources", and emphasizes the important role of the World Association for Chinese language teaching and the Special Purpose Chinese Education Committee, in order to provide theoretical reference and practical guidance for the international development of China's vocational education.

Keywords："Chinese＋Vocational Skills"；Vocational Education Going Global；Internationalization of Vocational Education

【执行编辑：赵哲】

"中文＋"教育的实践探索

——基于几种典型案例的分析*

李宝贵[1]　田　硕[1,2]

(1. 辽宁师范大学国际教育学院/文学院,辽宁 大连 116029;

2. 山东理工职业学院国际教育学院,山东 济宁 272000)

摘　要: "中文＋"作为一种以中文教学为基础,融合专业、技能或职业教育等元素于一体的综合性语言教育模式,正在成为引领未来国际中文教育高质量发展的重要方向之一。本文选取与国际中文教育、职业教育融合发展密切相关的四种"中文＋"形式,即"中文＋技能/职业/职业教育/标志性项目",分别阐述其内涵并从教学对象、培养目标、课程设置等维度揭示其特征,据此选取孔子学院、中文工坊、鲁班工坊及班墨学院等相关典型"中文＋"教育实践案例进行分析。在此基础上提出以新质生产力赋能、以需求为导向规划、以标准建设为引领的"中文＋"未来发展展望。

关键词: "中文＋";内涵特征;实践案例;未来展望

一、前言

国际中文教育历经 70 余年的发展,从早期的对外汉语教学到 21 世纪初的汉语国际教育再到新时代的国际中文教育,其学科与事业的双重属性愈加清晰和明确。[1]在此发展过程中,国际中文教育不仅坚守公益价值的根本取向,其蕴含的经济价值也日益凸显,迫切需要大力激活中文教育的经济效能,为海内外中文教育的产业规模化发展注入新的动能。[2]与此同时,中文也正在逐步从教育目标向教育手段过渡和转移,各国学习者的学习动机不再单一固化在"中文"层面,"中文＋"成为引领国际中文教育未来高质量发展的重要方向。

"中文＋"由专门用途中文(Chinese For Specific Purpose, CSP)发展而来,其教学实践最早可追溯到 20 世纪 50 年代初期至六七十年代的汉语预备教育和医学、理工等专业学习阶段开设的"汉语课",以及外交汉语、经贸汉语等在特定范围和固定场所内开展的汉语教学。[3]李泉将专门用途中文分为"专业中文"和"业务中文",即学术用途中文和行业用途中文。[4]李宇明、

---

* **基金项目:** 本文系国家语委重点项目"中华语言文化国际传播的挑战与对策研究"(ZDI145-37)、教育部中外语言交流合作中心委托项目"国际中文教育志愿者项目的理论阐释与实践路径研究"(24YH04E)、2024 年山东省职业教育教学改革研究项目"四方联动、阶梯递进、多元评价:职业教育班·墨学院建设模式研究与实践"(2024074)的研究成果。

作者简介: 李宝贵,辽宁师范大学国际教育学院/文学院教授,博士,博士生导师,世界汉语教学学会理事。研究方向:国际中文教育、中文国际传播和语言规划与政策。田硕,辽宁师范大学国际教育学院博士研究生,山东理工职业学院国际教育学院副教授。研究方向:国际中文教育、职业教育。

李艳华继续将"中文＋"细分为四个类别,提出"中文＋X"的概念,即 X1＝专业、X2＝技能、X3＝职业、X4＝职业教育。[5]其中 X 既是学习的对象,也与学习者将来从事的工作有关,而中文则作为工具语言协助学习者掌握 X 或从事与 X 相关的工作,其本质是实现从"学中文"到"用中文学"或"用中文做"的重要转变。在"中文＋X"的四个类别中,"中文＋专业"的教育功能主要体现在科技和文化领域,有助于推动中国高等教育向国际舞台的拓展。而在经济领域,"中文＋技能/职业/职业教育"具有显著的影响力,它们不仅能够提升学习者的职业技能和就业竞争力,带动其所在国家或地区的经济社会发展,同时助推中国的产业、产品及技术标准一同"走出去",提高中国职业教育的全球适应性,为中外经济贸易合作提供更加坚实的支撑。

2019 年 12 月,国际中文教育大会上首次设立"中文＋职业技能"专题论坛,时任国务院副总理孙春兰在大会上强调,语言教育主业应融入职业发展需求,实现复合型语言人才供给,自此以"中文＋"为代表的专门用途中文教学迈入高速发展的新时期。自 2021 年以来,北京语言大学连续三年举办专门用途中文教育学术研讨会,围绕学科理论、人才培养、资源建设等核心问题展开学术交流与讨论。2023 年 12 月,首届世界中文大会期间,《职业中文能力等级标准》和《国际中文导游职业技能等级标准》等 4 项职业中文标准以及《职通中文》《新丝路"中文＋"》系列教学资源等成果相继发布,为"中文＋"教学在标准研制、课程大纲和教材评价等领域积累了有益的经验。

学界对以"中文＋"为代表的专门用途中文教育开展了一些探索,但针对"中文＋"教育实践的典型案例尚未展开充分的分析与研究,理论与实践的结合仍有待加强。本文基于李宇明、李艳华[5]提出的"中文＋X"理论,阐述与国际中文教育、职业教育融合发展密切相关的"中文＋技能/职业/职业教育"的内涵并逐项分析其特征,据此提出"中文＋标志性项目"的构想。同时选取孔子学院、中文工坊及班墨学院等开展的教学实践作为典型案例,在对比分析其教学对象、培养目标、课程设置等核心要素的基础上,提出新时期"中文＋"高质量发展的未来展望。

二、"中文＋技能"的内涵特征与实践案例

2019 年国际中文教育大会首次提出"中文＋职业技能"概念之后,相关教学实践不断深入,对"中文＋职业技能"的认识也在日益深化。李宇明、李艳华指出,"中文＋职业技能"中的"职业技能"包含"技能、职业和职业教育"三部分,三者关系密切且功能各有侧重。[5]其中"中文＋技能"由来已久,在国际中文教育的发展历程中占据重要位置。

(一)"中文＋技能"的内涵特征

"技能"指个体通过练习而获得的能够完成一定任务的动作系统,这些动作系统可以是身体动作、智力活动或情感反应,它们通过反复练习和实际应用而逐渐熟练和完善,包括操作技能、心智技能和社交技能等。一般来说,"中文＋技能"中的技能主要指操作技能,即完成实际物理任务的能力,如汽车维修、房屋装修、乐器演奏、京剧表演、绘画、武术等。因此,可以将"中文＋技能"理解为一种将中文语言习得与技能培养相结合的教学模式,旨在使学习者在掌握中文语言的同时,也能获得与中文相关的技能,特别是能够通过反复练习和修正来达到熟练程度的操作技能。

"中文＋技能"的特征可以从教学对象、学习动机、中文学习的等级和技能培养的难度等方面来分析。第一,教学对象多为个体学习者,他们有的出于对中国语言文化的热爱而学习某一

种技能,如京剧、武术等;有的则受经济价值的驱动学习某一项技能,如烹饪、护理等。事实上,越来越多的海外个体劳动者通过"中文＋技能"教育实现了就业并提高了个人和家庭的收入水平,语言教育产生的经济红利正在逐步地释放。第二,中文主要用于辅助学习者完成技能的习得,对语言学习的要求相对较低。语言教学的内容多为一些与技能有关的专有名词或动词,如简单易懂的操作指令等,侧重对学习者口语能力的培养,同时也要求学习者能够看懂常见的文字标识、说明书或示意图等。第三,涉及的技能相对基础,培养难度比较低,大多数人经过短期培训都能迅速掌握,并且这些技能具有高度的灵活性,学习者作为个体也能从事经营活动。车工、钳工、电焊、汽车修理、农业技术等"中文＋技能"中的常见技能正在帮助更多的学习者在就业市场上谋得一席之地。

(二)"中文＋技能"的实践案例

《孔子学院发展规划(2012—2020年)》提出"适应学员多样化需求,鼓励兴办以商务、中医、武术、烹饪、艺术、旅游等教学为主要特色的孔子学院"。截至2022年年底,全球开办的特色孔子学院达到85所,在满足海外学习者多元学习需求、培养既懂中文又掌握技能的复合型人才、提升中文的国际语言服务能力等方面发挥着重要作用。

一方面,学习者对中国传统文化感兴趣,产生的学习艺术或体育技能的需求得到有效满足。米兰孔子学院"中文书法教室"、朱拉隆功大学孔子学院"相声工坊"、比利时鲁汶大学孔子学院"京剧进校园和京剧脸谱DIY"活动以及普吉孔子学院开设的中国画、中国舞蹈、古筝课程等,为渴望了解中国语言文化、体验和学习中华传统才艺的学习者提供了机会。另外,西班牙瓦伦西亚大学孔子学院、俄罗斯国立人文大学孔子学院等还开设了太极拳课程,并且定期举办讲座,介绍中国武术相关知识。塞拉利昂大学孔子学院将中国功夫打造成学院的"金字招牌",[6]说中国话、唱中国歌、学中国功夫已经成为当地年轻人的一种新时尚。

另一方面,越来越多的个体学习者倾向于选择能够帮助他们实现就业并带来经济价值的实用技能。在肯尼亚内罗毕大学孔子学院,"中文＋职业技术"项目迅速发展,该校毕业生有的在蒙内铁路担任机修和乘务员,有的在内罗毕机场担任中文广播员,更多的则进入非洲大中小学成为本土汉语教师,切实解决了当地居民的就业创业等民生问题。[7]墨尔本大学孔子学院则定期为当地旅游景点的工作人员开展中文和跨文化交际能力的培训,学员中既有咖啡馆老板,也有景区员工,虽然各自身份不同,但都通过"中文＋技能"的培训提高了就业能力,因而能够更好地接待和服务中国游客。[7]

三、"中文＋职业"的内涵特征与实践案例

"中文＋技能"发展至一定阶段后,"中文＋职业"应运而生,后者是对前者的扩充和提升,二者既有交叉融合,也形成了各自的发展特征,应根据学术研究和教学实践的需要分项展开研究。

(一)"中文＋职业"的内涵特征

"职业"是人们在社会中从事的作为主要收入来源的工作,具有特定的社会角色,需要承担一定的义务和责任,并获得相应的报酬。从更广义的角度来看,职业不仅是个人谋生的手段,也是实现个人价值、满足个人需求的重要途径,并且职业的选择也与社会发展密切相关。在"中文＋职业"教育模式下,学习者不仅要学习中国语言文化知识,还要通过专业课程的学习和

实践培训等,获得与特定职业领域相关的知识与能力,为他们在职业领域中的发展奠定基础。

虽然同为在经济领域内发挥价值的"中文＋"形式,相较于"中文＋技能"而言,"中文＋职业"也具有自身的特点。首先,从教学对象上看,不同于"中文＋技能"面向个体学习者开展教学实践,"中文＋职业"虽然也面向个人,但更多依托于某一特定行业或产业、面向某一特定群体进行人才培养。[5]前者主要为个人及其家庭提高收入、改善生活水平赋能,后者则面向一个国家或地区的行业培养职业人才,服务的是国家或地区行业发展对"语言＋技能"复合型人才的需要。其次,从中文教学的内容来看,"中文＋职业"中语言教学的内容以真实体现职场环境、反映职场生活的口语为主,兼顾部分书面语,并且具有一定的系统性。中文教学可以在职业学习之前进行,也可以与职业学习同步开展,有些甚至需要在具备一定中文水平和职业能力之后继续深化。再次,从技能的难易程度看,职业的本质也是一种技能,并且是更高级、更具技术含量的技能。这种技能的形成通常需要经过正规的教育和训练,要求学习者具备一定的行业背景知识。一旦掌握,便能在特定行业中从事较为复杂的岗位工作,例如机械制造、房屋建筑、矿山开采、跨境电商、医疗护理等行业中的某一职业。

从"中文＋技能"到"中文＋职业",其深远意义不仅体现在助力学习者个人的成长与提升,更是成为推动其所在国家或地区经济发展的重要力量。一方面,"中文＋技能"直接促进了学习者及其家庭的经济改善,而"中文＋职业"则进一步将这种影响扩大至整个国家和地区,其作用范围从个体延伸到群体,同时也为国际中文教育服务当地经济社会发展提供了新的思路。另一方面,"中文＋技能/职业/职业教育"的发展都离不开职业院校与海外中资企业的同向发力,这也为中国职业教育与企业协同"走出去"开辟了新的路径。伴随中国与"一带一路"沿线国家在政治、经贸等领域的合作不断深入,"中文＋职业"将会成为未来主流的中文教育模式。[8]

(二)"中文＋职业"的实践案例

孔子学院作为国际中文教育的龙头品牌,在推广"中文＋"教育中也起着示范引领作用,尤其是各类特色孔子学院的开办为"中文＋职业"开拓出一条内容丰富、定位明确的发展之路。与此同时,中文工坊作为新兴的国际中文教育与职业教育融合发展的特色品牌项目,近年来也逐步迈入高速发展的快车道,成为探索"中文＋职业"的又一重要阵地。

首先,孔子学院的"中文＋职业"项目蓬勃发展。德黑兰大学孔子学院服务于当地中资企业需求,为中国南方航空公司的属地员工开办"中文＋民航"培训班,为伊朗航空行业培养输送人才。[9]尼泊尔加德满都大学孔子学院开办"中文＋汽修"职业技能培训班,为尼泊尔汽车市场培养职业人才树立了榜样。[9]埃塞俄比亚职业教育孔子学院设立"创新电子技术实验室",开设"中文＋单片机控制""中文＋机器人技术"等基础和高级课程,一年注册学员近500人,为埃塞俄比亚的机器人应用技能人才培养开了先河。[10]在埃及,苏伊士运河大学孔子学院帮助苏伊士运河大学成立埃中应用技术学院,推出"中文＋信息职业技术教育"课程,为埃及当地生产型企业和中资企业培养输送了一批信息领域的动手型职业技术人才。[11]

其次,中文工坊的"中文＋职业"实践成效显著。2021年,教育部语合中心在海外孔子学院开展"中文＋"课程经验的基础上,创新推出"中文工坊"品牌项目。目前全球已有27所中文工坊在泰国等20个国家建立,山东理工职业学院等26所院校共同参与建设,为中国海外港口控股有限公司等20多个"走出去"大型央企、国企和民企提供服务。中文工坊服务的行业门类众多,涉及有色金属矿采选业、土木工程建筑业、商务服务业、纺织业、批发业等十余个行业领域。[12]据不完全统计,目前开建运营的 18 个中文工坊已举办 300 多个中文和专业技能培训班,累计培训超过 2 万名中资企业本土员工和当地职业院校学生。例如,刚果(金)科米卡矿业简易股份有限公司中文工坊以企业需求为导向,为刚果(金)籍企业员工"订单式"举办工业中文、机械设备维修(初级、中级)等培训项目。塔吉克斯坦中文工坊举办"中文+电解铅冶金技术"培训班,面向塔中矿业有限公司的海外员工从中文能力提升、电解铅专业知识、中国文化三个方面开展针对性培训。[13]摩洛哥中资企业协会中文工坊开展"中文+铁路"培训,员工行业认同感和职业归属感逐步增强,工资收入增长 30%,为铁路行业的中资企业输送了急需的本土技能人才。[14]

四、"中文+职业教育"的内涵特征与实践案例

随着全球化的发展,语言教育的经济价值不断凸显,成为新时期推动国际中文教育高质量发展的关键驱动力。"中文+职业教育"的兴起,进一步促使国际中文教育的功能突破语言传播、文化传承和人文交流的局限,更加紧密地与经济发展相连。

(一)"中文+职业教育"的内涵特征

职业教育,是指为了培养高素质技术技能人才,使受教育者具备从事某种职业或者实现职业发展所需要的职业道德、科学文化与专业知识、技术技能等职业综合素质和行动能力而实施的教育,包括职业学校教育和职业培训。[15]而在"中文+职业教育"的视域下,职业教育更加倾向于职业师范类型的教育,其培养的学员不仅自身具备某一技能,更重要的是能够从事职业教育,面向同胞或其他学习者进行职业、技能训练。[5]早期的海外中文教师、华语学校教师培训以及现在的中文教师志愿者的培训,都属于"中文+职业教育"的范畴。

"中文+职业教育"与其他"中文+"教育类型的不同,首先体现在培养目标和教学内容上。"中文+职业教育"不仅要教授学习者掌握中文和职业技能,最重要的是使他们具备将技能传授给其他学习者的能力。培养本土的职业导师是"中文+职业教育"教学目标的核心,教学内容也因此需要作出调整和补充,一些必备的教育学原理、教学方法及教育技术等也应纳入课程体系。其次,从中文学习需要达到的程度来看,"中文+职业教育"不仅要用中文教,而且还要使学习者学会如何用中文教,对学习者的中文水平提出了比较高的要求,需要持续不断地更新语言技能来满足教学的需要。再次,"中文+职业教育"不仅意味着中文走出去、中国技术走出去,更有机会引领中国的职业教育走向世界舞台中央。全球领先国家的实践经验表明,语言教育与职业教育的深度融合发展,是高效对接不同国家之间教育标准和技术标准的重要驱动力。[16]通过培养既懂技术又会用中文教技术的本土"双师型"教师,使中国职业教育的标准、资源和装备等在国内国际、学校企业之间双向循环,从而真正地走出去、融进去,有效提升中国教育品牌的整体影响力。

(二)"中文+职业教育"的实践案例

2020 年,教育部等九部门印发《职业教育提质培优行动计划(2020—2023 年)》,2021 年,中共中央办公厅、国务院办公厅印发《关于推动现代职业教育高质量发展的意见》,相关文件的出台为推动我国"职教出海"提供了政策保障。2022 年 5 月 1 日起施行的新版《中华人民共和国职业教育法》第十三条明确提出"国家鼓励职业教育领域的对外交流与合作",更是从国家层面

为职业教育"走出去"提供了强有力的法律保障。迄今为止,全球已有超过 40 个国家和地区推出了独具特色的"中文＋职业教育"项目,鲁班工坊、班·墨学院、中国—赞比亚职业技术学院、中泰语言与职业教育学院等均是其中的典型代表。

首先,以鲁班工坊为例,专业标准的国别化和师资培养的本土化是其"中文＋职业教育"有序开展的重要保障。一方面,以标准出海引领"中文＋职业教育"的发展,鲁班工坊设立的 23 个国际化专业中已有 10 个专业标准通过落地国教育部门的评估认证并被纳入国民教育体系。[17]另一方面,鲁班工坊创新教师"入岗、适岗、胜岗"的三年三阶段培养模式,为合作国开展进阶式 EPIP 师资培养培训。[18]2021 年以来,面向埃塞技术大学来华留学生、博士教师开展培训,为埃塞鲁班工坊承担东非 EASTRP 世行项目培养储备了大批高水平教学骨干。[19]截至2022 年,鲁班工坊已举办近 80 期海外教师研修项目,培养本土教师 840 余人次。

其次,以班·墨学院为例,组团出海、协同发力是其推广"中文＋职业教育"的最大亮点。2023 年,山东省启动实施海外"班·墨学院"建设计划,在老挝、缅甸、埃塞俄比亚等 17 个国家建设 34 所班·墨学院。一是学历教育与职业培训双轮驱动,为当地留下了一支带不走的人才队伍。一方面,中外联合实施学历教育,如泰国—班·墨学院(胜地)创新国际订单班"1＋1＋1"培养模式,1 年境外培养、1 年来华留学、1 年在华实习,为企业培养急需的电气自动化技术专业留学生。另一方面,积极开展海外本土员工培训,为万宝矿产(缅甸)铜业有限公司等 11 家"走出去"企业的属地员工开设工业中文、电工基础等系列课程,累计培训 3 万余人次。二是内育外培相结合,持续增强中外师资储备。一方面,引导国内教师向复合型师资转变。组织专业技能教师参与《国际中文教师证书》培训及考试,考试通过率达到 80%,同时选派中国教师赴海外班·墨学院现场授课。另一方面,高度重视海外本土师资培养。目前已为非洲 11 个国家的500 余名教师开展建筑信息模型(BIM)、汽车维修技术、视频制作、视觉传达设计等专业技能培训。

五、"中文＋标志性项目"的内涵特征与实践案例

中文的应用价值和经济价值催生全球"中文热"持续升温,特别是"一带一路"沿线国家和民众对"中文＋"教育的需求更加旺盛。发展"中文＋"需要积极创新思路,汇聚多方力量搭建更多合作平台。在对"中文＋技能/职业/职业教育"内涵特征和案例分析基础上,本文提出"中文＋标志性项目"的设想。

(一)"中文＋标志性项目"的内涵特征

"标志性项目"通常指在某一领域、地区或国家中,具有特别重要的影响力和象征意义的项目。这些项目往往能够吸引大量的投资、人才和游客,促进区域乃至全球的交流和合作,并且需要长期的建设和运营,其成功不仅取决于短期的经济效益或社会效益,更得益于长期的可持续发展和持续的影响力。"中文＋标志性项目"是指依托中外双方合作开发建设的标志性项目,为服务国际产能合作、助力共建国家经济社会发展而有针对性开展的中文语言服务和职业技能教育。中老铁路、雅万高铁、科伦坡港口城、中马友谊大桥、"基塞"水电站等均是高质量共建"一带一路"的国家地标和民生工程,迫切需要大力发展"中文＋标志性项目",发挥其"语言铺路、技能架桥、文化润心"的基础性、独特性作用,为国际中文教育助力中外民心相通夯实社会和民意基础。

相较于其他"中文＋"的类型,"中文＋标志性项目"的内涵和外延更加丰富。一方面,虽然与"中文＋技能/职业/职业教育"同为在经济领域发挥功能和价值的教育类型,"中文＋标志性项目"的辐射范围和服务内容更加具有针对性,应按需施策、按需培养。具体来说,"中文＋标志性项目"需要立足项目建设和发展的具体要求,因地制宜地提供特色化、精准化的教育和服务。例如,2014 年习近平总书记对斯里兰卡进行国事访问期间启动科伦坡港口城建设计划,作为中斯两国共建"一带一路"的典范,项目建成后将成为南亚地区重要的高端城市综合体,迫切需要一大批金融、旅游、物流、IT 等领域的复合型人才为工程实施提供智力支撑,这也为未来"中文＋科伦坡港口城"的发展指明了发力方向。另一方面,"中文＋标志性项目"的推进更加需要其他"中文＋"的协同发力。每一类型的"中文＋"在教学对象和培养目标等方面均有所差异且各有侧重,而整体上推进标志性项目的顺利完成既需要面向对象国的个体学习者开展"中文＋技能"教育,也需要为服务行业产业的发展培养"中文＋职业"人才,随着项目的不断深入,更需要完善"中文＋职业教育"来培养储备本土化师资,从而实现可持续发展。在中国作为母语国的推力和对象国的拉力相互作用下,精准实施"中文＋标志性项目"有助于促进"中文＋"的经济红利由惠及个人和群体延伸至惠及一个国家和地区,最大限度地发挥国际中文教育的经济效益。与此同时,带动中国的技术标准、职业标准、产品标准等一同"走出去",有效提高中国职业教育的国际影响力和全球适应性。[20]

(二)"中文＋标志性项目"的实践案例

2024 年,共建"一带一路"倡议迈入新的十年。十年来,中国同 150 多个国家和 30 多个国际组织签署 200 多份共建合作文件,3 000 多个标志性的合作项目成功落地[21],为沿线国家注入了强劲的发展动力。六大经济走廊作为"一带一路"的战略支柱,也是区域经济合作网络的重要框架,理应成为指引"中文＋标志性项目"发展的战略地图。

近年来,六大经济走廊围绕"基础设施联通"和"贸易畅通"展开了多领域的合作,完成了众多标志性项目。[22]例如,中巴经济走廊作为"一带一路"建设的旗舰项目,巴基斯坦 N—J 水电站、卡拉奇核电站、卡西姆港燃煤电站等能源合作项目成效明显。随着项目的推进,巴基斯坦对焊接技术人才的需求大增。为顺应这一趋势,费萨拉巴德农业大学孔子学院与中巴经济走廊优先实施项目—华能山东如意(巴基斯坦)能源有限公司萨希瓦尔燃煤电站合作签订"中文＋焊接技术"的教学培训协议。[10]在第一阶段的中文培训中,学员们通过沉浸式学习和强化式培训,在短期内将中文水平提高至 HSK 三级,然后学习与焊接技术相关的中文表达,为后续的实训课程筑牢语言基础。在第二阶段的实训课程中,由专业技术人员进行实践教学,帮助学员了解焊接技术的理论知识和实际运用,并在实操中学习和掌握焊接技术。参训学员有的来到中国继续学习中文,有的在当地找到与焊接技术对口的工作岗位,成为中巴经济走廊建设的重要生力军。此外,在侧重发展陆上铁路货运的新亚欧大陆经济走廊,主打的中欧班列成为"一带一路"建设的重要品牌。依托中欧班列项目,中欧班列沿线国家国际中文教育合作联盟于 2023 年 4 月成立,联盟将在中文＋工程、中文＋法律、中文＋经贸、中文＋中医药等领域开展人才培养、科学研究及社会服务等方面的实质性合作。[23]此外,泰中罗勇工业园中文工坊、瓜达尔港中文工坊等一系列服务中国—中南半岛经济走廊、中巴经济走廊建设的"中文＋标志性项目"已经逐步兴起,在语言教育反哺经济发展的过程中发挥着越来越重要的作用。

六、"中文＋"的未来展望

"中文＋"作为一种具有鲜明的跨学科特征、实用性强且发展前景广阔的教育模式,能够更好地发挥中文社会服务功能,释放语言教育的经济价值,为全球中文学习者提供更多的选择和机会,不断推动形成国际中文教育学科与事业多元发展的新格局。展望"中文＋"教育的未来发展,应着重从以下三个方面发力。

一是以新质生产力赋能"中文＋"未来发展。随着科技的飞速发展和全球化的深入推进,新质生产力正以前所未有的速度改变着世界。"中文＋"教育模式也应紧密契合新质生产力的发展态势,秉持创新驱动、跨界整合、开放协同的发展理念,通过强化先进科学技术的引领效应,加速数智化的转型步伐,深化产教融合的实践路径,加速推进"中文＋"教育的产业化进程。在此过程中,着重培养兼具高水平语言能力与专业技能的复合型人才,以满足新时代背景下的多元化需求。

二是以需求为导向规划"中文＋"未来发展。为了更好地满足各国对中文教育日益旺盛的需求,应加强对区域与国别研究的重视,将"中文＋"教育融入"一带一路"建设全局及国际中文教育的全球战略框架中进行综合考量。通过深入分析"中文＋"在不同地域、国家中的实施进展与成效,精准识别并对接各国学习者以及海外中资企业与行业的差异化、个性化需求,通过按需培养、靶向发力,实现"中文＋"教育的精准供给与高效服务。

三是以标准建设引领"中文＋"未来发展。标准体系建设是国际中文教育提质增效的重要抓手,应制定覆盖不同类别、领域及教学对象的"中文＋"标准体系,构建一个全面而系统的"中文＋"标准矩阵。通过标准的研制与推广,积极争取并巩固国际中文教育的话语权与影响力,同时推动课堂教学模式的创新、测试与评估体系的完善以及个性化教材编写的规范,助力实现"中文＋"教育的高质量发展。

七、结语

随着全球化的深入推进,"中文＋"在教育、文化和经济等领域发挥着越来越重要的作用。各种类型的"中文＋"教育模式相互关联、相辅相成,共同构成了开放包容的国际中文教育格局。随着相关教育实践的不断拓展,其类型与模式也将继续丰富和完善,这不仅有利于满足不同学习者的个性化需求,也促进了中文教育和中文国际传播的创新与突破。在国际中文教育与职业教育携手出海的国际化进程中,"中文＋技能/职业/职业教育/标志性项目"等"中文＋"教育类型在坚守语言教学主业的同时,助力中国产品、技术和服务一同走向世界,为合作国民众带来实实在在的民生福祉,有效实现了语言反哺经济发展的重要价值。

参考文献

[1]李宝贵,刘家宁.新时代国际中文教育的转型向度、现实挑战及因应对策[J].世界汉语教学,2021,35(1):3-13.

[2]郑东晓,杜敏.新阶段国际中文教育的经济价值及其产业发展[J].江汉学术,2022,41(6):102-111.

[3]孙莹,李泉.专门用途汉语教学研究综论(1980—1999)[J].国际汉语教学研究,2022(4):28-37.

[4]李泉.论专门用途汉语教学[J].语言文字应用,2011(3):110-117.

[5]李宇明,李艳华."中文＋X"的类型及"工具语言"问题[J].世界汉语教学,2024,38(2):14.

[6]塞拉利昂大学孔子学院办学特色被多家媒体报道介绍[EB/OL].(2024-03-06)[2024-06-16].http://jyt.

jiangxi.gov.cn/art/2024/3/6/art_83472_4806760.html.

［7］孔子学院如何打好"特色牌"［EB/OL］.(2018 - 12 - 14)［2024 - 06 - 17］.https：//www.sohu.com/a/281711277_114731.

［8］陆俭明.国际中文教育的发展要顺应时代发展的大趋势［M］//《全球中文发展研究》编委会.全球中文发展研究.上海：华东师范大学出版社,2023.

［9］加深文化交流助推职业发展,孔院"汉语＋"培训圈粉无数［EB/OL］.(2019 - 07 - 10)［2024 - 06 - 18］.https：//www.sohu.com/a/325981314_100150488.

［10］"汉语＋"推动各国复合型人才培养,创新驱动助力国际中文教育可持续发展［EB/OL］.(2020 - 05 - 13)［2024 -06 - 18］.http：//www.ccis.sdu.edu.cn/info/1002/3943.htm.

［11］"中文＋"的未来之路［EB/OL］.(2019 - 12 - 20)［2024 - 06 - 12］.https：//baijiahao.baidu.com/s？id＝1653388778100803834&wfr＝spider&for＝pc.

［12］李宝贵,田硕.中文工坊建设：内涵意蕴、现实挑战与实践路径［J］.青海民族大学学报(社会科学版),2024,50(4)：173 - 182.

［13］塔吉克斯坦中文工坊"中文＋电解铅冶金技术"定向委培班顺利开班［EB/OL］.(2024 - 05 - 08)［2024 - 06 - 19］.https：//baijiahao.baidu.com/s？id＝1798443920540679136&wfr＝spider&for＝pc.

［14］石家庄铁路职业技术学院：创建"两院一坊"打造国际职业教育品牌［EB/OL］.(2024 - 04 - 03)［2024 - 06 - 19］.https：//www.chinazy.org/info/1009/16194.htm.

［15］中华人民共和国职业教育法［EB/OL］.(2022 - 04 - 21)［2024 - 06 - 18］.https：//www.gov.cn/xinwen/2022 - 04/21/content_5686375.htm.

［16］推动"中文＋职业教育"协同"走出去"［EB/OL］.(2022 - 05 - 17)［2024 - 06 - 23］.https：//baijiahao.baidu.co/s？id＝1733061430887973761&wfr＝spider&for＝pc.

［17］刘聪,赵红.我国海外鲁班工坊高质量发展：实然审视与应然向度［J］.教育与职业,2023(12)：101 - 105.

［18］吕景泉,戴裕崴,李力,等.鲁班工坊——中国职业教育国际化的创新实践［J］.中国职业技术教育,2023(25)：86 - 90＋95.

［19］张磊,吕景泉.鲁班工坊本土师资能力建设：内涵、逻辑要素与行动［J］.中国职业技术教育,2023(17)：5 - 11.

［20］田硕,李宝贵.职业院校"中文＋职业技能"国际人才培养路径研究［J］.国际汉语教学研究,2023(4)：17 - 25.

［21］"一带一路"这十年［EB/OL］.(2023 - 11 - 01)［2024 - 06 - 24］.https：//www.news.cn/politics/20231101/c21bdcf833054a5ab23e33ff7f0de5b7/c.html.

［22］李宝贵,李辉."中文＋职业技能"教育服务"一带一路"：价值意蕴与实现路径［J］.中文教学与研究,2023(1)：155 - 164.

［23］我校"中文＋交通"国际化教育取得新进展［EB/OL］.(2023 - 04 - 04)［2024 - 06 - 22］.http：//international.cqjtu.edu.cn/info/1049/3207.htm.

The Practical Exploration of "Chinese＋" Education
—Based on the Analysis of Several Typical Cases

Li Baogui[1]   Tian Shuo[1,2]

(1. School of Chinese Language and Literature/College of International Education,
Liaoning Normal University, Dalian Liaoning 116029;

2. School of International Education, Shandong Polytechnic College, Jining Shandong 272000)

Abstract："Chinese＋" as a comprehensive language education model based on Chinese teaching and integrating professional, technical or vocational education elements, is becoming one of the important directions leading the high-quality development of international Chinese education in the future. This paper selects four forms of "Chinese＋" that are closely related to the integrated development of international Chinese education and vocational education, namely "Chinese＋ skills/occupation/vocational education/landmark project", respectively expounds its connotation and reveals its characteristics from the dimensions of teaching objects, training objectives and curriculum settings. In addition, the typical "Chinese＋" education practice cases such as Confucius Institute, Chinese Workshop, Luban Workshop and Banmo College were selected for comparative analysis. On this basis, the future development prospect of "Chinese ＋" is proposed, which is guided by new quality productivity empowerment, demand-oriented planning and standard construction.

Keywords："Chinese ＋"；Connotation and Characteristics；Practical Cases；Future Outlook

【执行编辑：葛东雷】

"中文＋职业技能"导向下国际中文教育
教学法发展趋势研究*

刘吉艳　　郎文明　　何姝芸　　王照文

（渤海大学文学院,辽宁 锦州 121013）

摘　要:随着中国国际地位的提升,以及"一带一路"倡议和"走出去"战略的实施,国际中文教育与职业技能融合发展已经成为汉语教学新的发展方向。"中文＋职业技能"是一个新兴的领域,该模式重点培养既懂中文又精通职业技能的应用复合型人才。提升"中文＋职业技能"教育的教学质量,是培养国际化人才和中资企业急需的本土技术技能人才的重要条件。本文根据"中文＋职业技能"教育的特征,寻求与此教学模式相适宜的先进教学法,探索"中文＋职业技能"导向下国际中文教育教学法的发展趋势,助力"中文＋职业技能"教学发展,实现语言学习与实用技能训练深度融合。

关键词:"中文＋职业技能";国际中文教育;教学法;发展趋势

一、前言

"中文＋职业技能"育人理念的提出,构建了一种新型的国际中文教育与职业教育融合发展的"中文＋职业技能"教育模式,将中文学习与职业技能培养紧密结合,旨在培养具备中文沟通能力和专业技能的应用复合型人才。[1]随着国家"一带一路"规划和中资企业"走出去"战略的实施,"中文＋职业技能"这一人才培养模式在学术界引起了广泛的关注和讨论。

2021年,中共中央办公厅、国务院办公厅印发了《关于推动现代职业教育高质量发展的意见》,提出了探索"中文＋职业技能"的国际化发展模式。2022年12月,中共中央办公厅、国务院办公厅印发《关于深化现代职业教育体系建设改革的意见》,明确提出推广"中文＋职业技能"项目,以服务国际产能合作、培养国际化人才和中资企业急需的本土技术技能人才,提升中国职业教育的国际影响力。

在国际交流日益频繁的当下,随着我国的综合实力以及国际影响力的提升,"中文＋职业技能"教育成为我国开展对外交流的重要桥梁,是推动汉语走向世界的重要模式,也是解决中资企业海外发展本土化人才需求,促进各国经济发展的重要举措。"中文＋职业技能"教育在

---

* **作者简介:**刘吉艳,渤海大学文学院副教授,博士,硕士生导师。研究方向:语言教学研究。郎文明,渤海大学文学院硕士研究生。研究方向:国际中文教育。何姝芸,渤海大学文学院硕士研究生。研究方向:国际中文教育。王照文,渤海大学文学院硕士研究生。研究方向:国际中文教育。

服务中国企业"走出去"的过程中,将语言学习与实用技能培训有效结合,并形成合力,推动了汉语教学和职业教育的综合发展。

二、"中文＋职业技能"教育的特性与价值意涵

(一)"中文＋职业技能"教育的特性

1. 跨学科

"中文＋职业技能"教育模式融合了语言教学与职业技能教学的双重特性。[2]对于学习者来说,他们不仅需系统地学习中文作为第二语言以及外语的语言文化知识,同时还需精通专业知识与技能,并具备良好的职业素养,"中文＋职业技能"有助于培养高质量的复合型人才,实现国际中文教学和职业教育的有机统一。因此,"中文＋职业技能"呈现出鲜明的跨学科特性。

2. 重实践

"中文＋职业技能"教育模式致力于培育能够运用中文进行工作的高素质职业技术人才,因此该教育模式具有重实践的特点。"中文＋职业技能"教育模式紧扣生产、建设、管理、服务等一线工作岗位的实际需求,旨在培养实践导向、应用型的专业人才,特别强调技术技能的实际操作能力及相关理论知识的有效运用,展现了在任务执行、操作实践及工作情境中进行语言学习的特性。[3]

3. 融文化

"中文＋职业技能"教育是一种富含文化意蕴的教学实践活动,在教学过程中,传承与弘扬中华语言文化,讲好中国故事,是汉语教学与职业教育结合的重要途径。[4]通过构建独特的"中文＋职业技能"话语体系,面向世界,展示一个真实、多元化且全面的中国形象。

(二)"中文＋职业技能"教育的价值意涵

"中文＋职业技能"具有教育价值,体现在它是通过教育教学的形式为现代企业培养出适合生产、服务、管理等行业所需要的复合型应用型人才。另外,"中文＋职业技能"也具有社会价值,其原因在于它适应新时代地方经济和社会的发展需求,推动中资企业规模的扩大和更大利益的实现,促进企业的发展。同时,"中文＋职业技能"还蕴含个人发展价值。学习者通过掌握一门技术,提高了个人竞争力,拓宽了进入中资企业就业的机会,有助于个人职业发展。

与此同时,"中文＋职业技能"作为一种新型的教育模式,也面临着一些挑战。作为一项跨区域、跨国别、跨文化的复合型教育活动,涉及多个领域,要实现其高质量发展,不仅要结合本国情况,还要充分考虑学习者第二语言如何与职业技能相结合,以及考虑东道国经济、文化等情况,探索灵活的、多元的、融合性强的教学方法。

三、"中文＋职业技能"教育与国际中文教育教学法发展趋向

(一)国际中文教育教学法概述

国际中文教育的过程是汉语作为第二语言教学的教学活动过程,需要运用第二语言教学法进行教学。第二语言教学法发展至今,教学法流派丰富多样,各有特点,在不同的历史时期和教学场景中发挥着重要的作用。教学法流派是在长期的教学实践中逐渐演变而成的系统性教学体系,它囊括了理论基础、教学目标设定、教学原则确立、教学内容规划、教学过程组织、教学形式选择、教学方法与技巧运用、教学手段采纳,以及师生角色定位与评估机制等多个维度,

并且是在特定理论指导框架下构建起来的。一种教学法流派的形成，不仅受到当时社会背景特别是政治、经济环境的深刻影响，更直接关联于该时期语言学、心理学、教育学及其相邻学科的发展动态。不同教学法流派间的差异，主要根源在于它们对语言本质特性和语言习得机制的不同理解与诠释，进而导致了在教学规律认识上的差异。这些差异对教学大纲的编制、教材的编纂、课程教学流程与方法的确定，以及测试与评估手段的选择等方面，均产生了一系列的影响。

朱志平在《汉语第二语言教学理论概要》[5]中将第二语言教学法流派按照其理论基础分为偏重语言学基础和偏重心理学基础的两大流派。偏重语言学基础的教学法主要关注语言的性质以及怎样处理语言材料。主要的语言学理论基础有结构主义语言学、转换生成语法理论、功能主义语言学等。偏重心理学基础主要关注语言学习的性质以及学习者如何掌握一种语言，主要的心理学理论基础有认知语言学、联结—行为主义心理学以及人本主义心理学等。

刘珣在《对外汉语教育学引论中》[6]中把教学法分为四大流派：（1）强调自觉掌握的认知派，如语法翻译法、自觉对比法和认知法等。认知派以语法翻译法为代表，这一派教学法的主要特点是强调学习者对语言规则的理解和自觉掌握。（2）强调习惯养成的经验派，如直接法、情境法、听说法、视听法等。经验派以直接法为代表，强调通过大量的模仿和操练形成习惯。认知派和经验派是在 20 世纪 70 年代以前就已形成的对语言教学有较大影响且主要原则完全不同的两大流派。（3）强调情感因素的人本派，如团体语言学习法、默教法、暗示法等。人本派受人本主义心理学的影响，更加侧重于人文因素的考量。该流派主张将学习者置于教学的中心地位，强调教学应服务于学习，高度重视情感因素在教学过程中的作用。它倡导建立和谐、融洽的同学关系与师生关系，充分激发学习者的主动性和能动性，并从心理学的视角出发，深入探索如何为成功的学习创造必要条件，以此为基础来探讨教学法的发展。[7]（4）强调交际运用的功能派，如交际法、任务型教学法等，至今仍是影响较大的教学法流派。它受社会语言学、功能主义语言学的影响，重视培养学习者的语言交际能力。

自 20 世纪 60 年代起，第二语言教学法的发展出现了一系列新动向，这些新动向预示着 21 世纪学科理论研究与教学实践的深刻变革。在长期的教学实践过程中，第二语言教与学规律的研究日益精进，各教学法流派的优势与局限性更加明晰。时代的发展要求教学法各个流派在保持自身独特性的同时，兼收并蓄，向综合化的方向发展。第二语言教学法发展呈现出由重视教师的"教"转向重视学习者的"学"、由重视语言的结构转向重视语言的使用、由重视在设置的情景中使用语言转向重视在真实的语境中使用语言的发展趋向。

（二）"中文＋职业技能"导向对国际中文教育教学法的影响

第二语言教学法从语法翻译法、直接法、自觉对比法、自觉实践法，到情景教学法、听说法、视听法、交际法和任务型教学法，经历了一系列的发展，呈现出多重转变。目前，在"中文＋职业技能"新导向下，教学法的发展又迎来新的契机与挑战。

"中文＋职业技能"因其跨学科、重实践与融文化的特定属性，所以在此导向下的教学法要求将职业技能与语言教学相结合，突出面向职业能力和场景实际应用的课程设计。我们参考2023 年暨南大学出版社出版的"一带一路"沿线国家职业汉语系列培训教材中的《导游汉语》[8]教材，以国内的旅游景点导游技能训练为例，进行适用的语言教学法选择和教学设计。我们选取任务型教学法、项目式教学法和案例教学法等教学法进行教学实施,探索"中文＋职业技能"导向下有效的教学法运用途径。

1. 任务型教学法及其实施

"中文＋职业技能"跨学科的特性要求学习者既能够熟练使用中文,同时又精通专业知识与技能。基于之前我们"专门用途汉语"教学的经验以及本科学历留学生培养的基础,以及当前的师资情况,拟将"中文＋职业技能"教育分为两个大的教学步骤,即学习者先学中文,然后再运用中文作为教学语言,在精进中文的同时训练职业技能,这样符合目前的教学实际和学习者的认知规律。通过"中文→中文＋职业技能"的教学程序将汉语与专业知识和技能的教学实现阶段式的衔接,达到跨学科的教学效果。

语言教学与专业知识和技能的教学这两个阶段并不完全割裂,我们要做的就是在这两者之间,通过教学方法的运用实现有效的衔接,任务型教学法能够实现这一功能。任务型教学法是围绕特定的交际和语言项目,设计出具体的、可操作的任务,学习者通过表达、沟通、交涉、解释、询问等各种语言活动形式来完成任务,以达到学习和掌握语言的目的的一种教学法。[9]

我们以"中文——导游职业技能"为例,在语言教学以及导游专业技能培养过程中,通过运用任务型教学法,设计任务环,实现语言学习和专业技能的衔接。教学设计如下:

1）任务前阶段

首先,教师需明确任务主题:导游完成在北京长城游览的讲解任务。其次,需告知学习者任务目标,通过此任务要学习到的相关词汇、语法以及句型,能够以导游的视角来用所学的目的语言进行景点的讲解。

在任务主题与目标设置完成后,可利用图片或视频等资源介绍有关长城的相应知识,例如:地理位置、建造背景、历史文化、象征精神。待学习者对长城的基本信息有一定的了解之后,进行相关语言知识的输入。

生词如:"抵御、侵扰、修缮、远眺、崇山峻岭、蜿蜒盘旋"等。

语法如:

(1)"如果……就":如果您不小心与旅行团失散,就请拨打×××××与我们联络。

(2)"以……闻名":长城以其雄伟的气势与悠久的历史闻名。

(3)"比……更":八达岭长城比其他部分的长城更受人们的喜爱。

句型如:

(4)欢迎语:"很高兴认识大家""欢迎来到北京旅游"。

(5)感谢语:"感谢您的理解""谢谢大家的配合""劳驾了"。

(6)告别语:"欢迎下次再来""期待下次见面"等。

2）任务中阶段

导游工作设计三个任务环:游客接待—景点讲解—后续工作。通过长城导游讲解工作,让学习者完成游客接待、景点讲解以及景点讲解完成后的后续工作。

例如,在游客接待时,导游可以说:"各位游客朋友们,大家好！欢迎大家来到北京旅游。"在介绍长城时,导游可以说:"秦国统一六国后,为了抵御匈奴的侵扰,就连接和修缮了战国时期的长城。""长城就像一条东方巨龙,在崇山峻岭之间蜿蜒盘旋。"在送游客离开时,导游可以说："这次旅游谢谢大家的配合,欢迎大家下次再来北京游玩。"在学习者进行任务实施时,教师需仔细观察并及时记录所存在的问题,同时能引导学习者完成各项任务环节。

3) 任务后阶段

教师带领学习者回顾本节任务中所学内容,让学习者分享本次任务所获得的知识与技能,然后教师再对各小组导游词的编写内容与任务完成的情况进行评价,指出各小组完成情况的优点,对其存在的不足提出修改的意见。教师点评结束后,组织各小组进行学习者互评,鼓励学习者学习其他小组的优点,并反思自身表现,总结课程获得经验。

2. 项目式教学法及其实施

"中文＋职业技能"具有重实践的特点,教育目标是培养"精技术、通中文、懂文化"的复合型技术技能本土人才,这就要求在项目执行、操作实践及工作情境中进行教学。项目式教学法能够满足这一现实需求,这种教学法强调以项目为主线,以教师为引导,以学习者为主体,注重理论与实践的结合。它的情境性、跨学科性、自主性以及探究性的特点在教学过程中适合培育实践导向、应用型的专业人才。

在教学过程中运用项目式教学法,能够让学习者学会作为一名中文导游的操作流程,大项目下的具体项目包括:准备工作—接站服务—入店服务—商定日程—参观游览—送站服务—后续工作等。我们通过苏州园林导游工作项目,让学习者完成前期准备工作、接站送站、安排行程以及旅游完成后的后续工作。以"中文＋导游职业技能"为例,我们设计《苏州园林》导游项目,通过生词、语法以及文化点的学习,让学习者学会使用相关的中文词汇和句型来为游客安排一日游路线,掌握一日游的路线规划、酒店预订、服务细节、餐饮安排等。

在项目式教学法中,教学可以大概分为三个板块:

1) 驱动性问题引领,创设项目情境

教师通过引导,激发学习者对苏州园林的兴趣,并初步了解这一项目主题。播放苏州园林的短视频,进行项目介绍,要求学生设计苏州园林旅游计划,并用中文为游客提供导游服务,包括酒店预订、餐饮安排以及园林介绍等。

2) 项目计划实施,自主合作探究

此环节需要学习者掌握与导游相关的中文词汇、语法和文化,以及掌握在导游过程中如何介绍中国文化、历史背景的方法。教师首先可以组织学习者进行词汇训练以及文化知识的讲解:

生词如:"酒店、预订、餐厅、点菜、车票、园林、菜肴、名胜、纪念品"等。

语法如:

(7)"否则":我们得快一点了,否则我们就要迟到了。

(8)"还是":请问您需要预订双人间还是单人间?

(9)"又……又":苏州园林又大又美。

(10)"以……著称":拙政园以世界园林之母著称。

(11)"因为……所以":因为我们时间有限,所以我们要快一点儿了。

(12)"如果……那么":如果来到中国,那么我们一定要去苏州园林。

(13)"一边……一边":我们一边欣赏美景一边感受苏州园林的文化底蕴。

文化如:讲解苏州园林的设计哲学,自然与人文的结合以及园林中的山水和植物的象征意义。园林的建筑元素,如亭台楼阁、假山、水池等。通过设计一日游行程,帮助学习者理解如何安排导游行程,包括交通、景点、餐饮和酒店。例如:8:00苏州火车站北广场"苏州站"3个红色大字下面集合,导游举"姑苏之旅"旗帜。上午9:00:参观拙政园(介绍园林历史和建筑特点)。10:30参观狮子林(讲解假山文化与水景)。中午12:00,安排午餐(导游推荐团餐,如不参加可自备餐食),推荐苏州的特色菜肴,如清汤鲈鱼、苏式糕点等。下午14:00游览千年古刹寒山寺以及寒山别院,寒山寺因唐代诗人张继的《枫桥夜泊》而闻名,诗韵钟声,千古流传,可欣赏寒山寺的大钟和诗碑。15:30游览吴中名胜虎丘,苏东坡曾赞誉"到苏州而不游虎丘乃憾事也",虎丘斜塔成为苏州古城标志。傍晚18:00,返回酒店休息,推荐一家酒店,如苏州国际大酒店等。

3)完成项目反思

教师带领学习者回顾分享每个小组的导游项目,项目包括行程设计、景点讲解、文化背景介绍、客户服务展示等,总结项目过程中学到的知识与技能。最后教师对学习者的整体表现进行总结,并提高个性化反馈。

3. 案例教学法及其实施

"中文＋职业技能"融文化的特定属性要求在教学过程中传承与弘扬中华语言文化,讲好中国故事。案例教学法的使用过程中,我们将一个个案例穿插其中,案例可以设置为一个个的故事或者传说,用生动有趣的故事讲解让游客加深对中国的了解。同时也可以让学习者更深刻认识作为一名导游在旅游团中充当的角色和需要履行的职责,从而强化学习者的服务意识,增强职业综合素质。

以"中文＋导游职业技能"为例,我们将白娘子与许仙的爱情故事设为故事案例,以此来介绍西湖这一风景名胜。在课程中通过生词、语法以及案例故事的学习,让学习者学会使用相关的中文词汇及语句来为游客介绍西湖的美景以及其中包含的感人故事。

在案例教学法中,教学过程可以分为以下三个步骤:

1)明确教学目标,找准案例定位

教师应首先根据教学计划,明确具体的教学目标,选择的案例应与教学目标紧密相关,能够覆盖教学中的关键知识点和技能点。例如,首先明确教学的知识目标,让学习者通过学习能够了解西湖的地理概况及文化内涵;其次要培养学习者的实践能力,通过案例分析,能够让他们完整复述西湖旅游词,提升语言表达能力和职业素养。

2)选编案例展示,教学分析合作

在这一环节中,教师展示所选取的代表案例,并选取其中的重点单词及语言点来进行教学设计,让学习者掌握旅游景点所包含的传说故事及文化含义。在具体教学过程中,教师首先介绍断桥景点:站在我们眼前的这座古朴典雅的桥,便是著名的断桥。断桥位于杭州市西湖白堤的东端,背靠宝石山,面向杭州城,它不仅是西湖十景之一"断桥残雪"的所在地,而且承载着一段美丽动人的传说。

然后引入故事案例:

相传在宋朝年间,有一位名叫许仙的书生,他心地善良,勤劳朴实。一日,许仙在断桥边偶遇了一位身披白纱、宛若天仙的女子,那便是修炼千年的白蛇精——白素贞,人称白娘子。两人一见钟情,迅速坠入爱河,然而,这段感情还是遭到了反对,白娘子被法海和尚镇压在雷峰塔下。每年冬至,雪后初晴,断桥的石桥面上会覆盖着一层薄雪,远远望去似断非断,这便是"断桥残雪"的由来。如今,漫步在断桥上,您或许还能感受到那份穿越时空的神秘气息。冬日里,白雪覆盖桥面,断桥残雪的美景更是让人心旷神怡,仿佛能亲眼见证那段凄美爱情的每一个瞬间。

教师可根据案例选取其中的生词和语言点进行教学,如选取生词"善良、传说、一见钟情、镇压"等,语法点如"……的由来""让人……"等。在案例教学法的过程中,既介绍了西湖十景之一"断桥残雪",又述说了一段美丽动人的传说。语言知识教学与导游词编写的职业技能教学同步进行,又让学习者领略了中国旅游胜地的文化意蕴。

3)撰写案例报告,模拟导游活动

教师带领学习者回顾案例内容,撰写案例感受,对本节课学到的知识进行归纳总结。教师在布置课后作业时,可让学习者以导游的身份介绍西湖景点,真正做到学以致用。

在"中文＋职业技能"导向下,我们以"中文＋导游技能"为例,通过运用任务型教学法、项目式教学法和案例教学法,将本土化与国别化相融合,集语言的工具性与导游的专业性于一体,进行多模态灵活多样的教学设计,进行教学方法方面的改革探索,为"中文＋职业技能"教育教学的发展提供借鉴。

四、国际中文教育教学法发展趋向

根据"中文＋职业技能"的跨学科、重实践与融文化这三个特征,我们将任务型教学法、项目式教学法和案例教学法引入实际教学过程,充分发挥"中文＋职业技能"教育的教学优势,有效地提升教学质量。

在这三种教学法中,任务型教学法强调做中学,重视解决短期的小范围的具体问题,完成真实任务,强调学习者是否完成任务。项目式教学法强调以典型的项目为中心,倾向于解决涉及时间长、综合性的有深度的复杂问题,让学习者在项目中实践学习,以学习者为主体,以教师为主导,侧重项目过程中学习者的参与合作与创新。案例教学法以问题为导向,引导学习者在案例中发掘文化因素并重视文化内涵,锻炼学习者多角度思考问题的发散性思维和创造力,重视案例的生动性、故事性和文化性。

这三种教学法与"中文＋职业技能"教育的特征有很大的适配度,它们的共性是:在特定职业情景下运用汉语进行实践操练,重视学习者专业技能的发展。时代的发展推动教育理念的发展,教学法也在此基础上不断演进。因此,在"中文＋职业技能"教育导向下国际中文教育教学法呈现出以下发展趋势:在跨学科的特定情景下以学习者为中心,注重运用汉语进行技能实际演练,在实践引领下发掘学习者潜能。[10]"中文＋职业技能"导向下的教学法会在任务型教学法、项目式教学法和案例教学法等教学法的基础上持续演化,不断发展。

五、结语

综上所述,在"中文＋职业技能"导向下已经形成了第二语言教学法发展的新趋势,并深刻影响和推动着国际中文教育的发展。我们研究历史上及国外教学法流派的特点与发展过程,旨在实现古为今用、洋为中用的目标。因此,立足目前语言教学以及职业教育的独特性,广泛吸纳各方之长,为我所用;同时全面、系统地了解和研究各种教学法,具备前瞻视野,把握未来发展方向,构建科学、多元化且富有发展前景的先进教学法体系,助力"中文＋职业技能"教育教学发展,实现语言教学与实用技能训练的深度融合。

参考文献

[1] 吴勇毅,张丽萍,于艳.论"中文＋职业技能"教材与国际中文教师转型及职业能力发展[J].海南师范大学学报(社会科学版),2023,36(5):66-76.

[2] 谢永华."一带一路"视域下"中文＋职业技能"教育的功能、困境与可持续发展路径[J].职业技术教育,2023,44(33):15-20.

[3] 余可华."中文＋职业技能"教育的内涵特征、价值意蕴与实现路径[J].南方职业教育学刊,2023,13(6):19-25.

[4] 李高汝.西安城市交通技师学院"中文＋职业技能"发展路径研究[D].西安建筑科技大学,2024.

[5] 朱志平.汉语第二语言教学理论概要[M].北京:北京大学出版社,2008.

[6] 刘珣.对外汉语教育学引论[M].北京:北京语言文化大学出版社,2000.

[7] 田芳.初级阶段汉语综合课词汇教学研究[D].黑龙江大学,2012.

[8] 王衍军,林奕高,张艳.导游汉语[M].广州:暨南大学出版社,2023.

[9] 李征.浅谈对外汉语课堂教学法——任务型教学法[J].教育教学论坛,2011(1):150-153.

[10] 孟源,商若凡."中文＋职业技能"教育:发展脉络、现实挑战与路径选择[J].中国职业技术教育,2022(29):28-33.

Research on the Development Trends of Teaching Methodologies in International Chinese Language Education Under the "Chinese＋Vocational Skills" Orientation

Liu Jiyan　Lang Wenming　He Shuyun　Wang Zhaowen

(College of Literature, Bohai University, Jinzhou Liaoning 121013)

Abstract: With the rise of China's international status and the implementation of the "Belt and Road" initiative and the "Going Global" strategy, the integration of international Chinese language education with vocational skills has emerged as a new direction in Chinese language teaching. "Chinese＋Vocational Skills" is a burgeoning field, focusing on cultivating applied, interdisciplinary talents who are not only proficient in Chinese but also skilled in vocational expertise. Enhancing the teaching quality of "Chinese＋Vocational Skills" education is a crucial condition for nurturing international talents and local technical professionals urgently needed by Chinese enterprises. Based on the characteristics of "Chinese＋Vocational Skills" education, this paper seeks advanced teaching methodologies suitable for this educational model, explores the development trends of teaching methods in international Chinese language education under the "Chinese＋Vocational Skills" orientation, and supports the growth of "Chinese＋Vocational Skills" education, aiming to achieve a deep integration of language learning and practical skills training.

Keywords: "Chinese＋Vocational Skills"; International Chinese Language Education; Teaching Methodologies; Development Trends

【执行编辑:郭鸿宇】

"中文＋职业技能"教材编写：结构、内容与模式
——基于两套"中文＋职业技能"教材的分析[*]

史翠玲

（安阳师范学院文学院，河南 安阳 455000）

摘　要： 本文以两套面向机电一体化领域的"中文＋职业技能"教材为研究对象，从结构设计、内容选编和编写模式三个层面进行了系统剖析。研究发现，两套教材在结构上采用单元制模块化设计，构建了多层级教材体系框架；在内容设计上呈现职业主题系统化、课文场景化、词汇专门化、文化嵌入多元化等特征。研究认为，今后应持续探索构建"双元目标导向—岗位任务驱动—语技融合"的三位一体框架，并关注"结构—功能—文化"相结合原则在此类教材中的实现路径。本研究提炼的编写模式对后续同类教材的编写具有参考价值。

关键词： "中文＋职业技能"教材；结构设计；内容选编；编写模式

一、引言

教学资源建设是推动"中文＋职业技能"教育高质量发展的关键要素。[1] 目前纸质教材仍是最为常见的教学资源形态。《"中文＋职业技能"教学资源建设行动计划（2021—2025 年）》（以下简称《行动计划》）明确将"研制高质量教材"作为重点任务之一，并提出"利用 3～5 年时间出版完成 300 本'中文＋职业技能'系列教材"的工作目标。经过近五年的建设，在政府统筹与多方协同下，"中文＋职业技能"教材体系已形成初步规模。

然而，由于缺乏先例，"中文＋职业技能"教材在编写实践中面临诸多挑战，例如，如何合理配比并有效融合语言知识与专业知识、融入哪些以及如何融入中华文化内容[1]、遵循何种结构设计逻辑、是否具有基本的编写模式等。[2] 这些问题直接影响"中文＋职业技能"教材的编写质量，但是目前针对该领域教学资源建设模式的专题研究仍显不足。[1] 2025 年是《行动计划》的收官之年，积极开展"中文＋职业技能"教材的编写实践研究，及时总结经验并提炼编写模式，可为后续教材的编写提供理论支撑。

"中国职业教育工业汉语丛书"和"新丝路'中文＋职业技能'系列教材"（以下简称《工业汉语》系列教材、"新丝路"系列教材）是"中文＋职业技能"教材建设的典型案例，[3] 受到广泛关

---

　*　**基金项目：** 本文系国家语委"十四五"科研规划 2022 年度重点项目"'中文＋职业技能'教学资源建设研究"（ZDI145-35）的研究成果。

　作者简介： 史翠玲，安阳师范学院文学院讲师，博士。研究方向：国际中文教材。

注。机电一体化是其共同聚焦且建设较早的热门领域之一。基于此,本文以这两个系列中针对机电一体化工作岗位开发的两套教材为研究对象,深入剖析其结构设计与内容选编的特征,进而总结其编写模式,以期为后续相关教材的编写提供具有实操性的建议。

二、"中文＋职业技能"教材的结构设计

教材结构是指教材的框架结构,即各分册/单元/课/课内模块的组织架构及内在联系。[4]教材结构设计指"确定教材的一级结构与二级结构,以及各章节的目标、主要内容和内容的组织方式等",能"反映编写者的编写思想与思路"。[5]

《工业汉语》系列教材面向机电一体化工作岗位开发了两本教材,分别为:《工业汉语——机电一体化技术(启航篇)》和《工业汉语——机电一体化技术(基础篇)》(以下简称《工业·启航》《工业·基础》,合称《工业·机电》)。"新丝路"系列教材开发了三本教材,分别为:《中文＋机电一体化(初级)》《中文＋机电一体化(中级)》《中文＋机电一体化(高级)》(以下简称《新丝路·初级》《新丝路·中级》《新丝路·高级》,合称《新丝路·机电》)。两套教材的结构设计情况见表1。

表1 教材结构设计示例

教材	出版时间	岗位	单元/章	课/节/部分	课/节/部分内模块
《工业·启航》	2023.7	机电类岗位	第1单元 工具与安全	第1课 机电工具 第2课 警告标志 第3课 工作安全	句子→拓展→注释→词语→阅读→汉字
《工业·基础》	2019.1	机电类岗位	第1章 机电工具常用语	第1节 机电工具必备词汇 第2节 机电工具使用常用短语 第3节 机电工具使用常用对话 第4节 机电工具保管与使用规范 第5节 阅读文献	必备词汇(常用工具名称、使用工具常用动词)→机电工具使用常用短语→机电工具使用常用对话→机电工具保管与使用规范→阅读文献
《新丝路·初级》	2023.10	机电操作岗	第1单元 机电一体化概述	第1部分 语音 第2部分 课文 第3部分 课堂用语 第4部分 单元实训 第5部分 单元小结	语音(语音知识、语音练习)→课文(热身、课文、视听说、学以致用)→课堂用语→单元实训→单元小结
《新丝路·中级》	2024.1	机电调整岗	第1单元 零件图的识读	第1部分 课文 第2部分 汉字 第3部分 日常用语 第4部分 单元实训 第5部分 单元小结	课文(热身、课文、视听说、学以致用、小知识)→汉字(汉字知识、汉字认读与书写)→日常用语→单元实训→单元小结
《新丝路·高级》	2024.4	机电维修岗	第1单元 导线		

从目录结构上看,《工业·基础》采用的是传统学科式"章节制教材体系",即按照知识体系的逻辑顺序划分章节,每章包含若干小节,每小节针对特定知识点或技能点进行讲解。《工业·启航》采用的是"模块化单元结构",即以单元为基本组织单位,每个单元围绕特定主题展开,内部细分为若干课,每课包含若干模块。《新丝路·机电》也是单元制教材,每个单元内部分为若干部分,各部分再细分为若干模块。

从内容组织方式上看,《工业·启航》采用"生产流程→业务活动→业务用语"的三层结构

(见表2)。具体来说,每单元对应一个实际操作流程板块,每课对应一个具体业务活动,课内模块为完成具体业务活动所需要的常用语句。[6]而《工业·基础》则采用"技术领域→语言知识模块＋专业知识模块→业务用语＋专业知识"的三层架构。该教材按照技术领域将主体内容划分为六大章节(如"起重与运输设备、数控机床及加工中心"),每章主要聚焦完成岗位工作所需要的业务用语(如高频词汇、常用短语和短句),同时,每章配备一篇操作规范(中英文)和两篇专业文献(英文),以辅助学习。模块间主要按照语言结构逻辑编排教学内容。

《新丝路·机电》构建了"机电操作岗(初级)→机电调整岗(中级)→机械维修岗(高级)"的三级能力体系(见表2)。每个岗位分解出10个单元场景/任务。每个单元细分为5个部分,可归入语言知识技能(如语音/汉字、课文)和专业知识技能(如单元实训)两大模块。各部分内的模块设置也体现出语言知识技能与专业知识技能并进的特点。

表 2　教材结构特点

教材	内容组织方式	结构层次
《工业·启航》	生产流程→业务活动→业务用语	单元→课→模块
《工业·基础》	技术领域→语言知识＋专业知识模块→业务用语＋专业知识	章→节→模块
《新丝路·初级》	册间:机电操作岗→机电调整岗→机械维修岗	单元→部分→模块
《新丝路·中级》	册内:场景/任务→语言知识技能＋专业知识技能模块→业务用语＋职业技能	
《新丝路·高级》		

总的来说,两套教材的结构设计体现出如下共性特点:第一,单元制结构主导。除《工业·基础》外,其他教材均以单元为核心组织单位。第二,模块化设计。均采用模块化理念,将主体内容划分为若干单元/章节,每个单元/章节围绕一个特定主题展开,单元/章节内细分为多个模块。第三,语言知识技能与专业知识技能双螺旋融合设计。虽然体现程度不同,但总体而言,各单元/章节内通过各类模块的设计,将语言知识技能学习与专业知识技能学习相结合,体现出基于内容的语言教学理念。

不同体现在:第一,册间结构关系不同。《工业·启航》与《工业·基础》均为初级教材,既相互独立,又具有一定的衔接关系。前者是在后者的内容体系之上编写的,适合零起点或略有中文基础的学生,后者的学习门槛则稍高一些。《新丝路·机电》的初、中、高级教材则构建了一个完整的岗位能力发展体系。第二,模块设计思路不同。《工业·启航》按"句子→拓展→注释→词语→阅读→汉字"的逆向语言学习路径组织教材内容,将业务用语嵌入语言模块。《工业·基础》通过"词汇→短语→对话→操作规范→文本阅读"的正向语言学习路径组织内容,模块命名兼顾语言与专业两个角度。《新丝路:机电》则采用了"语言知识技能＋专业知识技能"的双轨结构设计教材内容。

三、"中文＋职业技能"教材的内容选择与编排

教材内容的选择与编排是评价国际中文教材的核心指标,[4]也是衡量职业教育教材开发水平与质量的重要维度。[7]"中文＋职业技能"教育是一种兼顾中文与职业技能学习的教育模式,[1]因此,此类教材在内容设计上需兼顾中文能力与职业技术能力双重培养目标。本文依据《国际中文教材评价标准》中"内容编排"维度的三项主要指标,对目标教材的内容选编情况进

行分析。

（一）主题内容

《工业·机电》和《新丝路·机电》均以满足机电一体化技术相关岗位需求为目标选择教材主题。其中，《工业·机电》基于机电类岗位的具体职业活动选取教材主题；而《新丝路·机电》的主题是从特定岗位中分解的典型场景/任务。

《工业·启航》从基础的工具与安全、机电维护、零件加工到工业机器人，涵盖了机电一体化技术的4个核心知识模块，形成了一个从操作规范到智能技术的认知进阶体系。该教材每个主题下设3个具体业务活动，以"机电维护"为例，该主题下设"设备维护""工具使用"与"工作流程"3个具体业务活动。《工业·基础》围绕机电工具、起重与运输设备、数控机床及加工中心、工业机器人系统、自动化生产线和计算机集成制造系统等六大核心主题展开，构建了一条覆盖工具操作、设备运行、系统集成的完整知识链。这些主题既紧密贴合实际工作场景需求，又符合机电一体化技术的发展趋势和应用特征。

《新丝路·机电》共选取了30个典型工作场景/任务，所选主题覆盖了机电领域的全流程操作场景。其中，《新丝路·初级》围绕机电操作工岗位工作，从岗位认知（如机电一体化概述、机电专业岗位）开始，逐步介绍安全防护知识（如安全标志）、基础工具（如钳工工具、测量工具）和基础技能（如锉削、划线）等内容；《新丝路·中级》涵盖了机电调整岗所需的零件图识读、常用机床（如钻床、车床）的结构与使用，以及电气安全知识等内容；《新丝路·高级》围绕机电维修岗，介绍了导线、保险丝、空气开关，以及PLC可编程控制器、机电设备的维护和保养、智能制造系统等主题内容，旨在培养学生应对复杂维修和智能化工作场景的能力。

两套教材的主题内容具有如下特点：一是以岗位需求为导向，具有鲜明的职业性与实践性，能满足培养学生岗位业务能力的需求。二是构建了系统性的主题框架。如《新丝路·机电》通过分册设计和册内主题选编，建构了从初级机电操作工到高级机电维修工的岗位能力进阶体系，能够帮助学生全面掌握相关岗位的基本情况。三是注重基础，关注前沿。两套教材不仅注重帮助学生了解专业基础知识技能，还关注到了领域前沿主题，如智能制造系统、工业机器人等。

（二）语言内容

"中文＋职业技能"教材不仅关注语言教学，还关注职业技能的培养，突破了通用型国际中文教材的单一语言教学目标。这种双重目标特性，使其语言内容体系设计独具特色。

1. 词汇

"中文＋职业技能"教材在语言上最显著的特点是词汇的专门化程度高。由于包含大量专业术语，这类教材形成了独特的词汇体系。剖析其收词特点，对教材研发具有重要价值。

1）词汇的分类与呈现

在词汇的分类与呈现方面，两套教材既有共性，也有差异。在词汇的分类上，两套教材均区分了通用词语和专业术语，但分类方式和结果存在不同。其中，《新丝路·机电》将词语明确分为"普通词语"和"专业词语"两类，并直接以这两个名称进行标识；《工业·启航》通过图片、表格等手段，将所收词语大致分为专业术语和通用词语两类；而《工业·基础》的分类结果最为细致，如第二章将"必备词汇"细分为"常用起重、运输设备名称""起重、运输设备常用结构部件""起重、运输设备常用术语""起重、运输设备常用动词"四类。

在词语模块的位置安排上，《工业·启航》将"词语"安排在每课第四部分，《工业·基础》将"必备词汇"置于每章第一节。与之不同的是，《新丝路·机电》的词语表并不独立，而是归属于"课文"板块，附在课文文本之后。

在词语的呈现形式上，两套教材都包含"词语""拼音""词性"和"英文翻译"这四种基本元素，并且都注重借助图片等多模态手段帮助学生认知专业词语。不同之处在于，《工业·机电》在词语部分融入图片、表格等多模态手段，而《新丝路·机电》则主要在教材的活动板块（如热身、视听说）借助图片认知、视频展示等方式帮助学生掌握专业词语。

2）词汇量与词汇等级

词汇量是指教材所收词语的总量。《工业·机电》和《新丝路·机电》的总词数及分册收词情况见表3、图1。

表3　教材词汇量统计

（单位：个）

系列	教材	分册词数	单元/章数	单元/章均词数	总词数
《工业·机电》	《工业·启航》	574	4	47.83	896
	《工业·基础》	322	6	53.67	
《新丝路:机电》	《新丝路·初级》	344	10	34.40	1 092
	《新丝路·中级》	341	10	34.10	
	《新丝路·高级》	407	10	40.70	

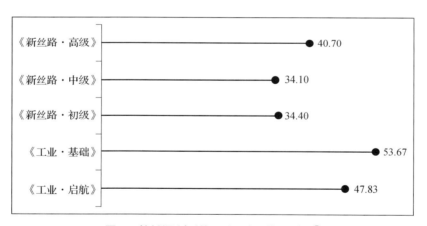

图1　教材课/章/单元均词数（单位：个）①

统计结果显示，《工业·机电》的总词数为896个，词种数为854个，显著高于《新丝路·初级》的344个。值得注意的是，《工业·基础》的总词数（322个）虽略低于《新丝路:初级》，但因章节数量更少，平均词数前者高于后者。总的来看，两套教材内部各分册间大体呈现出平均词数逐册递增的趋势，符合语言学习规律。

基于《国际中文教育中文水平等级标准》（下文简称《等级标准》），将词语分为"初等""中等""高等"，未被收录的判定为"超纲"。两套教材的词汇等级分布情况见表4。

---

① 《工业·启航》容量为四单元12课，此处统计的是课均词汇量。

表4 教材词汇等级分布情况

教材	初等		中等		高等		超纲	
	词数/个	占比%	词数/个	占比%	词数/个	占比%	词数/个	占比%
《工业·启航》	246	42.86	100	17.42	38	6.62	190	33.10
《工业·基础》	11	3.42	18	5.59	17	5.28	276	85.71
《新丝路·初级》	157	45.64	49	14.24	18	5.23	120	34.89
《新丝路·中级》	83	24.34	51	14.96	21	6.16	186	54.54
《新丝路·高级》	83	20.39	79	19.41	36	8.85	209	51.35

从词汇的等级分布情况上看,两套教材均包含大量超纲词和超等级词。首先,超纲词占比突出。《工业·机电》的超纲词平均占比达59.41%,《新丝路·机电》的则为46.93%。其次,超等级词现象普遍。两套教材中均存在一定比例的超等级词语,即等级高于或低于教材语言等级的词语。例如,《工业·启航》中包含24.04%的中、高等词,《新丝路·高级》中则包含39.80%的初、中等词。这种现象源于标准差异这一关键因素。《等级标准》作为通用标准,主要收录日常用语,较少涉及专业词汇,即使收录,词语等级也较高。而《工业·机电》和《新丝路·机电》作为"中文+职业技能"教材,包含大量专业词汇,这些词汇在通用标准中要么未被收录,要么被定为较高等级,从而导致教材中出现大量超纲词和超等级词的现象。该现象反映出此类教材与通用语言标准的衔接矛盾。

2. 语法

两套教材在语法教学策略上呈现显著差异。《新丝路:机电》基于"中文+职业技能"教材与通用型国际中文教材的区别不在语法的观点,[8]未设置独立的语法模块,而是将语法规则融入课文,交由教师根据实际教学需求进行细化和补充。这是一种隐性语法教学方式。《工业·机电》则采用了不同的语法教学策略。其中,《工业·基础》未在正文部分设置语法模块,而是在附录部分对"词组""句子"等基础语法知识进行了系统介绍。《工业·启航》在每课"注释"模块中对"句子"中所涉及的语法点进行介绍,该教材共收入39个语法点(3.25个/课),每个语法点平均配备2.18个用例,呈现模式为"中文介绍+英文翻译+典型用例"。这是一种显性语法教学策略,强调对语法规则的认知建构。

值得注意的是,《工业·机电》从《工业·基础》的正文部分"零语法"设计到《工业·启航》的强调语法规则的认知建构这一变化,不仅反映了其自身语法教学理念的转变,也从侧面体现了当前"中文+职业技能"教材编写的探索过程。

3. 汉字

两套教材在汉字教学方面展现出不同的理念和设计。《工业·基础》未设置汉字教学内容;而《工业·启航》在每课的"汉字"模块呈现3—4个汉字(见表5),并借助字形解释字义。例如在讲解"口"字时,教材通过图片和甲骨文字形展示嘴巴的形状,解释"口"的象形来源。其选择汉字的标准主要有二:一是在当课出现过,二是以《等级标准》1级字为主。

表 5　《工业·启航》收字情况

单元	课	收字情况	单元	课	收字情况
第 1 单元	第 1 课	一六十	第 3 单元	第 1 课	刀开正
	第 2 课	火电工		第 2 课	出中切
	第 3 课	灭焊灾		第 3 课	走过还连
第 2 单元	第 1 课	上下天	第 4 单元	第 1 课	多小少
	第 2 课	口手大		第 2 课	分本入
	第 3 课	人他你件		第 3 课	水泛激江

《新丝路·机电》中、高级教材中设计了专门的汉字模块,下设汉字知识、汉字认读与书写等子模块(见表 6)。去重结果显示,两本教材共涉及 128 个汉字。

表 6　《新丝路·机电》汉字模块示例

《新丝路·中级》			《新丝路·高级》		
单元	汉字知识	汉字认读与书写	单元	汉字知识	汉字认读与书写
第 1 单元	汉字的笔画(一)汉字的笔顺(一)	主视图、俯视图、左视图	第 1 单元	汉字的偏旁(一)	元器件、线图、例如、传输、普及

通过对两套教材中的汉字教学内容进行梳理,发现其在教学理念上存在明显差异。《工业·基础》未涉及汉字教学,《工业·启航》虽有汉字教学内容,但所选汉字多与当课内容相关且以基础字为主,可满足学生在特定职业场景中的基本汉字需求,其对字义的介绍也可以引导学生了解一定的汉字造字知识。相比之下,《新丝路·机电》在汉字教学方面进行了更为系统的设计。本系列教材在初级阶段介绍汉语基础语音知识,并设计语音练习以提升学生的语音能力。在学生掌握了一定量的汉字后,中、高级阶段开始设置汉字模块,逐步介绍笔画、笔顺、结构以及偏旁等汉字知识;同时引导学生认读、书写与职业领域密切相关的汉字。这种方式不仅有助于学生系统掌握汉字知识,提升其在职业领域内运用汉字的能力,而且体现了对汉字教学的高度重视和系统规划。

4. 课文

1) 课文形式与篇幅

两套教材的课文形式主要有三类:句子、对话和短文。《工业·启航》的"句子"模块呈现特定业务或岗位的常用句(如"这是扳手。""请用电钻打孔。"),承担着类似课文的功能。《工业·基础》的课文为"问—答"对话形式(如"问:对刀点设置好了吗? 答:设置好了。/还没有设置好。")。《新丝路·机电》每单元包含 2 篇课文(见表 7)。其中,初级阶段的课文为"主管—学徒"对话形式;中、高级阶段为短文形式。

表 7 《新丝路·机电》课文示例

教材	单元主题	课文 A	课文 B
《新丝路·初级》	机电一体化概述	主管:你们好! 学徒:你好,主管!请问机电一体化包括哪些内容? 主管:机电一体化一般包括机械、电气、计算机技术三个方面。	学徒:主管,生产车间负责哪些工作? 主管:主要负责生产线上的生产和安装。 学徒:维修车间负责哪些工作? 主管:主要负责机械、电气设备的维修。
《新丝路·中级》	零件图的识读	工程制图是世界各国人们都使用的一种绘图语言。在制造业中,通常只用限定的几类视图来展示某一物体形状,主要包括基本视图、剖面视图和断面图。	图纸中常见符号主要用来描述形状公差、定向公差、定位公差、跳动公差等。

量化分析结果显示,随着教材难度等级的递进,两套教材的课文篇幅均呈现出梯度递增趋势(见表8)。

表 8 教材课文篇幅统计

教材	句子总数(句)	平均句长(字)
《工业·启航》	58	10.40
《工业·基础》	62	12.56
《新丝路·初级》	95	11.83
《新丝路·中级》	43	24.58
《新丝路·高级》	56	32.95

《工业·机电》的两本教材虽具有衔接关系,但同属初级阶段教材,因此句子总数及每课的平均句长增长较为平缓。相比之下,《新丝路·机电》随着教材等级的提升,单课平均句长形成明显的阶梯式发展曲线。具体来说,中级教材平均句长约为初级教材的 2 倍;高级阶段平均句长达到 32.95 字/课,约为中级教材的 1.34 倍。总体来看,这两套教材的单课平均句长变化趋势与相应学习阶段相匹配,体现出课文篇幅随学习阶段提升而逐步增加的特点,符合语言学习规律。

2)课文内容

两套教材的课文内容体现出如下特点:一是紧扣主题,内容基础实用。教材课文均围绕所选主题组织语料,职业性突出。如《工业·基础》第一章《机电工具使用常用对话》涉及工具的使用方法和操作规范、工作流程等内容。二是贴近实际业务场景,实践性强。课文内容围绕实际工作场景中常见的业务交流展开,体现出"做中学"的理念。如《新丝路·初级》通过主管和学徒的对话形式,模拟工作场景,开展业务交流。三是专业知识技能为表,中文知识技能为里。课文内容介绍的是专业知识技能,中文知识技能蕴含其中。四是语言学习循序渐进。如《新丝路·机电》的课文形式逐步由对话发展到短文,课文的语言复杂度也随学习阶段逐步提升。再如,《工业·启航》中的常用句结构简单、所用术语较为基础,语言风格较为明了,更适合初学者;《工业·基础》的课文语言则更为专业,术语更为复杂,句子结构也更加多样。

(三) 文化内容

文化理解能力是评估"中文＋职业技能"人才的关键维度之一。[9][10]然而,调研发现,目前

"中文＋职业技能"教材在文化意识培育方面起到的作用尤为薄弱,[11]亟须丰富相关内容。本文的分析结果也印证了这一情况,两套教材的文化内容,不论是呈现方式,还是选材的针对性,均存在较大的优化空间。

从文化内容的呈现方式上看,两套教材采取了不同的模式:一种是结构化嵌入模式。《工业·基础》选用的是此类模式,该教材在每章内容介绍页面的底部嵌入一条名句,采用"名句＋译文"的方式呈现。另一种是分散融入模式。《新丝路·机电》采用的是这种非结构化的文化融入模式。该套教材未设置专门的文化模块,而是将文化元素分散融入教材其他部分,让学生在潜移默化中接触、了解相关内容。比如,在"语音""汉字"部分介绍汉语拼音特点、汉字结构及书写规则等知识。还有一种是双轨融合模式。《工业·启航》采用的是这种模式。结构化嵌入体现在教材在每个单元首页设置了独立的文化专栏,以"图片＋中文介绍＋英文翻译"的形式介绍所选文化内容;分散融入主要体现为"汉字"模块部分介绍的汉字知识。

从文化内容的选取上看,两套教材展现出三种不同的类型:一是职业文化导向型。《工业·启航》聚焦核心技术领域,精选了4个具有技术代表性的物质文化点(如弩、港珠澳大桥),具有明确的职业导向性。二是中国传统文化导向型。《工业·基础》采用"技术—哲学"弱关联模式,收入了6条来自《论语》等典籍的名句,如"己所不欲,勿施于人"。这些文化点独立于教材主体内容。三是语言文化导向型。《新丝路·机电》融入的主要为语言文化。例如,"语音""汉字"部分介绍的汉语知识,以及中、高级阶段"日常用语"部分融入的少量语言文化元素,如"劳驾""百闻不如一见"等。此外,还涉及少量中国地理文化,如"北京""上海"等。

从文化内容的时代特征上看,两套教材展现出三种不同的类型:一是古今兼顾型。《工业·启航》既包含了古代机械发明(如弩、翻车),也涵盖了现代工程奇迹(如港珠澳大桥、仓库机器人),体现了从古至今的技术发展脉络。二是传统经典型。如《工业·基础》中介绍的"非礼勿视,非礼勿听,非礼勿言,非礼勿动。"等名句。三是现代语言文化型。《新丝路·机电》主要融入的是现代汉语知识和交际用语。

四、"中文＋职业技能"教材的编写模式

"中文＋职业技能"教材是一种将中文学习与职业技能学习融于一身的教材类型,既不同于一般的专业理论教材,也不同于通用型国际中文教材,具有自身特点和编写模式。《工业·机电》和《新丝路·机电》针对"中文＋职业技能"教学的特点,设计教材结构,选编教材内容,通过梳理这两套教材的结构与内容,可归纳其编写模式。

(一)编写目标、取向与原则

第一,双元目标导向。"中文＋职业技能"的教学目标决定了与之相适配的教材需兼具中文教学与专业技术技能教学双重功能。[12]两套教材均以实现"语技同升"为目标,统筹中文能力培养与职业技能发展。

第二,岗位任务驱动。教材紧密围绕目标岗位的实际需求,筛选典型场景/任务作为教学的核心主题,主要按"业务流→知识/技能点→语言需求"逻辑搭建内容框架。具体来说,按业务流程或操作技能复杂程度排序,搭建主题框架,并从具体的业务活动中提取工作素材作为教学语料,语料的选取体现出真实性、典型性、与岗位实践具备强关联性等原则。

第三,遵循基于内容的语言教学理念。相较于通用型国际中文教材,"中文＋职业技能"教

材以满足岗位需求为首要目标，具有鲜明的职业性、实用性与实践性。此类教材以目标岗位的业务知识为核心内容，以中文学习为载体，旨在培养学生在职场环境中用中文进行交际的能力。

第四，"技能—语言"相结合。"中文＋职业技能"教学的最终目的是同步提升学生的中文能力与职业技能，因此应遵循"语言能力＋职业技能"协同发展理念，构建"语技融合，同步提升"的教材体系，处理好中文能力与职业技能的匹配关系。

第五，场景化教学策略。以真实工作场景为载体，围绕典型工作任务开发教学模块，设计课文，将业务知识融入其中。与此同时，借助图片、音视频、脚本、示范课视频等资源，解决专业词语的抽象性与技能的实操性等难题。[7]例如，《新丝路·机电》通过视频展示职业技能操作流程，帮助学习者直观理解技术要点，实现了语言能力与职业技能的深度融合。

（二）结构与内容设计

第一，构建职业能力阶梯式进阶的分级教材体系。鉴于"中文＋职业技能"教学对象中，"中文与职业技能双零起点"或"中文零起点"的情况较为普遍，[11]教材开发需遵循职业能力发展路径与第二语言习得规律双重逻辑，构建从初阶到高阶的教材分级体系，实现中文能力与职业技能的同步提升。

第二，搭建以中文为载体、职业技能为主体的教材框架。由前文分析可知，业务内容与业务用语高度融合是"中文＋职业技能"教材的一大特点。其中，职业技能是核心，中文作为工具融入其中。教材编写应以典型的岗位场景或工作任务为主线，依据相关标准，构建融合中文知识技能和专业知识技能的教材内容框架，突出职业技能的核心地位与中文的工具属性。

第三，单元制主导，模块化设计。基于主题划分单元。单元内的各级结构可采用"职业模块→语言模块"或"语言模块＋职业模块"等组合模式设计，如《新丝路·机电》的语言知识技能与专业知识技能双轨设计体系值得关注；也可根据实际情况积极探索新的模块组合方式。

第四，创新"结构—功能—文化"三维适配模式。结构、功能、文化是国际中文教学的经典三要素，三者融合是培养中文交际能力的有效途径。"新一代教材无论采用什么具体的路子，总不能离开这一条编写原则。"[13]"中文＋职业技能"承担着提升学生中文交际能力的目标，因此也要在教材编写实践中不断探索三者的结合方式。针对"中文＋职业技能"教材的特殊性，需在明确三要素融入的基础上，探讨、界定各要素的内涵，并建立动态适配机制。具体来说，在结构维度上，根据教材等级调整、建立"专业术语图谱—职业语境语法体系—技术文本阶梯训练"三维结构体系，即突破通用语法框架，开发面向专业技术领域的专项语法体系与术语等级表。在功能维度上，聚焦职业场景中的语言应用，基于目标岗位提取高频工作场景下的典型工作任务，构建职业场景语言功能图谱，开发"语言功能—职业操作"对照表。在文化维度上，应从宽泛的中国文化，聚焦到中国职场文化、企业文化等层面内容，[9][10]即针对教材面向的具体领域提取中国文化、职场文化和企业文化元素，并探索自然恰当的融入方式，实现文化元素与岗位场景的有机融合。

通过结构维度的专业化适配、功能维度的场景化映射、文化维度的职场化转向，逐步探索形成能反映"中文＋职业技能"教材特色的"结构—功能—文化"三位一体的教材编写模式。该模式既保持了三要素的经典框架，又紧密贴合"中文＋职业技能"教学的实际需求，可为"中文＋职业技能"教材的开发提供具有操作性的范式。

五、结语

本文以《工业汉语》系列教材和"新丝路"系列教材面向机电一体化领域开发的两套"中文＋职业技能"教材为研究对象,系统分析了其教材结构与内容设计特征,并在此基础上提炼其编写模式。研究发现,这两套教材呈现出双元目标培养、岗位任务导向、单元制模块化设计、语技双螺旋融合,以及"结构—功能—文化"相结合等共性特征。当前"中文＋职业技能"教材建设已取得阶段性成果,亟须深入开展相关专题研究,及时总结教材编写经验,归纳探讨编写模式,为提升"中文＋职业技能"教材编写质量提供理论支撑与实践范式。

参考文献

［1］梁宇,刘根芹."中文＋职业技能"教学资源建设的现状与展望［J］.沈阳师范大学学报(社会科学版),2024,48(1):24-31.

［2］陈秋娜,武皓."中文＋职业技能"教材开发:取向、思路与模式［J］.中国职业技术教育,2023(14):24-29.

［3］中外语言交流合作中心.国际中文教育教学资源发展报告(2023)［R］.北京:北京语言大学出版社,2023.

［4］世界汉语教学学会.国际中文教材评价标准［S］.北京:北京大学出版社,2024.

［5］谭移民.基于课程标准的教材结构设计［J］.职教论坛,2014(36):75-78.

［6］李炜.职业教育"走出去"背景下的"中文＋职业技能"教材探索——《工业汉语·启航篇》的研发［J］.国际汉语,2021(1):130-135＋144.

［7］包金龙,王晓雪,张雪萌.职业教育国家规划教材内容特征分析——以财经商贸大类为例［J］.中国职业技术教育,2024(5):65-70.

［8］新丝路"中文＋职业技能"系列教材编写委员会.中文＋机电一体化(初级)［M］.北京:北京语言大学出版社,2023.

［9］梁宇,李诺恩.供需视角下的"中文＋职业技能"人才培养模式构建［J］.河南大学学报(社会科学版),2025,65(1):107-113＋155-156.

［10］世界汉语教学学会.职业中文能力等级标准［S］.北京:北京语言大学出版社,2024.

［11］李诺恩,史翠玲,梁宇."三教"视域下"中文＋职业技能"教育的现存问题与发展进路［J］.云南师范大学学报(对外汉语教学与研究版),2025,23(1):47-54.

［12］陈曼倩,赵永生."中文＋职业技能"教材开发思路与实施路径初探［J］.国际汉语教学研究,2023(4):9-16＋25.

［13］刘珣.新一代对外汉语教材的展望——再谈汉语教材的编写原则［J］.世界汉语教学,1994(1):58-67.

"Chinese＋Vocational Skills" Textbook Compilation: Structure, Content, and Models
—An Analysis Based on Two Sets of "Chinese＋Vocational Skills" Textbooks

Shi Cuiling

(School of Chinese Language and Literature, Anyang Normal University, Anyang Henan 455000)

Abstract: This paper systematically analyzes two sets of "Chinese＋Vocational Skills" textbooks in the field of mechatronics, examining them from three dimensions: structural design, content organization, and compilation models. The study reveals that both sets of textbooks employ a unit-based modular structure to establish a multi-tiered framework;

features of content design include systematic clustering of vocational themes, scenario-based contextualization of texts, specialized terminology, and diversified cultural embedding. Drawing on the Content-Based Instruction (CBI) framework, this paper proposes that future efforts should concentrate on exploring a three-dimensional framework guided by "dual-goal orientation, task-driven vocational demands, and language-skill integration", while emphasizing the implementation path of the "structure—function—culture" integrative principle in vocational language education. The findings offer theoretical insights and practical guidelines for the compilation of future "Chinese＋Vocational Skills" textbooks.

Keywords："Chinese ＋ Vocational Skills" Textbooks; Structural Design; Content Organization; Compilation Models

【执行编辑：孔令俐】

"中文十舞蹈":内涵、价值与实践路径探析 *

杨笑荷

(北京舞蹈学院中国古典舞系,北京 100081)

摘　要:"中文十舞蹈"作为一种创新性复合型的教育模式,能够将中文语言元素与舞蹈艺术有机结合,通过特定的艺术表达和教学方式,实现语言学习、文化传播与艺术审美培养的多重目标。研究认为,"中文十舞蹈"具有交融性和互动性的特点,具有文化价值、艺术价值和教育价值。通过创新创作理念、打造精品作品,拓展传播渠道、提升传播影响力,丰富课程建设、加强人才培养的具体实践路径来实现"中文十舞蹈"融合模式的最大效能,进而形成全方位、多层次的教育体系,更好地发挥中文和舞蹈服务社会的功能属性。

关键词:"中文十舞蹈";内涵;价值;实践路径

一、前言

在全球化进程日益加速的当下,国际文化交流与互动愈发频繁。语言作为文化的重要载体,在跨文化交流中起着关键作用。汉语作为世界上使用人数最多的语言之一,其国际传播对于增进各国人民对中国的了解、推动中华优秀传统文化走向世界具有重要意义。与此同时,舞蹈作为无国界的艺术语言能够跨越文化和理解的障碍,通过身体动态和情感表达来传递思想,同样在国际文化交流中占据着不可或缺的地位。

基于"中文十"的理念,借助文化艺术开展中文教育的新模式,国内外中文教学机构、大中小学、文化艺术团体携手合作,促进国际中文教育发展,推动中外语言交流合作等已形成了良好的发展态势。"中文十舞蹈"这一创新的文化传播与教育理念也逐渐兴起,成为国际中文教育与文化交流领域的新热点。目前从理论层面来看,关于国际中文传播和中华优秀传统文化对外传播的研究已取得了一定成果,但将中文与舞蹈深度交融的理论研究仍相对匮乏。本研究将对"中文十舞蹈"这一理念的内涵、价值、实践路径及其在跨文化传播中的作用机制等方面进行深入探讨,多维度分析并构建其理论框架,为后续的实践研究提供理论支撑。

二、"中文十舞蹈"的内涵阐释与内在逻辑

在"中文十舞蹈"的交融模式中,中文不再仅仅是书本上静态的文字知识和抽象的语言规

---

* **基金项目**:本文系北京市社科基金青年学术带头人项目"中国古典舞舞台表现理论与实践研究"(24DTR097)的研究成果。
作者简介:杨笑荷,北京舞蹈学院中国古典舞系副教授,艺术学硕士。研究方向:中国古典舞。

则,而是通过舞蹈这一充满活力和表现力的艺术形式,以更加生动、直观、形象的方式呈现出来。学习者在参与舞蹈活动过程中,不仅能够接触到与舞蹈相关的中文词组、语句,如描述舞蹈形态与动态的专有名词,表达特定情感情绪的词汇,介绍舞蹈文化背景、历史发展的语句等;还能在不同舞蹈的特定情境中,通过身体体验与感受,进一步深入理解中文词汇、语句的内涵和外延,从而提高中文语言的理解力和表达力。

（一）内涵阐释

"中文＋舞蹈"是一种创新性复合型的教育模式,它将中文语言元素与舞蹈艺术进行有机结合,旨在通过独特的艺术表达和教学方式,实现语言学习、文化传播与艺术审美培养的多重目标。从本质上讲,"中文＋舞蹈"突破了传统语言教学和舞蹈艺术的界限,构建起一种全新的跨学科领域。舞蹈在"中文＋舞蹈"中也被赋予了新的意义,它不再只是单纯的肢体动作展示,而成为中文学习的载体和文化传播的媒介。舞蹈的动作、节奏、韵律及其所蕴含的文化内涵,都与中文紧密相连,共同传达出丰富的文化信息。

"中文＋舞蹈"具有独特的交融性和互动性特点。它交融了语言、艺术、文化等多方面元素,将语言学习与艺术审美、文化体验相结合,形成了一种综合性的学习和体验模式。这种交融不是简单的拼凑,而是有机地整合,各元素之间相互关联、相互促进。例如,在一堂"中文＋舞蹈"课程中,学习者首先通过学习中文词汇和语句了解舞蹈的主题、内容、形式、风格和文化背景,进而在舞蹈动作的学习中进一步加深对中文内容的理解和记忆,同时通过舞蹈的表演,将中文所表达的情感和文化内涵展现出来,实现语言与舞蹈的深度交融。

"中文＋舞蹈"能够相互强化情感传递的效果。中文为舞蹈提供了明确的主题、情节和情感线索,使舞蹈的表达更加有内涵、有深度;舞蹈则为中文赋予了生动可感的形象和强烈的视觉冲击,使中文所表达的内容更加鲜活、立体。例如,在舞剧《李白》中有舞蹈与诗词同步呈现的形式:舞蹈表演的同时配以诗词吟诵"天生我材必有用,千金散尽还复来""安能摧眉折腰事权贵,使我不得开心颜"。李白凌云壮志的情怀、洒脱不羁的风度以及他在不同境遇下情感情绪的起伏变化等通过诗词的加持更加具象化;与此同时,中文所表达的情感与舞蹈动作所传递的情感相互呼应、相互补充,观众也能够更加直接地将诗词的含义放置在鲜活的人物活动中去品味,视觉形象和听觉感受合二为一,更加立体地感受李白的气度魅力以及他所处时代的文化氛围。"中文＋舞蹈"交融相得益彰,引发情感共鸣,提升了艺术表达的效果。

（二）内在逻辑

从文化层面来看,中文与舞蹈都是中华文化的重要载体,它们承载着中华民族的历史记忆、价值观念和审美情趣,在文化内涵上具有高度的一致性。中文作为中华文化的重要组成部分,其丰富的词汇、多样的语法结构以及独特的表达方式,蕴含着中华民族对世界的认知、思考和情感。舞蹈同样是中华优秀文化的生动体现,它以独特的肢体语言展现着不同时代、不同地域、不同民族的文化特色和民俗风情。例如中国民族民间舞是中国56个民族经过千百年的积淀和传承所创作的舞蹈艺术文化结晶,每一种舞蹈都与当地的历史、地理、宗教、风俗习惯等紧密相连,是地域文化的鲜活表达。例如,维吾尔族舞蹈继承了古代鄂尔浑河流域和天山回鹘族的乐舞传统,主要展现的是维吾尔族人民的生活习俗,动脖子、旋转、摘葡萄等生动欢快的动作深入人心。蒙古族舞蹈洒脱豪迈,常表现蒙古族人民喜爱狩猎、游牧生活的特性,酒盅舞、顶碗舞等来源于劳动人民的日常生活,极具蒙古族特色。傣族舞蹈中常有模仿孔雀形态的表达,如孔雀开屏、饮水、飞翔等,展现了傣族人民对自然的敬畏和对美的追求,同时也反映了傣族文化中崇尚自然、和谐共生的理念。各民族舞蹈既凸显自身的文化特色和风情,又集中体现了多元一体的中华文明,从不同面向照见中国人"天人合一"的宇宙观、"协和万邦"的天下观、"人心和善"的道德观、"和合共生"的价值观等,为不同的受众群体提供了解中国文化的可感路径和视觉资源。

从艺术表达层面来看,中文和舞蹈作为两种不同的形式,具有各自独特的表达方式,但在艺术表达上又存在着诸多互补之处。中文主要通过语言文字来表达思想、传递情感,它具有逻辑性、抽象性和精确性的特点。通过文字的组合和排列,可以构建出复杂的概念、细腻的情感和深刻的思想,能够准确地传达信息和表达作者的意图。舞蹈则以身体的动作、技术、节奏和韵律为主要表现手段,具有直观性、形象性和动态性的特点。舞蹈通过塑造生动的人物形象,以身体语言表达情感情韵,创造"言有尽而意无穷"的意境空间,以强烈的视觉感官激发观众的情感共鸣。故此,将中文与舞蹈相结合,可以使语言学习与舞蹈学习互为补充,获得更加丰富、多元的具身体验。

三、"中文＋舞蹈"的价值探寻

"中文＋舞蹈"交融模式将汉语学习与舞蹈艺术相结合,不仅能够让中文以更生动、更立体、更具感染力的方式呈现,同时能够让舞蹈艺术更具传播价值和文化内涵,为观者提供全新的沉浸式体验。"中文＋舞蹈"双向赋能,是推动文化出海的新形式,是构建中国舞蹈国际传播话语体系、提升话语能力的有益助力,具有文化价值、艺术价值和教育价值。

(一) 文化价值:传承与弘扬中华优秀传统文化

中国舞蹈作为中华优秀传统文化的重要载体,拥有丰富的讲好中国故事、展现中国形象、传递中国价值的优质素材,在跨文化交流中具有超越语言的独特优势,可以为不同语言与文化背景的国际受众架起对话与沟通的桥梁。[1]被誉为"中国舞剧之最""活着的敦煌壁画"的著名舞剧《丝路花雨》是1979年由甘肃省歌舞剧院创作并首演的民族舞剧,该剧作为庆祝国庆30周年献礼演出剧目,先后出访日本、朝鲜、法国、意大利、泰国、苏联等国,一经推出便轰动四海,获得国内外观众盛赞。该剧向世界讲述中国最古老的故事、最悠久的历史,至今仍是我国具有代表性的文化符号。[2]《丝路花雨》取材于敦煌莫高窟,讲述了发生在唐代极盛时期著名的丝绸之路上的故事。舞剧通过叙述画工神笔张和女儿英娘的悲欢离合,歌颂了父女俩光辉的艺术形象,展现了中国古代与西域各国的文化交流和友好往来,让世界了解到中国古代文化的辉煌成就。近年来,中国舞蹈作品在国际舞台上大放异彩,受到了世界各国观众的赞赏。其中,舞蹈诗剧《只此青绿》活化了青绿山水画的巅峰之作——北宋名画《千里江山图》,通过舞蹈动作和舞台美术的完美结合,将宋代文人的风骨与其向往的理想之境转化为舞蹈的诗性表达,以人体式的山川河岳赞颂祖国千里江山,将宋代美学的诗意情调推至新高度,使得民族传统文化在现代性的昭示中焕发出无限生机与活力。舞剧《咏春》则以舞蹈诠释中华传统武学精神,以咏春拳挑战八卦掌、太极拳、八极拳等门派,最终开山立派、打破门户之争,投射出大时代变迁语境。作品创新性地融合了咏春拳和香云纱两项国家级非遗项目,用当代舞蹈语言活化传统武术与岭南民俗文化,推动非遗项目的创造性转化、创新性发展,向世界展示了中国传统文化的独特审美和深厚底蕴。新时代的文艺创作实践正在用时代语言激活文化基因,为中华文化赢得声誉。

中华优秀传统文化是中国舞蹈艺术的思想文化源泉，以舞蹈艺术展现历史人物、事件，如舞剧作品《孔子》《杜甫》《五星出东方》等，有助于加深世界人民对中国传统文化和中华民族精神的认识和理解。例如，民族舞剧《孔子》讲述了孔子周游列国的故事，将孔子所处的时代背景、思想理念以及他的人生经历以舞蹈的表现形式生动地呈现在观众面前，成为传承与再现中华优秀传统文化的典范之作。作品的舞台场景设计高度还原了春秋时期的历史风貌，让观众仿佛穿越时空，置身于那个百家争鸣、文化繁荣的时代。巨大的竹简道具在舞台上错落排列，并刻满了《论语》的经典语录，这标识性的"中文"核心元素同时也是中华文化传承和文明延续的象征。当舞者们在竹简前翩翩起舞时，观众能够直观地感受到传统文化的厚重底蕴。舞剧中的《执羽》舞段，展现了先秦乐舞"羽舞"的宏大场景，舞者们手持长达近一米的"干戚羽毛"，以中国古典舞的身体语言再现"鸟兽跄跄""凤凰来仪"的不凡神色，不仅复现了古代宫廷舞蹈的审美风貌，同时传达了儒家"礼"的思想，将"秩序""和谐"的理念通过祭祀仪式中严谨的队形变化和讲究的身体动态体现出来。此时，中华文明的连续性特征得到了具象化表达。

（二）艺术价值：拓展舞蹈艺术的表达边界

"中文＋舞蹈"理念为舞蹈艺术的创新发展提供了广阔的空间和崭新的思路，能够有效推动舞蹈艺术在创作理念、表现手法和传播方式等方面拓展创新。

首先，"中文＋舞蹈"融合理念促使舞蹈创作者突破传统的创作思维，将中文所蕴含的文化内涵和情感表达融入舞蹈创作，使舞蹈作品更具思想性和文化性。例如，以中国古代民间四大爱情故事"梁山伯与祝英台"为创作蓝本的舞剧《梁山伯与祝英台》；以中国文学史上第一部长篇叙事诗《孔雀东南飞》为原型的女子独舞《孔雀东南飞》；以鲁迅小说中"孔乙己"为形象依据的同名男子独舞《孔乙己》；以宋代诗人周敦颐的散文诗《爱莲说》为创作基础的女子独舞《爱莲说》等作品，通过形象的塑造、舞蹈的表达将文学作品、诗词歌赋中的文化要素、情感哲理、意象意境等呈现出来，使观众在欣赏舞蹈的同时能够更加深刻地理解中文的内涵。

与此同时，"中文＋舞蹈"融合理念激活传统"诗乐舞"形式的当代新用。在中国传统文化中，诗、乐、舞一直被视为交相辉映、密不可分的艺术形式。诗以言志，乐以咏怀，舞以尽情，三者相得益彰，共同构成了中华艺术的基本形态。这种诗乐舞的综合艺术形式，不仅有着极高的审美价值，更蕴含着深刻的教育意义。"诗乐舞"一体的表现形式在内涵上与"中文＋舞蹈"的融合理念不谋而合，都在追求以舞达意、诗舞共美的美学品格。东汉辞赋家傅毅《舞赋》中言："歌以咏言，舞以尽意，是以论其诗不如闻其声，听其声不如察其形。"由此，我们得以窥探汉代的礼乐文化。"踏歌"是从汉代起就有记载的歌舞相合的民间自娱舞蹈形式，它的基本特点是两脚踏地为节，边歌边舞，不拘场地大小，不论人数多少，随时随地都可以聚在一起牵手而舞，尽情抒发内心的感受。早在新石器时代的青海孙家寨出土的彩绘陶盆上就有"踏歌"的图画记载。汉唐古典舞创始人孙颖于1997年编创首演的汉唐古典舞《踏歌》便沿用了这一表演形式，以12名女子踏地为节、咏歌起舞，并作唱词为舞蹈的表演铺垫了少女怀春的美妙情思和崇尚自然的自由情怀："君若天上云，侬似云中鸟，相随相依，映日御风；君若湖中水，侬似水心花，相亲相恋，与月弄影。人间缘何聚散，人间何有悲欢，但愿与君长相守，莫作昙花一现。"该作品通过舞蹈动作与中文的相互呼应，增强了舞蹈的节奏感、韵律感和情感表达，凸显出少女松弛潇洒的心态、自由烂漫的神态，为观者呈现了一幅少女寄情于春光、享受自然的游春踏青图，给人以轻松愉悦的审美体验。

其次,"中文+舞蹈"理念与"破圈儿"视角下的跨界融合现象高度契合。近年来,舞蹈艺术创作呈现出多个艺术门类跨界融合的鲜明特点。河南卫视的《唐宫夜宴》《纸扇书生》《祈》《龙门金刚》《陇上踏歌行》等舞蹈综艺作品获得广大网友的追捧,不断登上微博热搜榜;文化剧情舞蹈综艺《舞千年》更是在全新技术手段的加持下,使舞蹈"经典宝藏"重获新生。2021年,国际著名编导沈伟携全新制作的浸入式整体艺术作品《融》在上海西岸穹顶艺术中心进行了全球首演。这部作品将绘画、摄影、影像、舞蹈和装置融合在一个整体空间之中,观众可以在其中或漫步或逗留,近距离与表演中的舞者进行互动。如此,沉浸在整体空间的观众也与舞者、影像和绘画构成作品的一部分。这种打破传统观演空间的沉浸式作品体验模式的建构,其基础正是来自多个艺术门类的跨界融合,使浸入其中的观众打开全部感官和思维,进而获得前所未有的审美体验。[3] 2024年央视春晚舞蹈节目《锦鲤》以科技赋能舞蹈表演,实现了"不站在地上跳舞"的全新突破。作品通过创新的威亚技术营造了令人称奇的"皆若空游无所依"的舞蹈动态,以传统的威亚装置实现身体的"飞"和"游",结合弹力索装置实现"荡"和"跃"。[4]由此,"鲤鱼跃龙门"的美好寓意和"鱼翔浅底"的自由灵动之美跃然眼前。编创者们以当代创作手法、多媒体技术、虚拟现实技术等拓展舞蹈的表现空间,创造出更加奇幻、震撼的视觉效果,传递出具有时代感和时尚感、兼具当下性和未来性的传统意趣,拓展了舞蹈艺术的表达边界。

(三)教育价值:助力国际中文教育与文化交流

"中文+舞蹈"模式将汉语学习与舞蹈艺术相结合,为学习者提供一种全新的沉浸式体验。通过舞蹈动作、节奏韵律以及舞蹈所蕴含的文化背景,帮助学习者更加生动、直观地感受汉语的魅力,理解博大精深的中华文化。例如,一些孔子学院和国际学校开设了交融中文教学的舞蹈课程,学生们在学习舞蹈动作的同时,认知与舞蹈相关的中文词汇、语句,了解中国舞蹈背后的历史故事、文化寓意,在轻松愉悦的氛围中提高了汉语水平,增强了对中华文化的兴趣和认同感。

近年来,由教育部中外语言交流合作中心和央视网共同打造的"中文星"线上活动引发了现象级传播,为国际中文教育的"出圈"开创了新模式,充分彰显了舞蹈在激发中文学习兴趣方面的独特魅力。中文四声调是学习中文过程中必须面对的重要一课,也是中文与其他语言在发音系统中最大的差异。主办方围绕这一"痛点"发起四声调舞蹈挑战赛,通过极富律动性且新鲜抓耳的音乐和魔性俏皮的舞蹈动作,让中文学习者了解四声调发声规律。在这场挑战赛中,参赛者以优美的舞步创意性演绎四声调的高低起伏,使抽象的语言学习变得生动有趣。这种充满趣味性和互动性的学习方式,打破了传统中文学习的枯燥模式,让学习者在轻松愉悦的氛围中感受中文魅力,从而激发了他们对中文学习的兴趣和热情。由此,探索更具文化深度和审美趣味的"中文+舞蹈"教育形式,是增进不同文化间的理解与沟通的有效途径。

四、"中文+舞蹈"的实践路径

中国舞蹈作为凝结着中国精神、中国价值的艺术形式,是中华优秀传统文化的重要组成部分,在跨文化交流中具有超越文化语言的独特优势,并以舞蹈艺术的独特魅力吸引了众多国际观众的目光,取得了显著的文化传播效果。"中文+舞蹈"的具体实践路径既需要立足本体、发挥优势,又需要借力互补、合力共赢,在双向赋能中实现最大效能。

（一）创新创作理念，打造精品作品

在"中文＋舞蹈"融合理念指导下开展舞蹈作品创作，需要进一步挖掘与中文元素、中华优秀传统文化元素相关的主题和内涵。同时，随着科技的飞速发展和社会的不断进步，人们的生活方式、价值观念和审美需求都发生了深刻变化。创作者需要关注时代热点，将现代科技、社会现象、人文精神等时代元素融入作品，使作品与当代社会和观众需求紧密相连，赋予作品新的内涵和生命力。

首先，在时下"科技＋"背景下，虚拟现实（VR）、增强现实（AR）、全息投影等技术正在被推广应用，着力为观众创造更加沉浸式的观演体验。一些舞蹈作品也利用了 VR 技术让观众身临其境地感受真实的舞蹈场景，与舞者"同场共舞"，增强观众与作品之间的互动性和参与感。例如，舞蹈《幻梦·敦煌》运用 AR 技术在舞台上虚拟出敦煌莫高窟的壁画和佛像，舞者们在虚实相生的舞台场景中翩翩起舞，仿佛穿越时空，将观众带入神秘的敦煌世界，沉浸式体验敦煌文化的魅力。

其次，关注当代社会问题和人文精神也是创新创作理念的重要方向。当代艺术创作需要体现当代人的共同关切这一主旨精神，事实上已成为当代舞蹈艺术家的共识。能够获得共鸣与认同的当代艺术作品，必然是与当代人有关的，与不同文化背景下共通的人性有关。[5]因此，创作者可以社会热点事件、人性情感等为主题，通过舞蹈和中文的结合，表达对社会现象的思考和对人性的关怀。以 2019 年在美国旧金山、西雅图上演并获得好评的中国民族舞剧《梁山伯与祝英台》来看，全剧以爱情与自由精神为主题，始于爱情但并不止于爱情：舞蹈表达的重点是祝英台与家庭、与旧时代女性身份的抗争，祝英台无疑是全剧当之无愧的大女主。[6]至此，女性的独立精神、个体意识的觉醒、人性的高尚等社会性话题作为舞剧的重点着墨之处，既体现了作品的创新性，凸显出鲜明的现代意识，也由此搭建了与世界对话的桥梁：以共同关切的当代命题来讲好中国故事，由情感互通推进文化理解，从而实现对中华优秀传统文化的创造性转化、创新性发展的现实意义。[7]

最后，在全球化背景下，不同国家和地区的舞蹈文化互通互鉴形式多样、内容丰富，创作者应扩大研究视野，积极学习和借鉴国际上先进的舞蹈创作理念和表现手法，同时突出中华文化特色，讲好中国故事，使作品在国际舞台上具有真正的竞争力和话语权。例如，舞剧《红楼梦》的国际版创作，在保留原著文化精髓的基础上，借鉴了西方舞剧的叙事方式和舞台表现手法，剧情更加紧凑、流畅，舞台视效更加多元。在舞蹈动作上，既保留了中国古典舞的典型姿态和风格韵味，又融入了现代舞的创新元素，使舞蹈语言更加富有活力和自由度。在音乐方面，采用了传统的民族音乐与现代音乐相结合的方式，既展现了中国传统文化的韵味，又符合国际观众的审美需求，在国际舞台上获得了广泛赞誉，有效地实现了以舞为媒，传播中华优秀传统文化。

（二）拓展传播渠道，提升传播影响力

充分利用新媒体平台，是拓展"中文＋舞蹈"传播渠道的重要举措。随着互联网技术的飞速发展，新媒体平台如网络视频平台、社交媒体、直播平台等，已成为文化传播的重要阵地。这些平台具有传播速度快、覆盖面广、互动性强等优势，能够为"中文＋舞蹈"的传播提供更广阔的空间和更多的可能性。

首先，在网络视频平台方面，应积极上传高质量的"中文＋舞蹈"作品视频，如舞剧片段、舞蹈作品、舞蹈教学视频等。这些舞蹈数字化资源不仅能够展示"中文＋舞蹈"的艺术魅力,还能为爱好者提供学习和欣赏的机会。一些舞蹈教学视频通过详细的动作讲解、示范及纠正,在帮助观者学习舞蹈表演技能的同时,也进行了相关中文词汇和文化知识的渗透。同时,为了提高视频的传播效果,还可以通过优化视频标题、标签、简介等方式,提高视频在平台上的搜索排名,增加视频的曝光度。

其次,社交媒体平台也是"中文＋舞蹈"传播的重要渠道。可以通过创建官方社交媒体账号,发布"中文＋舞蹈"的相关内容,如舞蹈表演片段、舞蹈文化鉴赏等吸引粉丝关注,并与粉丝进行互动交流。利用社交媒体平台的直播功能,进行"中文＋舞蹈"的现场直播,如舞蹈演出、教学直播、文化讲座、艺术活动、幕后花絮等,能够让观众实时感受"中文＋舞蹈"的魅力,增强观众的参与感和互动性。例如,舞蹈院团会在社交媒体平台上发布作品演出预告,以及作品的彩排过程、演员的日常训练等内容,让观众提前了解作品的创作背景、主创团队、表演内容等信息,零距离走进舞蹈创作和表演的台前幕后,并通过媒体见面会或网络直播与观众进行实时互动,促进信息的有效传播。

再次,国际文化交流活动同样为"中文＋舞蹈"的传播提供了重要平台。"中国文化节""欢乐春节""四海同春""丝绸之路国际艺术节"等文化项目频繁走出国门,走进海外公众的视野和生活。借助平台优势,打造"中文＋舞蹈"品牌系列活动,以优秀舞蹈作品、舞剧展演举办"中文＋舞蹈"专场演出;以优秀舞蹈教学课例为基础开展"中文＋舞蹈"艺术实践工作坊;以前沿性、交叉性、创新性的学术研究成果为内容开展"中文＋舞蹈"论坛;以优秀舞蹈纪录片、短片、舞蹈摄影摄像作品开展"中文＋舞蹈"文化展览及比赛活动等,在实践表演、艺术创作、学术研究、社会活动等不同维度、不同领域展示中国风采,传递中国文化,传播中国声音。

最后,邀请国外的舞蹈团体和艺术家来华交流合作,也是传播"中文＋舞蹈"的有效方式。随着我国舞团、舞者、舞剧作品在国际舞台上频繁亮相,中外舞蹈交流逐渐从单向度"走出去"发展为"双向奔赴"的深度合作,从访问演出到受邀参加国际艺术节、国际赛事、重大仪典,从"握手"到"牵手"再到"携手",互利共赢的合作模式进一步深化不同国家、地区的舞蹈艺术家和研究者的情感。"国之交在于民相亲",作为国际舞台上亮丽的文化名片,中国舞蹈不仅要"在思想、文化的交流交锋交融中"讲好中国故事,也要将"中国人民的所思所想、不懈追求和未来发展传达给世界"。通过积极的文化交流与情感沟通,推动构筑良好的国际交流与合作的外部环境。[1]

(三)丰富课程建设,加强人才培养

2018年全国教育大会后,国务院印发《国家职业教育改革实施方案》,"中文＋职业技能"教育被明确写入教育部等九部门2019年印发的《职业教育提质培优行动计划(2020—2023年)》。2022年5月1日起施行的新版《中华人民共和国职业教育法》提出"国家鼓励职业教育领域的对外交流与合作",也为"中文＋职业技能"教育的高质量发展提供了强有力的法律政策保障。[8]

在高等教育中,建设"中文＋舞蹈"相关专业或课程,整合中文教育、舞蹈艺术、文化传播等多学科的教学资源,构建系统的课程体系。在专业课程设置方面,应涵盖中文语言类课程,如现代汉语、古代汉语等,提升学生的中文语言能力。在舞蹈专业课程中,通过中国古典舞、中国民族民间舞、芭蕾舞、现代舞、舞蹈编导、舞蹈理论等,培养学生的舞蹈表演能力、舞蹈创作能力和美育鉴赏能力。在文化传播类课程中，通过跨文化交际、文化传播学、艺术管理等，使学生掌握文化艺术传播的理论和方法。此外，还需要针对高校教师开展"中文＋舞蹈"综合教学能力提升培训计划，内容涵盖"中文＋舞蹈"的理论建设、课程研发、产品设计、传播推广等。通过搭建访学平台、举办系列课程、开展学术讲座、实施教学观摩等活动，为教师提供进修提升的机会、合作交流的平台，鼓励教师开设"中文＋舞蹈"新型课程，促进教学创新和实践探索，提升教育教学质量。与此同时，培养具备跨学科知识和技能的专业人才是推动"中文＋舞蹈"持续发展的关键因素。这类人才不仅要精通舞蹈艺术、掌握扎实的舞蹈表演技能，还需要具备深厚的中文素养，包括流利的中文表达能力、对中文文化内涵的理解力以及基本的中文教学能力。同时，还需要培养专业外语能力、跨文化交际能力，以便在不同文化环境中有效开展"中文＋舞蹈"的教学、创作和传播工作。

五、结语

"中文＋舞蹈"作为一种具有鲜明的跨学科特征、实用性强且发展前景广阔的文化形式，具有开放的教育视野和多元的文化格局，能够更好地发挥中文和舞蹈服务社会的功能属性。在文化传播领域，随着全球化进程的加速和文化交流的日益频繁，"中文＋舞蹈"将成为中华优秀传统文化对外传播的重要载体，在促进不同文化间的理解与交流方面发挥更大作用。在国际中文传播领域，"中文＋舞蹈"将逐渐成为国际中文教育的重要组成部分，为全球中文学习者提供更加丰富、有趣的学习体验。随着"中文＋舞蹈"教学实践的不断深入和教学经验的积累，将开发出更加系统、科学的教学课程和教材，满足不同年龄阶段、不同语言水平学习者的需求。"中文＋舞蹈"将与国际中文教育的其他领域，如中文语言教学、中华文化体验等进行更加紧密的结合，形成全方位、多层次的教育体系，不断推动国际中文教育学科与事业多元发展的新格局。

参考文献

［1］王安妮,任姝维.中国舞蹈国际传播：时代使命、现实挑战与应对方略［J］.北京舞蹈学院学报,2024(3)：92－102.

［2］王熙,王阳文,陈蒨蒨,等.中国舞蹈经典作品巡礼［M］.北京：中国国际广播出版社,2023.

［3］张延杰.2021 舞蹈：跨界"破圈"中的身体舞动［J］.中国文艺评论,2022(2)：38－50.

［4］许锐,韩允清.不说话的春晚舞蹈,赢了！［N］.中国艺术报,2024－02－19(003).

［5］张延杰.陶身体剧场的当代舞蹈艺术特质和文化内涵［J］.中国文艺评论,2020(2)：65－74.

［6］韩轩.舞剧《梁山伯与祝英台》：重点不是传统爱情而在抗争［EB/OL］.(2024－01－15)［2025－05－20］.https://wenyi.gmw.cn/2024－01／15/content_37088480.htm.

［7］杨笑荷.跨文化传播视域下的中国古典舞作品创作——以《粉·墨》《梁山伯与祝英台》为例［J］.艺术教育,2024(12)：161－164.

［8］孟源,商若凡."中文＋职业技能"教育：发展脉络、现实挑战与路径选择［J］.中国职业技术教育,2022(29)：28－33.

"Chinese＋Dance": Connotation，Value and Practice Path

Yang Xiaohe

(The Department of Chinese Classical Dance, Beijing Dance Academy, Beijing 100081)

Abstract："Chinese＋dance", as an innovative and interdisciplinary education mode, can organically combine Chinese language elements with dance art, and achieve multiple goals of language learning, cultural communication and artistic aesthetic cultivation through specific artistic expression and teaching methods. The research shows that "Chinese＋dance" has the characteristics of blending and interaction, and has cultural, artistic and educational values. By innovating creative ideas, creating high-quality works, expanding communication channels, enhancing communication influence, enriching curriculum construction, and strengthening the specific practice path of talent training, we can achieve the maximum efficiency of the "Chinese＋dance" integration mode, thus forming a comprehensive and multi-level education system, and better play the functional attribute of Chinese and dance in serving the society.

Keywords："Chinese＋Dance"；Connotation；Value；Practice Path

【执行编辑：张雨晨】

语言治理现代化及其实践路径的思考(上)

摘　要:国家语言治理现代化就是以解决语言问题、消除语言贫困、提高资源效益、和谐语言生活、保障语言权利、提升语言活力、保护语言生态为直接目标,以追求并促进社会公平正义、增进并提高人民福祉为最终目标,以治理对象现代化、治理主体现代化、治理手段现代化和治理模式现代化为核心,通过观念更新、体系创新、技术用新等核心进路,不断提升国家语言治理效能的过程。治理客体的认定、治理方法的选择、治理模式的构建等最终都是治理主体的行为。因此,治理主体现代化是国家语言治理现代化的核心和关键。治理主体现代化包括领导者的现代化、主导者的现代化和参与者的现代化。

关键词:国家语言治理;国家语言治理现代化;实践路径;主体现代化

一、前言

2013 年 11 月,中国共产党第十八届三中全会通过《中共中央关于全面深化改革若干重大问题的决定》,明确全面深化改革的总目标是完善和发展中国特色社会主义制度,推进国家治理体系和治理能力现代化。其中的"国家治理体系和治理能力现代化"就是后来专家、学者一般所谓的"国家治理现代化"。"国家治理现代化"提出以来,各界学者对其进行了深入的研究和阐释,成果数量非常大。总体看,研究成果可以概括为两大方面:一是对概念的解读或界定,包括内向解读和外向解读。内向解读即从国家治理现代化的整体概念,或从国家治理体系和治理能力现代化两个子概念的角度对之进行解读;外向解读是将国家治理现代化与中国社会主义现代化、国家治理现代化的价值、国家治理现代化的伦理问题等结合起来进行解读。二是对实现路径的讨论。关于国家治理现代化路径的研究既有宏观的论述,也有针对治理主体、制度建设、法治德治、德法合治、数字治理等方面的微观考察。这些研究使国家治理现代化的概念逐渐清晰。

国家语言治理现代化是国家治理现代化的组成部分,也是国家治理现代化的领域路径之一。对国家语言治理现代化的讨论也必然涉及概念的界定和路径的讨论两个部分。其立论依

---

* **基金项目**:本文系国家语委"十四五"科研规划 2023 年度项目"汉字文化圈国家语言治理比较研究"(YB145-71)的研究成果。
　作者简介:王世凯,天津师范大学文学院教授,博士。研究方向:社会语言学、语法学。

据是国家治理现代化,同时需要结合语言和言语的属性及特点进行讨论。本文尝试在科学界定国家语言治理现代化的基础上,主要讨论国家语言治理现代化的主体现代化问题。

二、国家治理现代化与国家语言治理现代化

(一)有关国家治理现代化的几种认识

国内研究者对国家治理现代化的认识大同小异,切入点有宏观和微观之分。宏观的讨论侧重国家治理现代化的本质和内涵,微观的研究则关注中国式的国家治理、中国语境下的国家治理、新时代的国家治理等。

宏观的讨论主要包括三个视角:第一,治理形式演变观认为"国家治理现代化的本质就是指国家的治理形式从占有—掠夺型、统治—管理型向控制—协调型的转变过程"。[1]第二,治理体系和治理能力分论观认为"国家治理体系现代化"就是通过系列的制度安排和宏观顶层设计,使国家治理体系日趋系统完备、不断科学规范、愈加运行有效的过程,"治理能力现代化"就是将制度优势转化为治理效能的现代性能力不断获取并逐渐强化的过程。[2]第三,治理效能转化观认为:从国家治理现代化的核心标志角度考察,治理现代化最终体现为治理体系向治理效能的转化。总体来说,国家治理现代化都强调体系和能力两个维度,都关注体系的基础作用和能力的关键作用。

微观的研究主要有新时代国家治理现代化、中国语境下的国家治理现代化、中国式国家治理现代化和中国特色国家治理现代化等不同观点。"新时代国家治理现代化"的核心认识主要包括:重视体系和能力两个维度,认为"体系与能力的统一为新时代中国国家治理现代化提供了正确的方向、完整的框架、展开的空间以及治理绩效的充足保障",[3]将国家治理现代化归入社会主义现代化范畴,认为"国家治理现代化是在马克思主义国家学说指导和中国共产党领导下进行的社会主义国家治理现代化";[4]"中国语境下的国家治理现代化"的观点强调马克思主义学说的中国化,重视我国的历史、国情等语境要素,认为"国家治理现代化的内涵可以从两方面进行概括。其一是国家职能行使方式的现代化……其二,从目标的角度看,国家治理首先要以维护一定的'秩序'为前提"。[5]"中国式国家治理现代化"一说将中国式国家治理现代化纳入中国式现代化的范畴,认为中国式国家治理现代化是中国式现代化在国家治理领域的体现,并将其概括为历史逻辑、思想逻辑和实践逻辑等三重逻辑。[6]持"中国特色国家治理现代化"观点的专家、学者认为"中国特色国家治理现代化,是基于当前社会生产发展水平及社会主要矛盾新变化,以治理体系现代化为根基、以治理能力现代化为驱动力,以促进'党'、'国家'与'社会'的有机互动和融合为依托,以提升国家治理效能为旨归的国家治理理论与实践新创造"。[7]

(二)国家语言治理现代化

国家治理现代化是界定国家语言治理现代化的依据,科学界定"国家语言治理"则是讨论国家语言治理现代化的基础。"国家语言治理是国家治理的重要组成部分,是指以语言问题、语言贫困、语言资源、语言生活、语言权利、语言生态等语言治理问题为治理对象,由政党、政府、社会组织、个人等组成多元共治主体,采取强制、协商、教育、引导、政治、经济等多样化手段,通过法治与德治结合,立法、政策、规划、规范、标准结合,'政'(立法规范)与'策'(鼓励激励)结合的多层多元治理方式,依照党委领导、政府主导、民主协商、社会协同、公众参与、法治保障、德治先导、科技支撑的治理模式,管理语言事务,调控语言资源,以解决语言问题、消除语

言贫困、提高资源效益、和谐语言生活、保障语言权利、提升语言活力、保护语言生态，实现语言治理现代化的过程。"[8]本文依此并以国家治理现代化的相关论述为基础，讨论国家语言治理的现代化问题。

1. 国家语言治理现代化的目标

国家语言治理现代化的目标应该区分不同的层次，确定基本目标和最终目标两个相关目标。国家语言治理现代化的基本目标是"解决语言问题、消除语言贫困、提高资源效益、和谐语言生活、保障语言权利、提升语言活力、保护语言生态"。基本目标针对的都是与语言或语言生活直接相关的语言治理问题，其各项指标都指向国家语言治理现代化的最终目标。国家语言治理现代化的最终目标和国家治理现代化的最终目标一致。追求并促进社会公平正义、增进并提高人民福祉，保证"人民的幸福""人民对美好生活的向往"，也是国家语言治理现代化的最终目标。

2. 国家语言治理现代化的基本内容

讨论国家语言治理现代化的内容，我们既强调"两翼"的概括性，同时采用分列的办法，将国家语言治理现代化的内容区分为治理对象、治理主体、治理方式和治理模式的现代化等几个方面。

治理对象的现代化需要从不同的角度去理解。第一，时间性。现代化首先可以理解成一个时间范畴内的变化，不同的历史时期治理对象会有所区别。相对于礼制型、统治型、管理型阶段，治理型阶段应将语言问题、语言贫困、语言资源、语言生活、语言权利、语言生态等语言治理问题列为当代国家语言治理的主要对象。第二，主体性。治理对象的确定是主体认定的，主体的主观认知能力和判断能力影响国家语言治理对象的现代化。与"匡谬正俗""跟踪观""追认观""预测观"等不同，当前国家语言治理对象的现代化应将前馈和反馈结合起来，一方面结合国家语言治理需要并根据历史经验等确定治理对象，另一方面也要根据语言、语言生活的发展规律，科学预测将来可能出现的语言治理问题。

国家语言治理主体的现代化包括处于领导地位的政党、主导地位的政府，以及国家语言治理的参与者——学校、市场、社会组织和公民——三类主体的现代化。从国家语言治理的角度讲，领导者政党的现代化就是让政党根据变化了的形势和治理目标，不断进行自身建设，持续提高国家语言治理的领导力。主导者政府的现代化就是根据变化了的治理要素，优化结构、转变职能、提高效率，持续提升政府治理能力。对于国家语言治理的参与者来讲，就是不断提高各类组织及个体的执行能力和协调能力，在平行主体和垂直主体之间形成良好的互动关系。

国家语言治理方式的现代化就是要采取强制、协商、教育、引导、政治、经济等多样化手段相结合，法治与德治相结合，政策、规划、规范、标准相结合，"政"（立法规范）与"策"（鼓励激励）相结合的多层多元治理方式进行国家语言治理。治理方式现代化的四个"结合"既有平行关系，也有交叉关系，其中前三个结合互相交叉，而第四个结合与前三个结合之间更多的是平行的关系。

国家语言治理模式的现代化就是要依照党委领导、政府主导、民主协商、社会协同、公众参与、法治保障、德治先导、科技支撑的治理模式进行国家语言治理。这种治理模式实际上是对治理主体、治理方式等进行了科学安排，是国家语言治理的现代化模式。

3. 国家语言治理现代化的路径

国家语言治理现代化的实现主要有观念更新、体系创新、技术用新等三个核心进路。观念更新既包括对治理理念的认识,也包括对语言和语言生活理念的认知,归根结底是主体观念的更新,这是国家语言治理现代化中的关键问题,也是实现现代化的最重要的路径。体系创新包括治理主体体系、治理客体体系、治理方式体系、治理模式体系等方面的创新,这些方面的创新有助于直接提升治理能力,从而将各方面的优势转化为治理效能。而这些不同方面的创新又最终取决于主体观念的更新。技术用新是指在国家语言治理过程中充分利用先进的科学技术为治理服务,这虽然是辅助性的现代化路径,但科技赋能往往能够快速提高工作效率,提升治理效能。

简而言之,国家语言治理现代化就是以解决语言问题、消除语言贫困、提高资源效益、和谐语言生活、保障语言权利、提升语言活力、保护语言生态为直接目标,以追求并促进社会公平正义、增进并提高人民福祉为最终目标,以治理对象现代化、治理主体现代化、治理手段现代化和治理模式现代化为核心,通过观念更新、体系创新、技术用新等核心进路,不断提升国家语言治理效能的过程。

三、治理主体及其现代化问题

就国家语言治理的过程来讲,治理客体的认定、治理方法的选择、治理模式的选定等归根结底都是主体的行为,因此,治理主体现代化是国家语言治理现代化的核心和关键。抓住治理主体这个核心,治理客体、治理手段、治理模式等问题也就迎刃而解了。关于国家语言治理现代化的讨论,更多成果是基于历史比较的方式,将当前的主体建构现实与历史上的主体建构方式进行对比,以凸显当前主体建构的科学性和合理性,较少深入讨论主体建构的现代化问题。我们认为,可以从政党、政府和参与者主体三个层面分析国家语言治理主体的现代化问题。

(一)领导者政党及其现代化

中国共产党在国家语言治理中的领导者地位是历史决定的,是宪法规定的,是国家治理实践所证明的,也是未来国家语言治理的需要。作为国家语言治理的根本领导主体,中国共产党以核心领导者和根本推动力量的角色发挥着方向引领和顶层设计的作用,宪法和其他基本法、专门法中关于语言文字的论述直接规定或引领了国家语言治理的方向,为我国的国家语言治理做出了顶层设计。领导者在国家语言治理中的现代化,就是要坚持并强化中国共产党对国家语言治理的领导,要在国家语言治理的实践中不断巩固并提升中国共产党的领导能力,要将中国共产党的领导优势不断转化为国家语言治理的效能。

1. 坚持并强化中国共产党的领导

作为国家治理组成部分的国家语言治理必须将所有治理工作纳入党的领导之下,将党的领导作为国家语言治理工作的基本原则。首先,国家语言治理现代化工作必须坚持党的领导。坚持党的领导既是历史证明正确的选择,也是当前国家语言治理现代化的需要。中国共产党历来重视语言文字工作,在党的领导下,我国的语言文字工作也取得了令人瞩目的成绩。例如推广普通话和规范汉字的工作使多语多言的语情环境中有了通用语言文字,这对教育教学的发展、群众语言文化水平的提高、多元文化的传承和保护都起到了积极的作用。在党的领导下,我国的方言文化得到了保护,语言生态呈现和谐共生态势,人民的语言权利得到了保障,语言生活呈现多样化态势。随着语言资源观、语言经济观等观念的出现，语言红利不断涌现，语言呈现出越来越明显的活力。语言文字工作的这些成绩都是在党的领导下取得的，因此，国家语言治理现代化工作必须坚持党的领导。其次，国家语言治理现代化工作必须强化党的领导。国家语言治理现代化强化党的领导可以从如下几个方面考察：第一，强化党在现有语言文字工作部门的核心领导和顶层设计作用。我国国内语言事务的治理机构形成了国家和地方两个层面构成的国家、省、市、县四级自上而下联动的语言文字机构体系。[9]在这些语言文字工作部门，应该进一步强化党的核心领导作用，充分发挥党的顶层设计作用。第二，延伸建设语言文字工作基层机构，强化党的核心领导和顶层设计作用。在目前已经建成的四级行政机构（即国家级，省/自治区/直辖市级，地/市级，县级）的基础上，建议在消除地县两级的机构设置盲点之外，尽可能将语言治理工作机构继续下行设置，可以考虑与国家目前实行的扶贫等各类工作相结合，使国家语言治理工作延伸至基层，进一步强化党的领导和设计作用。第三，设置专职工作人员，强化管理和治理工作。从省、市、县三级设置来看，虽然部分省、市、县设置了专门机构，但仍有很多机构是与其他机构合署办公的，而且很多机构是没有专职工作人员负责语言文字治理工作的，这在很大程度上降低了国家语言治理的效能。因此，我们建议在条件成熟或亟需的地区、部门配备专职的语言文字治理工作人员，并形成可复制、可推广的经验、模式，逐步推广到更多的地区、更大的范围。

2. 巩固并提升党的核心领导和顶层设计能力

巩固并提升党在国家语言治理中的核心领导和顶层设计能力，首先，要维护党在国家语言文字事业中的核心领导地位。中国共产党领导中国的语言文字事业取得了巨大的成就，这奠定了党在语言文字事业中的绝对的领导地位。新时代，语言文字事业面临新形势，同时也面临着大变局，在这样的大背景下全面实现国家语言文字治理的现代化，坚持党的领导至关重要。其次，要不断加强党的执政能力建设，稳步推进国家语言治理现代化。党的执政能力建设和国家语言治理现代化水平密不可分，党的执政能力直接关系到国家语言治理的效能。加强党的执政能力建设一方面要强化理论学习，使党员和党的整体理论水平能够得以持续提升，执政能力得以不断加强。同时，就国家语言治理来讲，语言和语言学的基础理论也应该成为理论学习的内容之一，至少实施国家语言治理的主体应该基本掌握语言和语言学的基础理论，并在尊重规律的前提下科学实施治理。另外，可以考虑在国家语言文字工作机构和部门设置特定编制、岗位和相应的准入条件、制度，通过科学考核将既懂得管理，又熟悉语言学基础理论，有志于创新发展我国语言文字事业的人员充实到国家语言治理工作中来。最后，要逐步建立健全党在国家语言文字治理工作中的领导制度体系。一方面要通畅信息传递渠道，提升信息上传下达效率，通过科学改革，建设扁平化的组织机构；另一方面，要优化构建高效的监察与监督机制，完善内部监察监督职能，进而提升国家语言治理效能，巩固党在国家语言治理现代化中的核心领导力和顶层决策能力。

3. 加速转化党的领导优势为国家语言治理效能

中国共产党的五大独特优势，包括理论优势、政治优势、组织优势、制度优势和密切联系群众的优势，本身就蕴含着巨大的治理潜能。在国家语言治理中充分发挥党的领导优势必然也能转化为治理效能，同时反馈于党的自身建设，从而形成国家语言文字治理与党的自身建设同步提升的良性循环。

（二）主导者政府及其现代化

国家语言治理主导者的现代化就是政府观念和执行理念的现代化。我们认为,作为国家语言治理主导者的各级政府机关应该坚持贯彻中国共产党的国家语言治理思想,坚持以法治思想为指导进行国家语言治理,坚持秉承服务型政府的思想开展国家语言治理工作,同时加强政府自身建设,提高执行能力,提升治理效能。

1. 坚持贯彻中国共产党的国家语言治理思想

历史证明,只有坚决贯彻中国共产党的国家语言治理思想才能保证国家语言文字事业有序发展、不断进步。不论是中华人民共和国成立后做出的推广普通话、推行汉语拼音方案的决策,还是关于语言文字工作的立法工作,党关于语言文字工作的治理思想和治理理念都得到了坚决的贯彻,也在后续的语言文字事业中产生了积极的影响。仅就推广普通话、推行汉语拼音方案等来看,政府及时准确地贯彻了党的治理思想和理念,使我国的语言文字事业得到了长足的发展。2021 年 11 月 30 日国务院办公厅发布《国务院办公厅关于全面加强新时代语言文字工作的意见》(国办发〔2020〕30 号),其"指导思想"中明确,"以习近平新时代中国特色社会主义思想为指导,全面贯彻党的十九大和十九届二中、三中、四中全会精神",显然是坚持贯彻了党的治理思想和理念,这也必然会在新时代的语言文字事业中产生积极的影响。

2. 以法治思想为指导进行国家语言治理

以法治思想为指导进行国家语言治理就是要尽快推进法治政府建设。"法治政府建设是习近平法治思想的重要内容之一,是全面依法治国的重点任务和主体工程。"[10]我国的宪法和语言文字专门法等为语言文字工作依法行政提供了法律依据,为以法治思想为指导进行国家语言治理提供了法律基础,依法治理语言文字问题具有了可能性和可行性。在这样的背景下,国家语言治理主导者必须以法治思想为基础开展工作,尽快实现法治思想视角的国家语言治理现代化。

3. 秉承服务型政府思想开展国家语言治理

我国服务型政府的概念经历了从"服务型政府"到"人民满意的服务型政府"的变化和提升。[11]2005 年时任国务院总理温家宝在《政府工作报告》中明确提出"要努力建设服务型政府",2006 年建设服务型政府首次写入党的重要文件——《中共中央关于构建社会主义和谐社会若干重大问题的决定》。2012 年,党的十八大报告将建设"服务型政府"首次上升为建设"人民满意的服务型政府"。2017 年,党的十九大报告再次强调要建设"人民满意的服务型政府",进而对政府改革提出了新的更高的要求。服务型政府的一个典型特征就是人民性,因此,政府主导国家语言治理必须本着"为人民服务"的宗旨展开。国家语言治理现代化,需要政府积极完善自身建设,秉承服务型政府的思想主导国家语言治理工作科学、高效进行。

（三）参与者主体及其现代化

在讨论国家语言治理主体时,我们将领导者、主导者之外的主体均归入参与者角色,主要包括学校、市场、社会组织和公民四种类型。我国教育体系中的各级各类学校都是国家语言治理的重要参与者、执行者。因为市场与公民之间存在密不可分的关系,使得市场成为国家语言治理中不可忽视的重要参与者。社会组织是有别于党政机关、人民团体、事业单位、公司企业、基层群众自治组织的独立部门,在国家语言治理中发挥着重要的作用,也是国家语言治理的重要参与者。公民是最广泛的国家语言治理的参与者,也是角色最复杂的主体,不同的群体以不同的角色参与国家语言治理。实际上，参与者角色的"参与"并非只有被动执行的一面，还有积极参与国家语言治理的一面。参与者角色既需要按照领导者的意图、主导者的要求践行国家语言治理，也需要在国家语言治理中发挥主观能动性和创造性，积极参与到为领导者、主导者提供治理建议的实践中去，成为国家语言治理的推动者。

1. 学校与国家语言治理的现代化

学校层面的国家语言治理现代化与学校治理现代化不能画等号，但可以将学校层面国家语言治理的现代化纳入学校治理现代化的范畴。关于学校治理，目前讨论最多的还是高校/大学治理。常亮基于对 20 余所高校的调查表明，"受历史和现实诸多因素影响，当前高校在治理体系和治理能力现代化改革进程中仍存在一些问题和矛盾"。[12] 治理体系方面，教育机制体制还没有完全适应经济体制的改革，政府与高校之间的权力分配尚未完全明确，高校内部还没有形成完善的法律保障体系，有些高校议事决策的科学机制尚不成熟。治理能力方面，治校理念现代化程度相对不高，领导者治理理念陈旧，依法治校的意识有待加强，工作人员服务意识较弱、服务方式方法单一，谋事干事的创新性、主动性不够。这在一定程度上反映了高校治理现代化中存在的问题。这些问题在高校实施国家语言治理中同样存在，一定程度上影响了学校层面的国家语言治理现代化。推而广之，我们将学校国家语言治理放到整个教育体系内考察，其现代化的实现应该关注如下几个问题。

1）加强学校层面国家语言治理中党的领导

我国教育体系中的各级各类学校都是国家语言治理的重要参与者、执行者，各级各类学校的国家语言治理都应该也必须强调和强化党的领导。以高校为例。"中国特色社会主义大学治理的最大优势是制度优势，即党委领导下的校长负责制。高校知识密集、思想活跃、人才聚集，只有贯彻执行好党委领导下的校长负责制，才能强有力地推进思想的统一和步调的一致，才能协调运筹校内外各方力量，发挥高校人才优势、技术优势、创新优势，保证党对高校工作的领导权，进而集中力量推进治理体系和治理能力的现代化。"[12] 与之同理，高校，包括各级各类学校的国家语言治理当然也必须坚持和强化党的领导，将党的制度优势转化为国家语言治理效能。当前，我国的各级各类学校都建立了党委、总支、支部，必须发挥党在各级各类学校中的坚强的领导作用，积极推动学校层面的国家语言治理现代化。

2）关注学校层面国家语言治理的系统性

我国的教育体系按照学生年龄以及提供的教育类型，可以划分为基础教育和高等教育两大类。基础教育包括学前教育、小学教育和中学教育。高等教育包括大专院校、本科院校和研究生院。学校层面的国家语言治理需要关注不同类型学校之间的连续性，这与语言习得和语言学习密切相关，也是国家语言治理现代化的需求。语言学习或习得，以及语言能力的养成和提高是一个循序渐进的过程，需要持续训练和培养，这需要学校层面的国家语言治理关注不同类型学校之间的接续性，以保证国家语言治理的连续性。《国务院办公厅关于全面加强新时代语言文字工作的意见》（国办发〔2020〕30 号）明确要求坚定不移推广及国家通用语言文字，"（五）坚持学校作为国家通用语言文字教育基础阵地。加强学校语言文字工作，全面落实国家通用语言文字作为教育教学基本用语用字的法定要求。坚持把语言文字规范化要求纳入学校、教师、学生管理和教育教学、评估评价等各个环节，开展学校语言文字工作达标建设。建立完善学生语言文字应用能力监测和评价标准。大力提高教师国家通用语言文字核心素养和教学能力。加强教材建设,确保国家通用语言文字规范标准的贯彻落实。建设书香校园,提高学生国家通用语言文字听说读写能力和语文素养。除国家另有规定外,学位论文应当使用国家通用语言文字撰写。(六)全面加强民族地区国家通用语言文字教育。在民族地区中小学推行三科统编教材并达到全覆盖,深入推进国家通用语言文字授课,确保少数民族初中毕业生基本掌握和使用国家通用语言文字、少数民族高中毕业生熟练掌握和使用国家通用语言文字。严把教师准入关,民族地区少数民族教师资格申请人普通话水平应至少达到三级甲等标准,并逐步达到二级乙等以上标准。加强民族地区教师国家通用语言文字教育教学能力培训。加强学前儿童普通话教育,学前学会普通话。开展'职业技能＋普通话'能力提升培训,提高民族地区青壮年劳动力的普通话应用水平"。[13]这一方面充分体现了学校层面国家语言治理的系统性内在要求,也对这个层面上国家语言治理的现代化提出了具体要求。各级各类学校应该尊重语言发展规律、语言习得和学习规律,按照相关要求积极推动工作进步,促进国家语言治理现代化。

　　3)重视并强化学校层面的国家语言治理职能

　　"学校职能是指学校在社会分工中所承担的专门职责……我国教育理论家鲁洁认为,学校的主要职能是培养人。"[14]《中华人民共和国教育法(2021修正)》第五条明确,"教育必须为社会主义现代化建设服务、为人民服务,必须与生产劳动和社会实践相结合,培养德智体美劳全面发展的社会主义建设者和接班人";第十二条明确,"国家通用语言文字为学校及其他教育机构的基本教育教学语言文字,学校及其他教育机构应当使用国家通用语言文字进行教育教学。民族自治地方以少数民族学生为主的学校及其他教育机构,从实际出发,使用国家通用语言文字和本民族或者当地民族通用的语言文字实施双语教育"。[15]这也就是说,学校天然地肩负着国家语言治理的职能,一方面体现在语言教育及语言治理教育上,另一方面也体现在与语言治理相关的职能设计上。但就目前的情况看,各级各类学校的国家语言治理职能并不突出。2022年11月18日教育部和国家语委为贯彻落实党的二十大精神,深入贯彻《国务院办公厅关于全面加强新时代语言文字工作的意见》,进一步加强高等学校语言文字工作,充分发挥高等学校在服务国家通用语言文字高质量推广普及中的作用,联合发布《教育部 国家语委关于加强高等学校服务国家通用语言文字高质量推广普及的若干意见》(教语用〔2022〕2号)(以下简称《意见》)。《意见》要求全面加强国家通用语言文字教育教学,培养学生语言文字应用能力、自觉规范使用国家通用语言文字的意识、自觉传承弘扬中华优秀语言文化的意识,将"一种能力两种意识"纳入学校人才培养方案,明确语言文字应用能力及标准并纳入毕业要求,促进语言文字规范使用,加强语言政策和语言国情教育,强化语言文明教育,加大普通话培训测试力度;提升教师语言文字教育教学能力,提升教师对党和国家语言文字方针政策及相关法律法规、规范标准的认知度和熟悉度,落实国家关于高校教师任职资格的普通话等级要求,将参与推广普及国家通用语言文字作为教师社会服务考核的重要内容,分层分类开展培训,提升教师队伍语言文化素养;加强学校语言文字规范化和校园文化环境建设,将语言文字规范化要求纳入课堂教学质量监控、教材审查和学位论文抽检范围,加快推进学校语言文字工作达标建设,将语言文字规范化建设纳入文明校园创建内容。为实现上述治理目标,《意见》明确要求要创新高校语言文字工作体制机制,强化组织领导、推进队伍建设、加强制度保障。上述工作体现的就是学校的语言文字治理职能,各级各类学校,尤其是高校应该按照要求,强调并强化学校的国家语言治理职能,加速助推实现国家语言治理现代化。

2. 国家语言治理中市场治理的现代化

国家语言治理中市场治理的现代化可以从两个角度理解:一是市场作为国家语言治理的一个领域,其治理如何实现现代化;二是市场作为国家语言治理的一种手段,其如何实现现代化。

将市场作为国家语言治理的一个领域,其治理的现代化首先是要增强发现治理问题的能力。任何国家语言治理行为都是针对特定治理问题展开的,治理行为的发生要以治理问题的存在和被发现为前提。《中华人民共和国广告法(2021 修正)》列举了直接涉及语言治理的 11 种违法现象。从国家语言治理的角度看,这就是已经发现的 11 类语言治理问题。随着我国经济快速发展,市场划分越来越细,尤其是新兴市场不断出现,其中存在的语言治理问题也会越来越多,或者越来越隐蔽。及时发现并确定新出现的语言治理问题就在一定程度上决定了语言治理现代化的进程。例如,随着自媒体技术的发展,一些以营利为目的的自媒体领域开始出现诸如语言暴力、语言陷阱等语言生活问题,这其中有一部分显然已经构成了语言治理问题,应该纳入治理范围。其次,要不断完善市场领域国家语言治理的法律法规建设,使该领域的国家语言治理有法可依、有章可循。我国的根本法、基本法是发现国家语言治理问题的依据,但由于其宏观性很高或者领域性很强,很难对某个具体领域的语言治理问题进行详细说明。这就要求出台针对市场领域语言治理的相应的法律法规或规章制度。《中华人民共和国广告法(2021 修正)》就是其中的一个经典案例。但随着我国经济、社会以及科技的快速发展,市场划分可能会越来越精细,面临的国家语言治理问题也会越来越复杂,这就需要根据变化了的形势制定相应的法律法规,以使国家语言治理有法可依、有章可循。

将市场作为国家语言治理的一种手段就是语言治理的市场化手段,这也是促进国家语言治理中市场治理现代化的有效途径。在遵循社会主义市场经济发展规律的前提下,充分发挥语言治理的市场化手段,也必将有利于实现国家语言治理的现代化。

3. 国家语言治理中社会组织治理的现代化

与国家语言治理直接密切相关的社会组织在国家语言治理中发挥着重要的作用,其中最典型的包括语言学科学术团体和政府部门主导建立的语言类平台基地。语言学科学术团体在提供智力支持、培养学术骨干、执行方针政策等方面发挥了不可忽视的作用。政府部门主导共建的各类语言平台基地为国家语言政策制定等提供了数据支撑和智力支持,在国家通用语言文字推广普及、中华优秀语言文化传承发展、语言文字咨政研究等方面发挥着示范、引领、辐射作用。这些社会组织的现代化将有力促进国家语言治理的现代化。

1)增强治理意识和服务意识

语言学科学术团体和各类语言平台基地的建设目的主要有两个:一是出于学术研究的需要,例如部分学术团体以及各类语料库等;二是出于服务的需要,如语言资源监测与研究中心等。事实上,对于这些团体和平台来讲,很难将两种目的完全割裂开来,或者说,所有类型的语言研究最终都要为国家语言治理服务,只不过有些研究是自觉的,而有些研究是不自觉地发挥了服务作用。国家语言治理中社会组织治理的现代化需要各种学术团体和各类平台增强治理意识和服务意识,将研究成果及时转化为治理效能,为国家语言治理服务。

2）强化总体规划和统一指导

近年来,学术团体和平台基地建设步伐加快,这在很大程度上起到了服务国家语言治理的作用。但是也有一种现象需要关注,就是团体和平台出现了重复建设、交叉建设等一类问题。以学会为例。有些一级学会之下建设了数量众多的二级学会,不仅出现了同一个一级学会之下的二级学会功能交叉的问题,而且出现了不同的一级学会之下重复建设相同二级学会的问题。这在很大程度上浪费了国家语言治理的资源。这种重复和交叉建设不仅不能提高研究效率和国家治理效能,反而在一定程度上影响了各类资源服务国家语言治理。鉴于这种情况,我们建议:第一,组织充分的调研,根据不同的建设目标和学会的各自优势,统筹建设一、二级学会,对不同学会的功能做出科学界定,避免重复建设和交叉建设;第二,对各类学术团体和平台基地进行统一指导,使不同团体和平台基地之间实现优势互补,从而整体提高研究能力、服务能力,共同为国家语言治理服务。

3）推动地域和领域全面覆盖

我国目前建设了大量的学术团体和平台基地,这为学术研究、语言治理作出了很大的贡献。但从这些社会组织的地域和领域覆盖来看,还存在过于集中的问题,表现在地域覆盖、领域覆盖不够全面。这在一定程度上影响了它们服务国家语言治理的效果。鉴于这样的问题,我们建议:第一,学术团体的建设,包括其分支机构的建设、会员的吸纳以及领导机构建设等,要充分考虑地域、领域平衡问题,使之能够及时服务不同地区、不同领域的国家语言治理;第二,政府与地方(高校)共建平台基地,建议充分考虑领域需要和地域需求,争取在领域内实现全面覆盖,在地域上做到尽量均衡;第三,学术团体和平台基地的资源在可能的前提下尽量做到开放共享,从而实现共建、共享,以达到共治的目标,最大化发挥服务国家语言治理的作用。

4. 国家语言治理中公民治理的现代化

公民是最广泛的国家语言治理的参与者,也是角色最复杂的主体,不同的群体以不同的角色参与国家语言治理。公民中的知名人士往往会在国家语言治理中起到引领作用,公民中的权威学者在国家语言治理中既充当重要的智库角色,也是语言治理的积极践行者和推动者。普通大众是国家语言治理最广泛的群体,既是国家语言治理的治理对象,也是国家语言治理的服务对象。国家语言治理中公民治理的现代化可以考虑从两个方面着手:一是不断提升公民的治理意识,使之积极投身到消除语言问题、摆脱语言贫困、保护语言生态、提升资源效益等治理实践中来;二是充分发挥公民在国家语言治理中的主观能动性,为国家语言治理提供智力支持。

培养提升公民的国家语言治理意识有两层含义:第一,公民作为国家语言治理的服务对象,应该及时了解党和国家关于国家语言治理的大政方针,并积极投身到党和国家所实施的语言治理活动中;第二,公民作为治理主体,也应该积极参与家庭语言管理、社区语言治理等活动,为国家语言治理的发展进步作出贡献。公民是最广泛的国家语言治理的参与者,公民中的知名人士、权威学者在国家语言治理中既是服务对象,也充当着重要的智库角色。充分挖掘这些主体的积极性、创造性和能动性,就可能为国家语言治理提供源源不断的智力支持,从而加快国家语言治理的现代化进程。

四、结论

国家语言治理现代化就是以解决语言问题、消除语言贫困、提高资源效益、和谐语言生活、保障语言权利、提升语言活力、保护语言生态为直接目标,以追求并促进社会公平正义、增进并提高人民福祉为最终目标,以治理对象现代化、治理主体现代化、治理方式现代化和治理模式现代化为核心,通过观念更新、体系创新、技术用新等核心进路,不断提升国家语言治理效能的过程。

就国家语言治理的过程来讲,治理客体的认定、治理方法的选择、治理模式的构建等归根结底都是治理主体的行为。因此,治理主体现代化是核心和关键,抓住治理主体这个核心,治理客体、治理方法、治理模式等问题也就迎刃而解了。

中国共产党在国家语言治理中的领导者地位是历史决定的,是宪法规定的,是国家治理实践所证明的,也是未来国家语言治理的需要。领导者在国家语言治理中的现代化就是要坚持并强化中国共产党对国家语言治理的领导,要在国家语言治理的实践中不断巩固并提升中国共产党的领导能力,要将中国共产党的领导优势不断转化为国家语言治理的效能。国家语言治理主导者的现代化就是政府观念和执行理念的现代化,各级政府机关应该坚持贯彻中国共产党的国家语言治理思想,坚持以法治思想为指导,秉承服务型政府的思想,加强政府自身建设,提高执行能力,提升语言治理效能。参与者主体既需要按照领导者的意图、主导者的要求践行国家语言治理,也需要在国家语言治理中发挥主观能动性和创造性,成为国家语言治理的推动者。

参考文献

[1] 戴长征,程盈琪.国家治理现代化的理论定位和实现路径——以国家与社会关系为中心[J].吉林大学社会科学学报,2018(4):116-129.

[2] 徐奉臻.从两个图谱看国家治理体系和治理能力现代化[J].人民论坛,2020(1):68-70.

[3] 刘建军.体系与能力:国家治理现代化的二重维度[J].行政论坛,2020(4):25-33.

[4] 卜建华.国家治理现代化的内在特质[J].山东师范大学学报(社会科学版),2020(6):62-69.

[5] 张澍军,郭勇.中国话语语境下国家治理现代化内涵探析[J].东北师大学报(哲学社会科学版),2023(6):15-19+50.

[6] 丁志刚,熊凯.中国式国家治理现代化的三重逻辑分析[J].中南大学学报(社会科学版),2023(5):162-174.

[7] 赵中源,黄罡,邹宏如.国家治理现代化的内在理性、变革逻辑与实践形态[J].政治学研究,2022(1):106-116.

[8] 王世凯.论国家语言治理[J].克拉玛依学刊,2022(4):3-9.

[9] 文秋芳.国家语言治理能力建设70年:回顾与展望[J].云南师范大学学报(哲学社会科学版),2019(5):30-40.

[10] 李富莹.深入把握和推进法治政府建设[J].红旗文稿,2021(13):19-22.

[11] 耿亚东.从服务型政府到人民满意的服务型政府——服务型政府20年发展研究述评[J].内蒙古大学学报(哲学社会科学版),2021(2):14-23.

[12] 常亮.高校治理体系与治理能力现代化路径[J].西部素质教育,2023(24):154-157.

[13] 国务院办公厅关于全面加强新时代语言文字工作的意见[EB/OL].[2021-11-30][2025-04-19].https://www.gov.cn/zhengce/content/2021-11/30/content_5654985.htm.

[14] 刘启艳.对学校职能的几点认识[J].贵阳学院学报(社会科学版),1996(3):72-75.

[15] 中华人民共和国教育法[EB/OL].[2021-04-29][2025-04-19].http://www.moe.gov.cn/jyb_sjzl/sjzl_zcfg/zcfg_jyfl/202107/t20210730_547843.html.

Reflections on the Modernization of National Language Governance and Its Practical Path (I)

Wang Shikai

(College of Literature, Tianjin Normal University, Tianjin 300387)

Abstract: Modernization of national language governance aims at solving language problems, eliminating language poverty, improving resource efficiency, harmonizing language life, guaranteeing language rights, enhancing language vitality and protecting language ecology. The ultimate goal is to pursue and promote social fairness and justice, enhance and improve people's well being. It takes modernization of governance object, governance subject, governance means and governance mode as the core. Through core approaches such as concept renewal, system innovation and new technology application, the efficiency of national language governance is continuously improved. The identification of governance objects, the choice of governance methods and the construction of governance models are ultimately the behaviors of governance subjects. Therefore, the modernization of governance subject is the core and key to the modernization of national language governance. Modernization of governance subject includes modernization of leaders, initiators and participants.

Keywords: National Language Governance; Modernization of National Language Governance; Practical Path; Subject Modernization

【执行编辑:樊子湘】

语言治理的概念迷思、实践困境与纾解路径*

方小兵

（南京大学中国语言战略研究中心，江苏 南京 210023）

摘　要：学界对语言治理概念进行了多种界定，并重点讨论了与语言管理之间的区别，认为语言治理具有问题驱动、动态性、去行政化、协商式解决、多主体参与等特征，其理论价值主要体现在通过话语规划构建价值共识，实现源头治理，以在地化的适应性动态治理，重构语言政策的合法性基础。然而，其概念来源的多元性导致逻辑一致性缺失，其实践应用面临效率低下、责任分散、刚柔失衡等问题。纾解路径在于吸收语言管理理论的优势，倡导自组织的言语社区治理观，将其视作语言规划的具体方式，而非升级替代，并从理念、法律、社会和技术维度建构理论模型。

关键词：语言治理；语言管理；治理术；全球治理；语言规划

国外关于语言治理的专门性研究最早可追溯到沃尔什（Walsh）关于爱尔兰语言立法的研究。[1]爱尔兰在 2003 年颁布《官方语言法》，并由语言专员办公室监督实施，但至今全国仅有 1.8％的人在教育系统外使用爱尔兰语。作者认为语言规划之所以失灵，根本原因在于自上而下的语言政策仅重视中小学校的爱尔兰语言教育，未将全方位的治理模式（governance）融入政策框架，忽视了对大众语言意识形态的引导，缺乏公民、社会与政府之间的互动。作者倡导"多主体"（agents）、"能动性"（agency）、"参与式互动"（participatory interaction）和"协商式解决"（deliberative resolution）的语言治理模式。

近些年，国内学界不约而同对"语言治理"概念表现出浓厚兴趣，认为"语言治理"扩展了"语言管理"概念框架，是一种自下而上的、社会多元主体参与的语言规划模式，呼应了国家促进治理体系和治理能力现代化的要求，是语言规划理论的新视角、新进展。有学者甚至提出用"语言治理"来取代"语言管理"和"语言规划"概念。

本文尝试回答以下几个问题：当前关于语言治理的研究是否存在概念迷思？语言治理模式在实践中有哪些优势和不足之处？语言治理是否超越了语言管理，甚至能够取代语言规划概念？为此，文章将首先讨论语言治理的概念内涵、理论价值和实践意义，然后指出语言治理概念面临的理论缺陷、实践应用困境，最后从三个方面提出纾解路径。

＊　**基金项目**：本文系国家社科基金重点项目"联合国语言政策的历史演进与当代实践研究"（23AYY015）、国家语委"新文科背景下的语言学学科建设研究"（ZDA145-7）和"联合国语言政策 80 年演进与启示"（ZDI145-89）的阶段性成果。
　　作者简介：方小兵，南京大学文学院教授。研究方向：语言规划学、社会语言学、术语学。

一、何为"语言治理"？

（一）概念内涵

不同学者从不同角度对语言治理进行了定义。张治国认为，语言治理是指社会行为主体的权威人物或机构对所辖领域的语言现象"予以研究、规划、指导和管理的过程，其核心还是语言政策或语言管理条则的制定与实施"。[2]该定义强调了语言治理的过程性和主体权威性。

王春辉认为语言治理是指"政府、社会组织、企事业单位、社区以及个人等多种主体通过平等的合作、对话、协商、沟通等方式，依法对语言事务、语言组织和语言生活进行引导和规范，最终实现公共事务有效处理、公共利益最大化的过程"。[3]这一定义突出了语言治理多元主体和注重效果的特征。张日培指出语言治理需"自上而下"与"自下而上"结合，体现多元主体的互动性。[4]

沈骑、康铭浩认为语言治理是"政府与社会为了共同价值，多方互动、参与和合作，共同推动语言的演化和发展来实现社会有序发展的努力与追求"。[5]王世凯认为，语言治理是"由政党、政府、社会组织、个人等组成多元共治主体，采取多种治理手段，通过多层多元治理方式，依照科学治理模式，管理语言事务、调控语言资源的过程"。在"多元"基础上增加了"多层"，在政府基础上增加了"政党"。[6]

不同学者对语言治理的定义虽各有侧重，但其核心特征可归纳为四个维度：首先，治理主体呈现多元共治特性，强调多边协作机制；其次，治理模式突破传统线性管理，转向动态演进的系统性管治；再次，治理手段既要考虑制度刚性，又要满足协商柔性，必然呈现内部张力；最后，治理导向聚焦现实问题破解与实施效能提升，构建以效果为标尺的实践路径。

（二）概念价值

语言治理概念具有以下三个方面的理论与实践价值。

第一，理论范式革新。语言治理范式重构了语言政策的合法性基础，该危机集中表现为三重结构性矛盾：其一，价值认同危机，体现为对政策必要性、效率性及合理性的质疑；其二，权威认同危机，表现为政策客体对制度性权威的解构性消解与象征性遵从，质疑政策的权威性；其三，实践效能危机，反映在政策执行中的选择性落实与隐性抵制，导致政策目标悬浮化。语言治理理念旨在通过多元主体协作机制化解上述危机，提升语言政策的合法性。

第二，治理机制创新。语言治理通过话语规划（discourse planning）替代强制干预，运用媒体叙事与公共话语协商构建价值共识，通过日常语言生活的观念引导实现源头治理。这种治理机制创新使语言政策从刚性赋权转向柔性认同，形成"共识凝聚—自主执行—效能反馈"的良性闭环。

第三，实践范式突破。相较于传统语言规划的静态管理模式，语言治理集成动态语言舆情预警、分歧治理缓冲带和弹性政策工具，在推普与护方、规范化与多样性等张力场域中，通过协商式治理平衡公共利益与群体诉求，提升了对语言生态变迁的适应性治理能力。

（三）语言治理的机制与工具

语言治理是一项复杂且动态的系统工程，其有效实现依赖于一系列相互关联、协同作用的机制和具体工具，并需要政府、智库、民众、企业等多元主体的共同参与。为了更清晰地理解这一过程，需要区分"机制"和"工具"的概念。

机制是构成语言治理体系的结构性框架、运行模式和制度安排,是实现治理目标的系统性保障。主要包括:(1)政策法规机制。这是语言治理的基础,具有强制约束力。(2)机构协调机制。语言治理需要明确的部门分工与协同配合。专门机构(如语言委员会、文化教育部门)负责语言事务管理,并通过跨部门协作机制整合资源。此外,独立的语言研究机构和术语标准化组织等提供智力和技术支持。(3)规划与评估机制。语言治理是一个长期过程,需要科学规划明确目标、步骤和资源配置,并建立评估机制以衡量效果、及时调整。

工具则是在这些机制框架下,用于执行具体任务、解决特定问题的手段、资源或技术应用,主要包括:(1)推广与教育工具。旨在提升全社会的语言意识和能力,涵盖学校语言课程设置、师资培训、公众语言规范宣传、媒体推广、文化活动和语言能力测试等。(2)技术应用工具。现代信息技术为语言治理提供了高效的支持,包括大型语言语料库、自然语言处理技术、智能语言识别与生成工具、在线语言服务平台、数字化语言资源库和监管平台等。(3)语言服务工具。例如,提供官方翻译与口译服务、设立手语服务、推广无障碍语言(简明语言)等。

语言治理的成功不仅依赖于政府的主导作用,更需要智库提供智力支撑、民众积极参与和反馈、企业贡献技术与资源,形成多主体协同共治的良好局面。明确机制与工具的区分,可以更有效地理解和推动语言治理的实践。

二、理论僵局

语言治理理念虽然存在上述美好愿景,但其理论建构尚面临内在困境:一是概念溯源不清,导致理论发展困难;二是层次定位过高,致使理论发展进程陷入僵局。

(一)概念内涵不清,难以形成逻辑一致的理论框架

语言治理理论的形成受到三重思想资源的影响,内部逻辑表现出不一致和缺乏连贯性。一是福柯(Foucault)的"治理术"(governmentality),[7]二是世界银行的"全球治理"(global governance)理念,三是中国语境下的"国家治理能力现代化"理念。语言治理究竟应选择哪一种概念内涵,目前还缺乏一致的观点。

福柯提出的"治理术"阐释了从君主制向现代国家转变过程中,统治者对被统治者的管理方式的变化。福柯指出,现代治理通过话语实践实现对个体的"自我规训",语言作为权力运作媒介,通过标准化教育、媒体传播等机制塑造社会认知,家庭、学校、医院、监狱等机构也充当着治理主体的角色,这一视角强调治理的隐蔽性与渗透性。

"全球治理"理念兴起于20世纪90年代,世界银行一直是该理念的倡导者。1995年,联合国全球治理委员会(Commission on Global Governance)发布了《我们的全球伙伴关系》,其中对"治理"概念的界定被广泛采用:治理是"各种公共或私人的机构和个体管理其共同事务的诸多方式的总和,是使不同的或相互冲突的利益得以调和并且采取联合行动的持续的过程"。[8]全球治理不仅依赖于政府间合作,还涵盖了非政府组织、私营部门以及其他利益相关方之间的协作,旨在通过多国合作、多种行为体协商解决单个国家难以独自应对的问题,如气候变化、国际贸易规则制定、公共卫生危机等。世界银行2021年将语言治理纳入全球公共产品供给体系,主张通过国际组织协调语言资源分配。[9]

2013年,中国共产党十八届三中全会通过的《中共中央关于全面深化改革若干重大问题的决定》首次提出"推进国家治理体系和治理能力现代化",这一理念的提出意味着政府要实现由

社会管理体系到社会治理体系的转变，注重源头治理、协同治理、基层治理、精准治理和长效治理。党的十九大报告提出"共建共治共享"的社会治理理念，其核心是"党委领导、政府负责、社会协同"，这为语言治理注入本土化内涵。

福柯提出的"治理术"、世界银行倡导的"全球治理"与中国主张的"国家治理"，三者虽然都涉及"治理"这一概念，但在多个方面存在显著差异。在理论背景上，福柯的"治理术"是一种后现代主义的学术概念，侧重于对权力微观运作的批判式分析，其主体包括各种社会机构；世界银行的"全球治理"基于新自由主义和全球主义的理论框架，是国际经济领域的操作性理念，其主体包括国际组织、主权国家和跨国公司；中国的"国家治理能力"是基于国家建设和社会发展的实践概念，强调现代国家体系下的权力分配原则，应用于国家整体事务，其主体包括政党、政府、社会组织和人民群众等众多国内主体。

因此，语言治理的研究者可能会因为不同的理论根源而对语言治理的本质、目标和方法产生不同的理解。例如，从福柯"治理术"角度出发，可能更关注语言治理中的权力微观运作，将语言视为一种权力工具，着重于通过话语分析等方法揭示语言背后隐藏的权力关系；而受"全球治理"理念影响的人则可能强调各国政府、国际组织在保护人类语言资源、语言生态等方面的合作与协调；从中国"国家治理"角度出发，重点关注语言治理能力现代化、应急语言服务能力建设、语言信息化与国家安全等话题。

由于"治理"概念的理论来源多样，缺乏内部逻辑一致性，这可能导致语言治理在理论构建和实践应用中出现方向不明确、目标不一致的情况。这种不同的理论导向可能会让语言治理领域的沟通和共识达成变得困难，影响其系统性发展。相对于目标具体、对象明确的语言管理概念，语言治理目标宏大（比如"最终目标是构建和谐语言生活"），对象宽泛，有时缺乏可操作性。目前，语言治理理念还缺乏一个清晰的理论框架来指导实践。

（二）理论层次定位错误

语言治理是语言规划理论框架下的实践方法论，属于中层理论范畴，它不可能取代语言规划，而只能作为语言规划的一种实施手段，否则其理论构建必然举步维艰。

一些学者认为，语言规划、语言管理和语言治理之间存在先后顺序和迭代关系。如语言治理是"对语言管理等国际研究范式的新超越"，[3]"语言规划、语言管理和语言治理三者有先行后续的历时关系"，[5]我国的语言治理史可以划分为"礼制型时期、统治型时期、管理型时期、治理型时期"。[6]

其实，"语言管理"与"语言规划"几乎同时产生，两者一直是竞争关系。[10][11][12]早在20世纪70年代，鲁宾和颜诺（Rubin and Jernudd）就一道主编了《语言能规划吗？》，[13]该书通过对一些国家（如爱尔兰、以色列、菲律宾等）具体语言规划的描述与分析，验证了语言管理的可能性。后来，语言管理理论逐步发展，与语言规划理论分道扬镳，渐行渐远，成为一个与之不同的理论。[14]

斯波斯基虽然也提出了语言管理的概念，但只是将其作为被污名化的"语言规划"概念的替代品，并未形成一个理论，而是其语言政策理论体系下的一个子概念。[15]目前流行的语言管理理论主要是内克瓦皮尔（Nekvapil）[16]在颜诺和努伊始图普尼（Jernudd & Neustupný）基础上的扩展架构。[17]

语言管理理论将语言管理分为简单管理（simple management）和组织管理（organized

management)两种类型。简单管理发生在许多日常互动中,例如家庭成员之间、顾客和店员之间、医患之间、师生之间的互动,是个体对自己或他者的语言实践所进行的直接管理,以便达到言语顺应的效果。组织管理不局限于某个特定的交际活动,涵盖不同层次,伴随日益复杂的社会网络而来的是语言管理组织程度的提高和意识形态的干预。包括语言规范化、拼写改革、语言立法,或颁布语言教育政策。语言管理是一个过程管理,要经历相同的操作过程:关注问题(noting)、评价问题(evaluation)、调整计划(adjustment selection)、实施计划(implementation)和反馈阶段(feedback or post-implementation),形成语言管理循环。

经典语言规划理论不关注语言规划者,没有微观—宏观的链接,缺乏实施步骤,相对而言,多主体、多维度和重视过程的语言管理理论具有一定的优势。首先,语言管理学派认为语言规划中不同的参与者和社会群体都具有不同的利益诉求,这种多场域、不同主体共同参与的语言管理理论丰富了早期语言规划理论的单向度和政府主导特征。[18]其次,语言管理理论清晰阐明了宏观—微观层面的联系,这超越了语言规划理论中的"剥洋葱"模型。再次,语言管理理论所提出的五阶段模型有助于语言政策过程研究的细化,特别是"注意"(noting)环节对于语言政策话语研究很有启示,因为"话语常常先于政策的产生,围绕政策的话语使得某些话题提升到'问题'的地位,成为需要在公开的政策过程中加以处理的事项,这就是话语实践中的'注意'环节"。[19]

语言规划作为一门独立的学科,有着坚实的理论基础和丰富的实践案例。它不仅关注语言政策的制定,还涉及语言的使用、传播、保护等多个层面,具有较强的系统性和综合性。语言规划具有广泛适用性。语言规划适用于不同国家、地区和社群,无论是国家层面的官方语言推广,还是地方方言的保护,都需要语言规划的指导。它的普适性使其成为研究语言问题的重要学科。

相比之下,语言治理更多地强调实践操作和治理手段,它是语言规划在特定时期和背景下的具体实践方式。语言治理强调多元主体的参与,丰富了语言规划的内涵,但并未改变语言规划作为学科的基础地位。

从理论上说,语言治理还只是一个理念,关于语言治理能力、方式、特点的讨论也没有超出现有语言规划研究的范畴。从实践上看,语言规划与语言治理的关系犹如城市总体规划与交通管制的关系——再智能的交通信号系统,也无法取代规划确立的道路网络基准线。

综上所述,语言规划是语言治理的基础,语言治理是语言规划在新时代背景下的深化和发展。语言规划作为学科名称,更能体现其理论的系统性和实践的广泛性,而语言治理则是实现语言规划目标的重要手段和途径。

三、应用困境

治理作为一种涵盖多元主体参与、共享权力和责任的过程,在实践中面临一些固有的挑战。

第一,治理观难以摆脱刚性与柔性的矛盾。

治理有制度与文化两种取向。制度取向强调权力的刚性特点,以获取合法性和强有力机构的推进;文化取向强调治理的协商性、有效性、地方性和民主性,从培育个人道德、改善社会文化入手,体现出权力约束的柔性特点。

治理理念一方面依赖政府的权威性,另一方面鄙视并想摆脱政府。前者通过提高政府效率和服务质量来实现良好的社会治理,后者主张最小化政府的作用,强调个人自由和市场机制,通过自愿合作和个人自治来组织社会生活。前者强调刚性治理,后者重视柔性治理。如何处理两者之间的矛盾是一个难题。

第二,问题驱动的治理观导致主动性不足。

“治理”并非一个中性词,而常常在出现需要解决的问题时才使用,问题涉及语言污染(语言不规范、低俗化)、语言腐败、语言暴力等。[20][21][22]李宇明认为“当语言影响语言生活时才将其本身纳入治理对象”。[23]赖慧玲指出,语言治理与语言管理不同,“语言治理的前提是社会中存在着某些语言问题”,应该坚持“无问题不治理”的基本原则。[24]

换言之,语言治理是问题驱动的,这与语言规划的目标驱动不同,易导致语言治理在实践中总是处于被动应对问题的状态。例如,只有当出现语言冲突、语言濒危等明显问题时,才会启动语言治理措施。而对于语言的长期健康发展、语言文化的积极建设等前瞻性的事务缺乏主动性,不利于语言生态的可持续优化。

问题驱动的方式可能使语言治理的范围相对狭窄,它往往聚焦于已经出现的负面语言现象,而忽略了对语言潜在价值的挖掘和利用。比如在语言产业发展方面,可能只有在出现市场混乱等问题时才会进行治理,而对于如何主动开拓语言市场、促进语言创意产业发展等方面的关注度不够。

可以看出,治理的问题取向旨在“除恶”;规划的目标取向旨在“向善”。以行政手段为主要管理范式的传统模式,难以适应日益成熟的“大语言”“大文化”产业。

第三,治理模式存在决策迟缓、实施效率低下、协调成本高的缺陷。

治理模式强调多元主体参与和协商合作,但在实际操作中,不同主体之间的利益冲突和目标差异可能导致混乱。在语言治理的多元结构下,不同参与者之间的沟通、协商和合作过程会增加决策的复杂性。例如,在跨国语言文化协作项目中,涉及不同国家的教育理念、语言规范、文化背景等诸多因素,各方需要进行反复的沟通和协商才能达成一致。这可能导致决策过程漫长,错过最佳的实施时机,陷入“治理失灵”困境。[25]世界语(Esperanto)推广的失败就暴露了治理网络松散化的弊端。[26]

较高的协调成本也会影响语言治理的执行效率。在地区性语言融合政策的实施过程中,政府部门、语言专家、社区代表等多个主体之间如果不能有效协调,就会出现政策执行混乱的情况。多元治理结构下,不同参与者之间的沟通、协商和合作过程可能会增加决策与执行的复杂性,进而产生较高的协调成本和潜在的效率损失。

第四,治理模式容易导致责任分散和问责难题。

在语言治理中,多元主体共同参与决策和管理可能导致语言政策制定、语言教育推广等事务出现责任界限不清的情况,这一点在国际组织中特别明显。例如,国际组织对濒危语言的保护工作涉及语言学家、当地政府、社区组织以及国际资金资助机构等多个主体。如果濒危语言保护项目没有达到预期效果,难以确定是哪一个主体应该承担主要责任,就可能导致各个主体在工作中相互推诿,使得语言保护工作执行不力。

责任分散也使得对语言治理工作的监督变得复杂。因为难以确定责任主体,所以很难针对具体的问题进行有效的监督和纠正。比如在外语教育政策实施过程中,教育部门、学校、教材编写机构等多个主体参与其中,当外语教育质量出现问题时,由于责任分散,很难构建一个有效的监督机制来确定问题的根源并督促改进。如果缺乏透明的规则和有效的监督机制,治理过程中可能出现非正式的权力运作,影响公正性和公开性,从而削弱公众对治理的信任。

治理模式往往基于动态的合作网络而非固定的权力架构,这种临时性和变动性可能导致治理措施的实施缺乏连贯性和稳定性。例如,一个城市的语言景观建设项目可能因为合作企业的退出、政府部门领导的更换或者社区组织重点的转移而中断,之前的语言规划和治理成果无法持续,造成资源浪费和语言环境建设的反复。

四、纾解路径

语言治理概念受多元思想资源影响,内涵尚不明晰,理论层次定位也需精准校准,以摆脱当前的发展困境。实践中,语言治理面临刚性与柔性的矛盾、主动性欠缺、决策迟缓、责任分散等难题。我们应该从多维度探寻突破路径:吸收语言管理理论的优势,为语言治理提供更坚实的理论支撑;倡导自组织的言语社区治理观,提升治理的精准度与实效性;将语言治理视作语言规划的具体方式,而非语言规划的升级替代,保障语言治理理论构建具有稳定的平台;从理念、法律、社会和技术维度建构理论模型,为语言治理搭建起全方位、多层次的实施框架,使其在不同层面协同发力。

(一)吸收语言管理理论的优点

目前热议的语言治理理念与既有的语言管理理论存在许多契合之处,国内许多研究夸大了两者的差别。

语言管理理论一直强调语言问题不仅仅是国家、地区和机构层面上强大的语言规划者和政策制定者的问题,也是个体语言用户在他们的日常互动中的问题。颜诺(Jernudd)指出,"语言管理模型试图解释语言问题是如何在人们使用语言的过程中,即在话语中出现的,与以决策者,例如政府对语言问题的规范作为出发点的方法形成对比。"[27]换言之,即使在简单管理过程中,影响个体语言选择的因素也具有社会性,包括父母的教导、社会化过程中习得的语言使用规范、公共语言政策的影响,等等。这些都与语言治理理念相契合。

语言管理理论认为语言行为者构成一个社会网络,在微观和宏观层面上进行交际活动时会相互作用,这一行为过程可划分为若干阶段,且语言管理活动在经济社会、交际及语言层面存在相互关联。该理论为研究社会不同层面语言问题提供了一个框架,该框架能够清楚地显示不同维度的特征,特别是在将微观和宏观概念化为交织元素的连续体时,可以系统地将个体互动的微观层面和社会组织的宏观层面相互联系起来。[28]

可见,国内学者倡导的多主体的"语言治理",与国外学者提出的"语言管理"差别并不是很大。其实,国内一些学者,如周庆生、郭龙生,就将语言管理学派称为语言治理学派。[29][30]

(二)倡导自组织的言语社区治理观

"言语社区治理"比"语言治理"概念更恰当。首先,"言语社区治理"更能关注到语言在具体社区中的实际运用和动态变化,相比之下,"语言治理"更侧重于语言本身的规则和规范,对语言使用的情境和互动关注不足。其次,"言语社区治理"明确了社区在语言治理中的主体地位,强调社区成员共同参与、自我管理。而"语言治理"可能会给人一种以外部力量为主导进行治理的感觉,容易忽视社区成员的主动性和创造性。

从一般性的语言治理转向自组织的言语社区治理,体现了治理逻辑从"外部规制"到"内生驱动"的范式升级。语言治理常依赖非政府组织、智库、专家等"外部权威",而自组织言语社区治理通过赋权社区成员(如方言使用者、少数族群、网络语言社群),激活其"语言主权意识"。例如,新西兰毛利人通过社区语言巢(Kōhanga Reo)自主设计语言复兴方案,比国家主导的政策更贴近文化需求。社区内部通过协商形成非正式语言规范(如游戏玩家群体中的术语创新、移民社区的多语混用惯例),这种基于实践共识的内生规则往往比刚性政策更具约束力。自组织的言语社区治理本质上是对复杂语言生态的敬畏:承认语言生命体的自演化能力,将治理从"设计"转向"培育",从而在秩序与活力之间找到更优解。

(三)将语言治理作为语言规划的一种方式和手段

文秋芳认为语言治理是一种"新型语言规划观",[31]这不同于王陈欣等学者所说的"自上而下的语言规划模式被多主体共同参与的语言治理模式所取代"。[32]

巴尔道夫和哈米德提出了语言规划的五个学派,语言管理是其中一个学派。[33]这五个学派分别是:(1)经典学派,将语言政策视为公共政策,代表人物有 Robert B. Kaplan,Richard B. Baldauf Jr.,Michele Gazzola,François Grin;(2)管理学派,强调语言管理进程中不同因素之间的相互作用,包括自上而下和自下而上、宏观和微观、主体和外在环境之间的作用,代表人物有 Björn Jernudd,Jiří Neustupný,Josef Nekvapil;(3)语域学派,关注不同语域(如家庭、工作场所、宗教、公共空间、学校、国际组织)的语言规划问题,代表人物是 Bernard Spolsky;(4)批判学派,质疑经典语言规划中的霸权方法,呼吁减少语言政策的不平等,代表人物有 James W. Tollefson,Robert Phillipson;(5)民族志学派,强调使用民族志方法来研究政策,关注语言政策的微观主体参与,代表人物有 Nancy Hornberger,Teresa L. McCarty。

治理概念的兴起是对规划实践困境的回应而非替代,正如 Lo Bianco 强调:"治理为规划提供操作工具包,但无法取代规划的价值罗盘功能。"[34]从概念内涵来看,语言规划具有明确的目标导向和主导性,由特定的权威主体制定全局性的规划方案;而语言治理则是在一定的规划框架下,对具体实施过程进行多元主体参与式的管理,是对语言规划执行环节的丰富和细化。语言治理的实施离不开前期语言规划所确定的目标和方向,其内涵是在语言规划基础上的拓展,并非能够取代语言规划的全新概念。

将语言治理视为语言规划的一种方式和手段,对于推进语言治理概念的理论化具有重要价值。这种视角不仅能够深化对语言规划理论的理解,还能推动语言治理从实践层面向理论体系的跃升。

语言治理理论可以构建更具包容性的分析框架(如多中心治理、网络化治理),突破传统语言规划的线性思维。语言治理强调动态调适与协商机制,理论化后可优化"语言生态治理模型",关注语言政策在不同社会情境中的适应性演化,例如数字化时代的语言资源管理、移民社会的多语协调问题。语言治理可通过"参与式治理""协商民主"等理论模块,解释如何平衡语言标准化与文化多样性。

语言治理的理论化不仅是学术概念的精致化过程,更是回应现实语言问题的必然选择。它通过重构分析框架、拓展学科边界、创新方法论工具,使语言规划从"技术性政策设计"升维至"社会系统性治理",最终指向更公平、可持续的语言生态构建。在这一过程中,中国学者既能汲取国际理论养分,也有机会通过本土实践反哺全球知识体系,实现理论创新的双向突破。

(四) 从理念、法律、社会和技术四个维度建构语言治理理论

本文建议,从诉诸理念、诉诸法律和诉诸社会、诉诸技术这四个方面建构语言治理理论模型(见表 1)。

表 1　语言治理理论模型

治理维度	核心理念	实现机制
诉诸理念	1) 语言意识形态 2) 公众咨询	1) 塑造公众语言理念,形成广泛共识。 2) 在立法过程中广泛征求各界建议。
诉诸法律	3) 语言专门法 4) 公共权威 5) 反馈机制	3) 出台相应的实施细则。 4) 设立跨部门语言治理协调办公室。 5) 通过有效的反馈渠道及时调整政策。
诉诸社会	6) 多方参与平台 7) 平等协商机制 8) 去行政化	6) 建立专门的语言治理在线平台。 7) 推行言语社区自治,政府为引导者和协调者。 8) 政府购买社会组织语言服务。
诉诸技术	9) 数字语言主权 10) 算法公平性	9) 构建国家级语言大模型训练数据池。 10) 强制互联网平台公开语言算法逻辑。

该模型将语言治理分为四个维度:诉诸理念、诉诸法律、诉诸社会、诉诸技术,每个维度下有不同的核心理念和对应的实现机制。

在理念维度,强调语言意识形态与公众共识的塑造,契合治理的"软性引导"需求。任何语言政策的制定都暗含意识形态选择,例如将某种方言定为"标准语"、将多语共存视为"混乱"或"资源"。通过分析语言意识形态(如"语言纯洁主义""语言工具论"),可揭示政策背后的权力意图。公众咨询可以挑战技术官僚的垄断决策,将语言政策合法性建立在社群共识之上。语言意识形态的批判性审视与公众咨询的制度化,标志着语言治理从"封闭的权力工程"走向"开放的社会契约"。其终极目标并非消除意识形态分歧,而是通过民主程序将分歧转化为共治动力,使语言政策真正成为"不同声音共同谱写的合奏曲"。

在法律维度,提出语言专门法、公共权威、反馈机制,通过立法、监督、反馈形成闭环管理,体现刚性约束。通过制定专门性语言法律,将语言权利从抽象原则转化为可诉性法律条款,避免了政策的随意性;公共权威既是语言政策的执行者,也是语言冲突的仲裁者(如法院裁决语言歧视案件);设立立法后评估、公民语言投诉平台等机制,确保法律随语言生态变化调整。法律介入表明语言竞争并非纯粹"自然选择",而是权力博弈的结果,可以对抗市场与技术的无序扩张,这解构了"语言自然演化"的迷思。公共权威的弹性执行则采用"软法硬法结合"策略,如新西兰通过《怀唐伊条约》解释要求政府优先保护毛利语,但具体执行中允许学校根据社区需求灵活调整教学方案。法律修订前的公众听证会、语言社群代表参与立法等机制,缓解"法律刚性"与"文化敏感性"的冲突,体现反馈机制的社会缓冲功能。例如,芬兰修订《萨米语言法》前,组织萨米议会进行三轮协商,避免"外部强加"的治理危机。

在社会维度,提出多方参与平台、平等协商机制与去行政化路径,符合治理现代化趋势。

多方参与平台强调了语言治理的主体多元化,确保语言政策的制定和实施更加全面、包容;平等协商机制体现了民主治理的原则,有助于减少权力集中带来的弊端;去行政化路径表明语言治理应减少过度依赖行政手段,避免官僚化和僵化的管理模式,以适应语言生活的复杂性和多样性,增强治理的实效性。这些措施共同体现了语言治理中社会参与的重要性,通过增强社会对语言问题的关注和责任感,提升语言治理的合法性和有效性。

在技术维度,提出数字语言主权和算法公平性,前者体现了对全球语言治理的关注,防止语言资源被外部势力提取、商品化甚至意识形态化,后者标志着语言治理从"技术中立"迷思走向"技术伦理"觉醒。它们既是应对数字资本主义扩张的防御性策略,也是构建包容性技术文明的主动性方案,最终指向一个语言多样性得以在数字时代存续、技术权力分配更趋公正的全球秩序。这一进程不仅需要技术创新,更需要制度创新与文化自觉的协同推进。

五、结语

语言治理作为新兴的理论范式与实践路径,既承载着突破传统语言规划局限的学术期待,也面临着概念迷思与实践困境的双重挑战。本文通过系统梳理语言治理的理论内涵与核心特征,揭示了其多元共治、动态演进、协商导向的治理逻辑,以及在化解语言政策合法性危机、创新治理机制、提升实践适应性方面的理论价值。然而,语言治理的理论构建因概念溯源不清、层次定位模糊而陷入内在张力,其与语言管理、语言规划的关系亟待厘清。研究进一步指出,语言治理在实践中受限于问题驱动的被动性、多元主体的协调成本与责任分散等结构性矛盾,亟须从理念革新与制度优化中寻求突破。

纾解路径的提出为语言治理的理论化与实践深化提供了可行方向:通过吸收语言管理理论的微观—宏观链接优势,倡导自组织言语社区治理以激活内生动力,明确语言治理作为语言规划实施手段的定位,并构建涵盖理念、法律、社会与技术四维度的治理框架。这一框架不仅回应了数字时代语言生态的复杂变迁,也为平衡语言标准化与多样性、协调公共利益与群体诉求提供了系统性方案。

本文的探索具有三重启示:其一,语言治理需警惕概念泡沫化倾向,回归语言生活治理的实践本位;其二,数字时代的语言治理必须直面算法权力重构语言生态的深层挑战,在技术治理中嵌入语言伦理;其三,中国语境下的语言治理创新,既要吸收国际理论养分,更需立足本土语言治理实践,构建具有解释力和指导性的理论范式。唯有在理论自觉与实践创新的辩证统一中,语言治理方能真正成为促进语言生活和谐发展的有效机制。

未来研究需进一步探索语言治理的本土化实践与国际经验互鉴,尤其在全球化与数字技术深度交织的背景下,如何构建兼顾主权性与开放性的语言治理体系,如何通过算法伦理与数字主权保障语言公平,将成为重要议题。语言治理的理论创新应超越学科边界,与社会学、公共管理学、信息技术等领域深度融合,以实现从"技术性设计"到"社会系统性治理"的范式跃迁。唯有如此,语言治理方能真正成为构建和谐语言生态、促进人类文明互鉴的可持续力量。

参考文献

[1] Walsh, J. Language policy and language governance: A case-study of Irish language legislation [J]. *Language Policy*, 2012, 11(4): 323 - 341.

[2] 张治国.政治家的语言生活和语言治理——以新加坡李光耀为例[J].陕西师范大学学报(哲学社会科学版), 2020(5):72 - 81.

[3] 王春辉.论语言与国家治理[J].云南师范大学学报(哲学社会科学版),2020(3):29 - 37.

[4] 张日培.提升语言治理能力[N].语言文字周报,2017 - 01 - 18(001).

[5] 沈骑、康铭浩.面向重大突发公共卫生事件的语言治理能力规划[J].新疆师范大学学报(哲学社会科学版),

2020(5):64－74＋2.

［6］王世凯.国家语言治理及其理论建构的先行条件与科学进路［J］.江汉学术,2023(1):5－12.

［7］Foucault,M. *The Foucault Effect*:*Studies in Governmentality*［M］.Chicago:University of Chicago Press,1991.

［8］UN Commission on Global Governance. *Our Global Neighborhood*:*The Report of the Commission on Global Governance*［R］.Oxford:Oxford University Press,1995.

［9］World Bank. *Loud and Clear*:*Effective Language of Instruction Policies for Learning*［R］.Washington, DC:World Bank Group,2021.

［10］Neustupný,J. V. Some general aspects of language problems and language policy in developing societies［A］.In J. A. Fishman,C. A. Ferguson,J. das Gupta (Eds.),*Language Problems of Developing Nations*［C］. Toronto:John Wiley & Sons,1968.

［11］Fishman,J. A. *Advances in Language Planning*［M］.Berlin:Walter de Gruyter,1977.

［12］Neustupný,J. V. Towards a paradigm for language planning［J］. *Language Planning Newsletter*,1983,9 (4): 1－4.

［13］Jernudd,B. H.,J. Rubin & B. Jernudd. *Can Language be Planned*［M］.Hawaii:The University Press of Hawaii,1971.

［14］Jernudd,B. H. Language planning as discipline［J］. *Journal of Multilingual and Multicultural Development*,1991, 12 (1－2):127－134.

［15］Spolsky,B. *Language Management*［M］.Cambridge:Cambridge University Press,2011.

［16］Nekvapil,J. From language planning to language management［J］. *Sociolinguistica*,2006(20):92－104.

［17］Jernudd,B. H. & J. V. Neustupný. Language planning:for whom?［A］.In L. Laforge (Ed.),*Proceedings of the International Colloquium on Language Planning*［C］.Québec:Les Presses de L'Université Laval,1987.

［18］何山华、戴曼纯.“语言管理理论”:源流与发展［J］.语言规划学研究,2016(1):32－45.

［19］方小兵.从话语阐释到话语规划:语言政策研究的话语路径［J］.云南师范大学学报(哲学社会科学版),2023 (3):49－59.

［20］刘晓萍.网络和广告语言低俗化及其治理［J］.厦门广播电视大学学报,2017(4):37－40＋65.

［21］毛向樱.网络语言暴力行为的治理之策［J］.人民论坛,2017(21):78－79.

［22］曹剑锋.“一带一路”背景下的公共行政语言研究——基于语言腐败及其治理的国际比较［J］.经济研究导刊, 2018(24):188－189＋195.

［23］李宇明.语言治理正当时［N］.光明日报,2020－04－25(012).

［24］赖慧玲.“语言治理”诸关系及其轻重缓急［J］.哈尔滨师范大学学报(社会科学版),2024(2):94－97.

［25］Krasner,S. D. Approaches to the state:Alternative conceptions and historical dynamics［J］. *Comparative Politics*,1984,16(2):223－246.

［26］Tonkin,H. The search for linguistic equality［J］. *Language Problems and Language Planning*,2015,39(3): 221－226.

［27］Jernudd,B. H. Language planning from a management perspective:An interpretation of findings［A］.In E. H. Jahr (Ed.),*Language Conflict and Language Planning*［C］.Berlin:Mouton de Gruyter,1993.

［28］Kimura,G. C. & L. Fairbrother. A *Language Management Approach to Language Problems*［M］. Amsterdam:John Benjamins Publishing Company,2020.

［29］周庆生.国外语言规划理论流派和思想［J］.世界民族,2005(4):53－63.

［30］郭龙生.双语教育与中国语言治理现代化［J］.双语教育研究,2015(2):1－5＋89.

［31］文秋芳.国家语言治理能力建设70年:回顾与展望［J］.云南师范大学学报(哲学社会科学版),2019(5):30－40.

［32］王陈欣、赵衢、刘雪宁.语言治理视角下的少数民族预科语言教育规划研究［J］.语言政策与语言教育，2020（2）：66－76＋121.

［33］Baldauf，R. B. Jr. & M. O. Hamid. Language planning 'schools' and their approaches and methodologies［A］. In L. Fairbrother，J. Nekvapil & M. Sloboda（Eds.），*The Language Management Approach：A Focus on Research Methodology*［C］. Berlin：Peter Lang，2018.

［34］Lo Bianco，J. A meeting of concepts and praxis：Multilingualism，language policy and the dominant language constellation［A］. In J. Lo Bianco，L. Aronin（Eds.），*Dominant Language Constellations：A New Perspective on Multilingualism*［C］. Cham：Springer，2020.

The Conceptual Myths, Practical Dilemmas, and Alleviation Paths of Language Governance

Fang Xiaobing

(China Center for Language Strategy Research, Nanjing University, Nanjing Jiangsu 210023)

Abstract：The academic community has provided various definitions of the concept of language governance and has focused on distinguishing it from language management. It is believed that language governance is characterized by problem-driven approaches, dynamism, de-administratization, consultative solutions, and multi-stakeholder participation. Its theoretical value is reflected in the construction of value consensus through discourse planning and the achievement of source governance, and achieving language policy legitimacy through localized adaptive dynamic governance. However, the multifaceted origins of the concept lead to a lack of logical consistency, and its practical application faces issues such as low efficiency, dispersed responsibility, and an imbalance between rigidity and flexibility. The way to alleviate this issue lies in absorbing the strengths of language management theory, advocating self-organizing speech community governance, and considering it as a specific approach to language planning rather than an upgraded alternative, and constructing a theoretical model from the dimensions of ideology, law, society, and technology.

Keywords：Language Governance; Language Management; Governmentality; Global Governance; Language Planning

【执行编辑：葛东雷】

基于治理观的本科层次职业院校语言教育规划探析[*]

葛东雷

（北京工业职业技术学院基础教育学院，北京 100042）

摘　要：针对当前本科层次职业院校语言教育存在目标定位模糊、资源整合不足等问题，基于治理观探索语言教育规划路径，以推动职业教育高质量发展，增强我国职业教育国际竞争力。采用文献研究、案例分析等方法，梳理大学语文、外语及留学生语言教育基础问题；从师资、教材等方面阐释核心要素规划；构建制度、结构等理论体系；提出政策引导、产教融合等实践路径。研究进一步明确语言教育职业导向定位，构建多元协同的核心要素规划模式，形成涵盖制度、结构、功能、方法与运行的理论体系，提出多维度协同推进的实践路径。基于治理观的语言教育规划能整合多元主体力量，优化资源配置与创新教育模式，为职业院校语言教育发展提供新思路。在实施中需持续完善规划，未来应加强国际合作、深化产教融合并推动技术创新，助力培养更多高素质人才，提升我国职业教育国际影响力。

关键词：治理观；本科层次职业院校；语言教育规划

2025 年 2 月，教育部印发 758 项新修（制）订的职业教育专业教学标准（以下简称新标准）。与原标准相比，新标准系统设计了中职、高职专科、职业本科教学要求，更加强化职业综合素质和行动能力培养，促进专业教学紧跟产业和技术发展，推动以数字化和人工智能赋能教学。[1]在职业本科教学标准方面，13 个大类公共基础课程设置方面均要求将中华优秀传统文化、语文、外语等列为必修或限定选修的课程内容。

随着我国职业教育体系不断完善，本科层次职业院校作为培养高端技术技能人才的重要阵地，其教育质量备受关注。语言教育作为职业素养培养的关键环节，不仅承担着提升学生沟通表达能力的任务，更是连接专业技能与国际市场的桥梁。然而，当前本科层次职业院校语言教育存在目标定位模糊、资源整合不足、实践应用脱节等问题。治理观强调多元主体协同共治、资源优化配置与动态调整，为破解这些难题提供了新思路。在此背景下，基于治理观探讨本科层次职业院校语言教育规划，对推动职业教育高质量发展、增强我国职业教育国际竞争力具有重要意义。

---

* **基金项目**：本文系中华职业教育社 2024 年度规划课题"本科层次职业院校语言教育规划研究"（ZJS2024YB02）、2022 年教育部人文社会科学研究项目"语言文字治理的理论体系与路径研究"（22YJC740015）的研究成果。

作者简介：葛东雷，北京工业职业技术学院基础教育学院副教授，文学博士。研究方向：职业中文教育、语言规划与政策。

一、语言类课程教育规划

职业本科院校的语言教育需突破传统模式,走特色化发展道路。大学语文教育定位职业导向,从课程目标、内容及教学方法入手,培养学生职业素养与语言应用能力,助力职场发展;外语教育通过调研行业需求,构建分层分类课程体系、动态更新教学内容、校企合作开发教材,实现与行业精准对接;留学生语言教育实施分层分类设计,依据语言水平和专业需求开展教学,并从师资、资源、管理评价等方面提供保障。三者共同发力,提升职业本科语言教育质量与人才培养水平。

(一) 大学语文教育:定位职业导向

在职业本科教育体系中,大学语文或中华优秀传统文化教育不能再局限于传统通识教育模式。职业本科院校以培养高端技术技能人才为目标,学生毕业后大多投身于特定行业与职业岗位。若大学语文教育脱离职业需求,就会出现学生语言能力与职场实际需求脱节的情况,难以助力学生在职业领域发展。明确大学语文教育的职业导向定位,是使语文教育更好地服务于职业人才培养、提升学生职业竞争力的关键举措。职业导向的大学语文课程目标需围绕职业素养与语言应用能力制定。在职业素养方面,通过文学作品赏析、经典案例解读等方式,培养学生的工匠精神、团队协作精神、职业道德与责任感。例如,分析《大国工匠》中人物的事迹,引导学生感悟精益求精的工匠精神;通过研讨职场合作案例,强化学生的团队协作意识。在语言应用能力上,着重培养学生在职业场景中的书面表达与口头沟通能力。[2]书面表达能力要求学生能够规范撰写各类职场文书,如商务合同、项目报告、工作总结等;口头沟通能力则聚焦于职场演讲、商务谈判、工作汇报等场景下的表达技巧,使学生能够准确、清晰、得体地进行语言交流。

应用文写作是职业导向大学语文课程的核心内容之一。针对不同专业,设置具有针对性的应用文类型。如对商务管理专业学生,重点教授商务函电、市场调研报告、商业计划书等文书写作;对于工程技术类专业学生,侧重工程招标书、技术说明书、项目进度报告等撰写训练。课程内容还应涵盖应用文的格式规范、语言风格、逻辑结构等方面,通过案例分析、模仿写作、修改完善等环节,让学生熟练掌握各类应用文的写作方法,能够在实际工作中准确运用。选取与职业相关的文学作品、文化素材,构建职业文学与文化模块。引入描写行业发展历程、职业人物奋斗故事的文学作品,让学生深入了解不同职业的文化内涵与精神特质。例如,在医护专业教学中,选取展现医护人员救死扶伤精神的文学作品;在旅游专业中,融入描绘各地风土人情、导游职业风采的文学内容。同时,介绍与职业相关的传统文化知识,如商业文化中的诚信理念、工匠文化中的技艺传承等,拓宽学生的文化视野,增强其职业认同感与文化底蕴。沟通与表达模块聚焦职场实际沟通场景。通过情景模拟、角色扮演等方式,开展商务谈判、工作会议发言、客户沟通等训练,培养学生的倾听、表达、应变与沟通协调能力。设置辩论、演讲等活动,锻炼学生的逻辑思维与语言组织能力,使学生能够在职业场合中自信、流畅地表达观点,有效进行沟通交流。

(二) 外语教育:对接行业需求

精准对接行业需求的前提是深入开展调研与分析。职业本科院校应构建多元化的调研体系,一方面通过问卷、访谈等方式对企业进行调研,了解企业在涉外业务开展过程中对外语人才的需求现状,包括所需外语语种、语言能力等级、专业知识背景等。例如,对于制造业企业,聚焦其在设备引进、技术交流、海外市场拓展等方面的外语需求。另一方面,对毕业生进行回访,收集他们在实际工作中遇到的外语应用问题、对在校外语学习的建议等,从而获取真实的行业反馈。此外,关注行业发展趋势也是关键。随着科技的飞速发展和全球化进程的加速,新兴行业不断涌现,传统行业也在转型升级,这对外语人才的需求产生了新的变化。例如,在人工智能、新能源等新兴领域,对掌握专业外语术语、具备跨文化交流能力的人才需求日益增长;在传统制造业,智能化、国际化发展趋势要求从业者具备更高水平的外语沟通与协作能力。院校需及时跟踪行业动态,分析未来发展趋势,为外语教育规划提供前瞻性参考。根据不同行业的特点和需求,构建分层分类的外语课程体系。对于语言基础薄弱、职业导向明确的学生,设置基础外语课程与行业基础外语课程相结合的课程体系,重点夯实语言基础,同时引入行业常用词汇、简单的业务沟通表达等内容。对于语言基础较好、有更高职业发展需求的学生,开设高级行业外语课程、跨文化交际课程以及专业前沿外语课程,提升其外语综合应用能力和国际视野。按行业类别划分,如针对旅游行业,设置旅游英语、酒店英语、导游外语等课程,内容涵盖旅游景点介绍、酒店服务流程、导游业务沟通等;针对工程建筑行业,开设工程英语、建筑技术英语、国际工程管理英语等课程,涉及工程图纸说明、施工技术规范、国际工程招投标等专业内容。通过分层分类的课程设置,确保不同专业、不同水平的学生都能接受到契合自身职业发展需求的外语教育。

建立课程内容动态调整机制,根据行业需求的变化及时更新课程内容。定期与合作企业沟通,获取行业最新的技术术语、业务流程、文化背景等信息,将其融入课程教学。例如,随着跨境电商行业的快速发展,及时在相关外语课程中增加跨境电商平台操作术语、网络营销英语、国际物流英语等内容;在汽车制造行业,引入新能源汽车技术英语、智能驾驶英语等新兴领域的外语知识。同时,结合国际形势和文化交流的变化,更新跨文化交际课程的案例和内容,使学生能够更好地适应不同文化背景下的工作环境。联合企业共同开发具有行业特色的外语教材是满足行业需求的重要举措。邀请企业的业务骨干、翻译专家与院校教师组成教材编写团队,根据企业实际业务需求和行业标准,确定教材的内容框架和知识点。教材内容应包括行业背景知识、专业术语、实际案例、业务操作流程等,以真实的工作场景为导向,增强教材的实用性和针对性。例如,与航空企业合作开发航空英语教材,涵盖航空服务礼仪英语、飞行技术英语、机场运营管理英语等内容,并配以实际的航空服务场景图片、视频等素材,使教材更加生动形象。

(三)留学生语言教育:分层分类设计

职业本科院校留学生来自不同国家,有着不同的文化背景、语言基础、学习目标和专业需求。若采用"一刀切"的语言教育模式,难以满足学生的个性化需求,容易导致教学效果不佳。分层分类设计能够充分考虑学生的个体差异,因材施教,使教学内容和方法更具针对性,有助于提高留学生的学习效率和语言应用能力,增强其对专业知识的理解与掌握,更好地适应职业本科教育的培养要求,为其未来职业发展奠定坚实基础。同时,分层分类设计也有利于优化教育资源配置,提高教育质量,提升职业本科院校留学生教育的国际影响力。

其一,初级语言水平层次。对于语言水平较低的留学生,初级层次的语言教育以夯实基础为核心目标。教学内容侧重于基础语法、常用词汇、基本句型和日常交际用语的学习。采用直观教学法,通过图片、实物、多媒体等教学手段,帮助学生理解和记忆语言知识。例如,在教授日常问候语时,展示不同场景下的图片,让学生模仿图片中的人物进行对话练习;利用动画视频讲解基础语法知识,使抽象的语法规则变得生动形象。课堂活动以简单的听说训练为主,如跟读练习、情景对话模拟、听力游戏等。同时,注重培养学生良好的学习习惯和语言学习兴趣,引导学生积极参与课堂互动。

其二,中级语言水平层次。中级层次针对已有一定中文语言基础的留学生,教学内容在巩固基础知识的同时,逐步向复杂语法、专业词汇和较为深入的语言表达过渡。增加阅读和写作训练,选取与日常生活、文化、社会等相关的短文、新闻报道等作为阅读材料,培养学生的阅读理解能力和信息提取能力;写作方面,从简单的句子写作逐步过渡到短文写作,要求学生掌握不同文体的写作格式和技巧。开展多样化的课堂活动,如小组讨论、主题演讲、辩论等,提高学生的语言运用能力和思维能力。例如,组织学生围绕某一社会热点话题进行小组讨论,然后选派代表进行演讲,其他学生进行提问和评价;开展辩论活动,让学生就不同观点展开辩论,锻炼学生的逻辑思维和语言表达的流畅性。此外,引入文化知识讲解,帮助学生更好地理解语言背后的文化内涵,提升跨文化交际能力。

其三,高级语言水平层次。高级层次面向中文语言水平较高的留学生,教学内容聚焦于专业领域的语言应用和学术研究能力培养。针对学生的专业方向,开设专业中文课程,如"中文＋商务"等,教授专业术语、学术论文写作规范、国际学术会议交流技巧等内容。鼓励学生参与学术研究项目,指导学生撰写学术论文、参加学术研讨会并进行学术报告。通过实际的学术活动,提高学生运用专业语言进行学术交流和研究的能力。同时,加强语言的深度和广度学习,引导学生进行文学作品赏析、高级翻译实践等,进一步提升学生的语言素养和文化底蕴。

二、核心要素规划

本科层次职业院校语言教育规划的实施,关键在于核心要素的创新构建。师资队伍通过校校、校企合作,选派教师培训,引入兼职专家,组建发展共同体,提升专业与实践能力;教材资源采用动态更新模式,多元主体编写,结合活页式与数字化形式,增强实用性与吸引力;课程体系模块化划分基础、职业、拓展模块,满足不同专业与学习阶段需求;教学模式以产教融合为核心,运用项目式等方法,引入企业真实项目,依托实训基地开展实践教学。四者协同发力,为语言教育高质量发展筑牢根基。

(一) 师资队伍的协同培养机制

师资队伍是语言教育规划实施的关键力量,需构建多元协同培养机制。一方面,院校应加强与语言类高校、行业企业的合作,选派教师参加专业培训、企业挂职锻炼,提升教师的语言专业素养与职业实践能力;另一方面,引入企业语言专家、翻译人才担任兼职教师,丰富教学团队结构。此外,建立教师发展共同体,定期组织教学研讨、案例分享活动,促进教师之间的经验交流与知识共享。某职业本科院校与当地翻译协会合作,为语言教师提供翻译实践项目,同时邀请翻译专家到校开展讲座与教学指导,有效提升了教师的翻译教学水平与行业敏感度。

(二) 教材资源的动态更新模式

教材资源需适应职业教育快速发展的需求,建立动态更新模式。首先,成立由院校教师、企业专家、教材出版机构组成的教材编写团队,确保教材内容的专业性与实用性。其次,采用活页式、工作手册式教材形式,方便根据行业发展动态、技术更新情况及时替换或补充内容。再者,开发数字化教材资源,如在线课程、教学视频、虚拟仿真教学案例等,拓展教材的呈现形式与学习方式。学校可以联合行业龙头企业编写外语教材,每学期根据企业反馈意见对教材内容进行修订,同时配套开发在线学习平台,提供实时翻译工具、行业资讯推送等功能,增强教材的吸引力与实用性。

(三)课程体系的模块化构建

课程体系应采用模块化构建,增强课程的灵活性与适应性。将语言课程划分为基础模块、职业模块、拓展模块。基础模块夯实学生的语言基础知识与技能;职业模块根据专业需求设置行业语言课程;拓展模块包括跨文化交际、国际商务礼仪等内容,提升学生的国际化素养。各模块之间相互衔接、循序渐进,学生可根据自身职业规划选择相应课程组合。例如,外语课程中,旅游管理专业语言课程体系中,基础模块包含通用英语,职业模块设置旅游英语、导游业务英语,拓展模块开设旅游跨文化交际课程,形成完整的语言课程体系,满足学生不同阶段的学习需求。

(四)教学模式的产教融合创新

教学模式创新需紧扣产教融合理念,实现课堂教学与企业实践的深度融合。推行项目式教学、任务驱动教学等模式,将企业真实项目引入课堂。例如,在应用文写作教学中,以企业实际工作任务为载体,让学生完成项目策划书、市场调研报告等写作任务;在外语教学中,模拟国际商务谈判场景,组织学生进行角色扮演。同时,利用校企共建实训基地,开展现场教学、顶岗实习等活动,让学生在真实职业环境中提升语言应用能力。可以与外贸企业合作,开展"外贸业务实战"项目教学,学生在教师与企业导师的共同指导下,参与外贸订单洽谈、合同签订等业务环节,提高外语沟通与业务操作能力。

(五)评价体系的多元主体参与

评价体系需打破单一教师评价模式,构建多元主体参与的评价机制。除教师评价外,引入企业导师、同学互评、学生自评等评价主体,从不同角度对学生的学习成果进行评价。评价内容涵盖语言知识掌握、技能应用能力、职业素养提升等方面,采用过程性评价与终结性评价相结合的方式。例如,在留学生"中文＋职业技能"课程评价中,企业导师根据学生在实训项目中的表现对其职业技能语言应用能力进行评价,同学之间相互评价沟通协作能力,学生自评学习态度与进步情况,综合各方评价结果,全面、客观地反映学生的学习成效。

三、体系建构与规划

本科层次职业院校语言教育规划的实施,需依托完善的理论体系支撑。制度体系通过政府与院校层面的政策、制度构建及监督评估,保障教育有序开展;结构体系推动政府、院校、企业等多元主体协同合作,实现资源共享;功能体系整合语言能力培养、文化传播等多维功能,提升职业教育国际影响力;方法体系借助人工智能等技术创新教学、管理与合作模式;运行体系则通过信息反馈与动态调整,使教育规划契合市场需求。五大体系相互配合,共同为职业院校语言教育高质量发展筑牢根基。

(一)制度体系:规范与保障

制度体系是语言教育规划实施的重要保障,需建立健全相关政策法规与管理制度。政府层面,出台支持职业院校语言教育发展的政策文件,明确发展目标、任务与保障措施;院校层面,制定语言教育教学管理办法、师资培养制度、教材建设规范等校内制度,确保教育教学工作有序开展。同时,建立监督评估机制,定期对语言教育规划的实施情况进行检查与评估,及时发现问题并加以改进。

(二)结构体系:多元协同

结构体系强调政府、院校、企业、社会组织等多元主体协同参与语言教育规划。政府发挥政策引导与资源调配作用,推动校企合作、校际交流;院校作为实施主体,负责课程设计、教学组织与师资培养;企业提供实践教学资源、参与课程开发;社会组织(如行业协会、基金会)在文化交流、项目资助等方面发挥积极作用。各主体通过建立合作联盟、共建平台等方式,实现资源共享、优势互补。

(三)功能体系:多维整合

功能体系涵盖语言教育的多种功能,包括语言能力培养、职业素养提升、文化传播与国际交流等。通过语言课程教学,提升学生的语言表达与沟通能力;将职业素养教育融入语言教学,培养学生的工匠精神、团队协作精神;借助语言教育平台,传播中华文化,促进国际文化交流;同时,输出中国职业教育模式与标准,提升我国职业教育的国际话语权。例如,中国—赞比亚职业技术学院在海外开设"中文+职业技能"课程,既帮助当地学生掌握中文与职业技能,又传播了中华优秀传统文化与职业教育理念,实现了语言教育功能的多维整合。

(四)方法体系:创新驱动

方法体系注重运用创新方法推动语言教育规划实施。在教学方法上,引入人工智能、大数据等技术,开展智能化教学,如利用智能语音评测系统进行口语训练、通过学习分析系统了解学生学习情况并提供个性化学习建议;在管理方法上,采用项目管理、绩效管理等现代管理手段,提高教育管理效率;在合作方法上,探索混合所有制办学、跨境合作办学等新模式,拓展教育资源与发展空间。学校可以利用虚拟现实技术开发语言实训场景,学生可在虚拟环境中进行商务谈判、文化交流等实践活动,极大地提高了学习兴趣与实践效果。

(五)运行体系:动态优化

运行体系强调语言教育规划的动态优化,通过建立信息反馈机制、调整机制,及时应对教育环境变化。院校定期收集学生学习反馈、企业用人评价、行业发展动态等信息,根据反馈结果调整课程设置、教学内容与教学方法。同时,加强与国内外职业教育机构的交流合作,学习先进经验,不断完善教育规划。可以根据企业对毕业生外语能力的反馈,及时调整外语课程的教学重点,增加职场英语沟通技巧训练课时,并引入新的教学方法,使语言教育更好地适应市场需求。

四、语言教育规划实践路径

职业本科院校语言教育规划的实践需多维度协同推进。产教融合方面,深化校企合作,共建实训基地、开发课程,优化资源配置;技术应用上,借助信息技术创新教学模式,以数字化资源和智能系统提升教学效果;国际合作领域,通过跨境办学、标准输出等增强教育影响力;师资建设环节,通过培训、激励与人才引进,打造专业师资队伍。四大路径相辅相成,共同推动职业本科院校语言教育高质量发展。

（一）深化产教融合，优化资源配置

深化产教融合是优化语言教育资源配置的关键。院校应加强与企业的深度合作，共建语言实训基地、联合开发课程教材、共享师资资源。与企业合作建设语言虚拟仿真实训中心，模拟真实职场语言应用场景；邀请企业专家参与课程标准制定，确保课程内容与企业需求一致。同时，整合校内外资源，建立资源共享平台，实现图书资料、教学设备、数字化资源等的共建共享。可与企业共建语言实训基地，企业为基地提供真实业务案例与设备支持，院校为企业员工提供语言培训服务，实现了校企资源的优化配置与互利共赢。

（二）推动技术赋能，创新教学模式

充分发挥现代信息技术的优势，推动语言教学模式创新。院校应加大对数字化教学资源的开发与应用力度，建设在线课程平台、虚拟教研室等，开展线上线下混合式教学。利用人工智能技术开发智能教学辅助系统，为学生提供个性化学习指导；借助大数据分析学生学习行为，优化教学策略。院校可开发智能语言学习平台，平台根据学生的学习进度与能力水平，推送个性化学习内容，并通过智能语音识别技术对学生口语进行实时评价与反馈，有效提高了学生的学习效果。

（三）加强国际合作，提升教育影响力

加强国际合作是提升本科层次职业院校语言教育国际影响力的重要途径。院校应积极开展跨境合作办学，与国外职业院校联合培养人才；参与国际职业教育标准制定，推动中国职业教育标准国际化；举办国际语言文化交流活动，增进文化互鉴。例如，北京工业职业技术学院与"一带一路"沿线国家院校合作，开展"中文＋职业技能"联合培养项目，共同制定人才培养方案、开发课程资源，提升了我国职业教育在国际上的知名度与影响力。

（四）培育专业师资，提升教学水平

师资队伍建设是语言教育规划实施的重要支撑。院校应制订师资培养计划，加强教师培训与进修，鼓励教师参与学术研究与实践活动。建立教师激励机制，对教学成果突出、科研成绩显著的教师给予奖励。同时，引进高层次语言教育人才，优化师资队伍结构。可以选派教师到国内外知名高校、企业参加培训学习，设立教学成果奖、科研奖励基金，激励教师提升教学与科研水平，并引进具有丰富行业经验的外语专家，充实师资队伍，有效提高语言教学质量。

五、结语

基于治理观的本科层次职业院校语言教育规划，通过整合多元主体力量、优化资源配置、创新教育模式，为职业院校语言教育发展提供了新的思路与方法。在实施过程中，需持续关注教育环境变化，不断完善规划内容与实施路径。未来，随着我国职业教育国际化进程的加速推进，本科层次职业院校语言教育规划应进一步加强国际合作与交流，深化产教融合，推动技术创新应用，培养更多具有国际视野、职业素养与语言能力的高端技术技能人才，为我国职业教育高质量发展与国际竞争力提升贡献力量。

参考文献

［1］王轩尧.教育部发布新版职业教育专业教学标准［N］.光明日报，2025－02－14(009).

［2］胡彩云.数字化时代下职业外语教育创新策略探究［J］.教师，2024(20)：57－59.

Analysis of Language Education Planning in Vocational Colleges at Undergraduate Level Based on the View of Governance

Ge Donglei

(School of Fundamental Education, Beijing Polytechnic College, Beijing 100042)

Abstract: In view of the current problems of language education in vocational colleges at undergraduate level, such as vague target positioning and insufficient resource integration, this paper explores the path of language education planning based on the concept of governance, so as to promote the high-quality development of vocational education and enhance the international competitiveness of China's Vocational Education. By using the methods of literature research and case analysis, this paper sorts out the basic problems of College Chinese, foreign languages and foreign students' language education; Explain the core element planning from the aspects of teachers and teaching materials; Constructing the theoretical system of institution and structure; Put forward policy guidance, production and education integration and other practical paths. The research further clarifies the career orientation of language education, constructs a multi-dimensional collaborative core element planning mode, forms a theoretical system covering institution, structure, function, method and operation, and puts forward the practical path of multi-dimensional collaborative promotion. The language education planning based on the view of governance can integrate the forces of multiple subjects, optimize the allocation of resources and innovate the education mode, and provide new ideas for the development of language education in vocational colleges. In the future, we should strengthen international cooperation, deepen the integration of production and education and promote technological innovation, help cultivate more high-quality talents and enhance the international influence of China's vocational education.

Keywords: Governance View; Vocational Colleges at Undergraduate Level; Language Education Planning

【执行编辑：高卿云】

语言资源观与跨文化语言认同*

丁石庆

（江苏师范大学语言科学与艺术学院，江苏 徐州 201009；

中央民族大学中国少数民族语言文学学院，北京 100081）

摘　要：本文系统探讨语言资源观与跨文化语言认同的理论基础、互动关系及跨文化语言交流应用等论题。文章重点阐述语言资源观的核心理念，深入解析跨文化语言认同的概念内涵及实践价值。结合语言资源观和跨文化语言认同的理论框架，本文提出了促进语言多样性与跨文化交流的相关对策，旨在提升全球语言资源保护意识，强化跨文化语言认同机制建设，促进多元文化间深度理解与互鉴尊重。

关键词：语言资源观；跨文化语言认同；语言生态

语言资源观作为语言学领域的范式创新，强调语言作为多维社会文化资源的战略属性。这一观念的出现，反映了人类对语言价值认识的深化，进一步揭示了语言在现代社会中的重要地位。同时，语言资源观兼具理论创新性与实践指导性：理论上突破传统语言学工具论局限，推动语言经济学、社会语言学等学科交叉；实践上为语言资源保护、多语教育政策等提供决策依据。

跨文化语言认同，作为一种建立在语言资源观基础上的重要理念，旨在促进不同文化背景下的语言群体相互理解和接纳，对于构建和谐多元的社会文化环境具有深远意义。它主张在尊重各民族文化特性的前提下，通过增进不同语言社群间的交流互动，培养共通的人类价值观和全球公民意识，从而促进跨文化交流的顺畅进行和世界文化的交融共生。跨文化语言认同也强调语言个体在多元文化环境中的身份构建与自我认同，认为从母语习得的初始阶段到掌握多种语言的过程中，个体不断通过语言符号进行自我认知与价值塑造，逐步形成了具有独特文化印记的身份标识。基于此，在推动跨文化交流实践中，需始终秉持平等尊重的原则，切实保障个体的语言权利，珍视并保护各民族的文化遗产。一方面，应积极鼓励人们传承与创新母语文化，维系语言生态的多样性；另一方面，倡导开放包容的文化态度，促进不同语言间的理解与互鉴，使个体既能坚守文化根脉，又能以开放姿态欣赏多元文化的魅力，最终实现跨文化语境下的和谐共生与协同发展。

语言资源观与跨文化语言认同之间存在着紧密的关联。语言资源观为跨文化语言认同提

---

* **基金项目**：本文系国家社科基金重点项目“中国北方人口较少民族语言资源保护的理论与实践研究”（15AYY012）、语保工程民语调研专项任务“民族语言管理项目”（YB1912BO12）的阶段性成果。

作者简介：丁石庆，江苏师范大学语言科学与艺术学院特聘教授，中央民族大学中国少数民族语言文学学院教授，博士生导师。研究方向：语言学理论、人类语言学、北方民族语言与文化、语言资源学。

供理论支撑,强调语言在塑造个体和群体认同中的作用。同时,跨文化语言认同的实现,也进一步丰富了语言资源的内涵,使之更具多元性和包容性。在这个过程中,语言不仅是沟通的桥梁,更是文化交融的媒介,促进了不同文化之间的理解和尊重。总之,语言资源观与跨文化语言认同相辅相成,共同构建了全球化时代下人类对语言及其与文化、社会、经济发展关系的全面认识。合理利用语言资源,推动跨文化语言认同,有助于增进国际互信与合作,推动构建人类命运共同体。

一、语言资源观概述

(一) 语言资源的概念与内涵

语言资源是指人类社会中所有语言现象的集合,包括但不限于口语、书面语、手语等。根据联合国教科文组织的定义,语言资源不仅包括语言本身,还包括与语言相关的文化、社会和知识体系。根据李宇明提出的语言资源三维分类体系,其包括三类:口头语言资源,如方言、民间故事等;书面语言资源,如书籍、文献等;以及语言衍生资源,如语言技术、语言艺术、语言人才等。[1]口头语言资源是语言多样性的直接体现,对于研究语言演变和文化传承具有重要价值;书面语言资源是人类知识和文化的集中体现,对历史研究、文学创作、语言教学等有不可替代的作用;语言衍生资源则是语言资源的延伸,对语言的保护和传承具有重要的支撑作用。[2]

语言资源观的内涵丰富且兼具理论深度与实践价值,它不仅强调语言作为信息载体的基础价值,还全面涵盖其在文化传承、经济发展、社会交流等多维度的功能——从本质而言,语言被视作一种兼具符号性、社会性、信息性等基本属性,以及生态性、稀缺性等现象属性的宝贵资源,其理论框架为语言的保护、开发与利用提供了全新视角与系统的理论支撑,推动着语言资源的科学管理与可持续发展。而从社会文化现象的维度审视,语言资源的多层面内涵进一步延展:它既是连接不同地域、文化背景人群的沟通桥梁,促进思想、情感与信息的跨域流动,又承载着独特的文化传统、价值观念与审美情趣,成为文化多样性的鲜活注脚;更重要的是,其范畴还包含语言教育中的教材、教具、网络资源等教学资源,通过对这些资源的系统整合与创新应用,能够构建"语言—文化—能力"三位一体的教育目标体系,既助力学生的全面发展,又在潜移默化中塑造其文化认同与跨文化交际能力。由此可见,语言资源观的概念内核及其外延功能,不仅为语言资源的保护性开发提供了理论基石,更对构建科学高效的语言教育体系、推动文化传承与社会交流具有不可替代的现实意义。

(二) 语言资源的特点

语言资源,作为一种独特的非物质资源,涵盖了语言及其相关的文化、知识和技能。简而言之,语言资源具有以下几个显著特点:

首先,语言资源具有丰富性和多样性。世界上存在着数千种语言,每种语言都有其独特的表达方式和内涵,这些语言共同构成了人类文化的多样性。同时,语言资源还体现在不同语言之间的相互影响和交流,使得语言资源不断丰富和发展。

其次,语言资源具有可传承性。语言作为一种社会现象,可以通过教育、传播等方式在不同代际间传承。这种传承不仅包括语言知识的传递,还包括语言文化的传播,使得语言资源得以延续和发展。

再者,语言资源具有可利用性。作为一种重要的社会资源,语言资源在政治、经济、文化等多个领域具有广泛的应用价值。例如,在跨文化交流中,掌握多种语言能力的人才能更好地促进不同文化之间的沟通与理解。

此外,语言资源还具有动态性。随着社会的发展和科技的进步,语言资源也在不断变化。新词汇、新语法现象的出现,以及语言政策的调整,都使得语言资源呈现出动态发展的特点。

最后,语言资源还兼具地域性和民族性。不同地区和民族的语言资源各具特色,反映了当地的历史、文化和风俗。这种地域性和民族性使得语言资源在跨文化语境中更具独特性和价值。

通过对语言资源特点的深入理解,我们能够更好地把握语言资源观的核心要义,为跨文化语言认同的研究提供理论基础。

(三) 语言资源观的演变与发展

语言资源观作为一种新兴的学术思想资源,其起源与发展紧密关联着语言学、资源科学以及社会需求的演变。语言资源观的起源可以追溯到 20 世纪 70 年代,国外学者中,语言经济学奠基人雅各布·马尔沙克于 20 世纪 60 年代中期开始研究语言的经济学性质,1965 年在 *Behavioral Science* 发表"The economics of language",首次提出"语言经济学"概念,将语言与资源联系研究。[3]马尔沙克认为语言作为人类经济活动中不可缺少的工具,具有与其他资源一样的经济特性,即价值(value)、效用(utility)、费用(cost)和收益(benefit)。他指出,语言的使用需要考虑其效用和成本,并计算相应的收益。马尔沙克的研究开启了从资源科学角度研究语言的先河,强调语言作为一种资源,其优化分配和使用对经济和社会发展具有重要意义。这一观点为语言资源观的形成提供了重要的理论基础。随后,比绍恩·耶努德(Björn H. Jernudd)和乔提兰德拉·达斯古普塔(Jyotirindra Das Gupta)等学者进一步探讨了语言的社会功能,认为语言的价值在于其在社会中的应用和功能。这一时期的研究为语言资源观奠定了基础,开启了从资源科学角度研究语言的先河,也为后续的语言资源保护和利用工作提供了理论依据和实践指导。

中国是语言资源较为丰富的国度之一,也是语言资源研究成果最多的国家。其中,1981 年到 2003 年可以看作语言资源的学术酝酿期,进入 21 世纪以来,随着信息技术的飞速发展,语言资源观率先在国内语言学界得到了较为广泛的关注和深入研究。之后语言资源发展为重要的学术研究领域,出现了四次学术高峰:2004 年、2008 年、2010—2012 年、2015—2016 年。2004 年中国国家语言资源监测与研究中心的成立标志着语言资源观在中国的正式确立。[4]2008 年中国语言资源有声数据库的建设,2015 年中国语言资源保护工程的启动,以及 2018 年首届"世界语言资源保护大会"的召开等,都体现了语言资源观在中国的实践和发展。中国在语言资源的保护、开发和利用方面取得了显著成就。

语言资源观促使语言学家从资源的角度重新审视语言的结构和功能,推动了语言学研究的深化。例如,关注语言的经济价值,研究语言在商业、旅游、教育等领域的应用。在语言教育领域,语言资源观推动了语言学习资源的开发和应用,促进了语言教育的现代化和国际化。例如,一系列基于网络的语言学习平台的开发与应用,提供了丰富的语言学习资源,在线课程、语料库、语言学习软件等,都极大地提高了语言学习的效率和质量。语言资源观提醒学者们关注语言的生态性,将语言视为一个动态的生态系统,这为语言生态学的建立和发展提供理论依据。语言资源观还打破了传统学科界限,使得语言学与社会学、经济学、计算机科学等学科能够相互借鉴和融合。

语言资源观在语言资源的保护与开发方面具有非常重要的实践意义。它不仅强调了语言资源的多样性与独特性,还为语言资源的科学管理和可持续利用提供了理论指导,促使语言学家更加关注濒危语言的保护和方言的传承。

传统的语言教育往往侧重于语言知识的传授,而忽视了语言作为资源的价值。语言资源观的引入促使教育者更加关注语言的多样性和实用性,推动了语言教育的多元化和个性化。

语言资源观对语言教育与人才的培养具有深远的影响。它不仅强调了语言教育的重要性,还为培养具有跨文化交际能力和国际视野的人才提供了理论支持,进一步推动了人才培养模式的创新。在当今全球化背景下,具备跨文化交际能力和国际视野的人才是各国竞争的关键。

(四) 语言资源观的评估核心理念

语言资源观认为,语言是一种有价值、可利用、有效益、具动态变化且能持续发展的特殊社会资源。语言资源观的形成,有助于人们更加深入地认识语言的重要性,推动语言资源的合理开发、利用和保护。

语言资源观强调语言的多样性、动态性和共享性。在多样性方面,世界上存在着众多语言,它们承载着丰富的文化内涵和思维方式。这些语言在交流中发挥着重要作用,促进了各地文化的交融与碰撞。语言的动态性则体现在其不断演变和发展的过程中,新的词汇、语法和发音特征不断涌现,使语言更加适应人们的需求。共享性则体现在语言的传播和推广过程中,通过教育、媒体、网络等多种途径,语言得以在不同群体和社会中得到广泛传播和使用。

语言资源观注重语言的传承和保护。语言作为文化的载体,承载着丰富的历史、文化和思想内涵。保护语言的多样性,对于维护国家文化安全和民族团结具有重要意义。通过制定相关法律法规和政策,加强语言资源的保护和利用,可以确保语言资源的可持续发展和传承。

语言资源观倡导语言的创新和发展。随着社会的不断进步和科技的发展,语言的创新成为推动社会进步和发展的重要力量。引入新的词汇、语法和表达方式,可以促进语言的不断发展和创新,使语言更加适应时代的需求。创新语言教学模式和内容,可以提高学生的语言能力和跨文化交际能力,为培养高素质人才作出贡献。

语言资源观强调语言在教育、文化、经济等方面的重要作用。语言作为教育的重要内容和手段,可以促进学生全面发展和提高综合素质。语言在文化传承和保护中发挥着不可替代的作用,可以推动文化的传承和发展。语言在经济发展和国际交流中发挥着重要作用,可以促进商业交流和经济合作。

二、跨文化语言认同的理论基础

(一) 跨文化交际理论

跨文化交际理论滥觞于 20 世纪 50 年代末,美国人类学家爱德华·霍尔(Edward Hall)在 1959 年出版的《无声的语言》(*The Silent Language*)一书中首次使用"跨文化交际"这一术语。该著作被学界公认为跨文化交际研究的里程碑式文献。[5]此后,该理论经过 20 世纪 60—70 年代的局部探索、80—90 年代的拓展与整合,以及近年来的深化与发展,逐渐成为一门系统性较强的学科,为后续进一步发展奠定了扎实的基础。

跨文化交际理论为我们理解语言资源观与跨文化语言认同提供了重要的理论支撑。这一理论强调,不同文化背景的人们在交流过程中,需要克服文化差异带来的障碍,实现有效沟通。跨文化交际理论关注语言使用者的文化身份、语言习惯以及交际策略,认为语言不仅是信息传递的工具,更是文化认同和身份构建的载体。

在跨文化交际中,语言是一种动态的资源,个体可以根据交际场合和目的选择合适的语言表达方式。这种选择不仅体现了语言使用者的文化素养,还反映了他们对不同文化的认同程度。因此,跨文化交际能力的提升可以提高语言资源传播效率。

跨文化交际理论的应用和实践在我们的日常生活和国际交往中显得尤为重要。随着全球化的不断深入,不同文化之间的交流越来越频繁,要求我们必须具备一定的跨文化交际能力。

跨文化交际能力的提升也有助于增进民族间的友谊,促进世界和平与发展。

(二)语言认同理论

语言认同理论的研究经历了从结构主义到建构主义的范式转变。最初,认同被看作由外部社会环境决定的固定和客观的社会范畴。然而,随着建构主义的兴起,认同被重新定义为个体在社会文化历史情境中与外界互动发展出来的多元、动态的身份定位及过程。[6]

语言认同的发展受到多种因素的影响,包括动机、语言水平和认知技能等。高水平学习者的认同通常高于低水平学习者,较高的认知技能可以帮助学习者更好地适应目的语社会生活,从而促进语言习得。[7]

语言认同理论从结构主义到建构主义的转变,为我们理解个体在不同社会文化背景下的语言使用和身份认同提供了新的视角。社会认同、言语适应和文化语言学等经典理论,为语言认同研究提供了多学科的学理支撑。未来的研究需要进一步探讨语言认同的形成机制、影响因素以及在教育中的应用,以促进语言学习和跨文化交流。[8]

语言认同理论是理解跨文化语言认同的核心。这一理论认为,语言不仅仅是交流的工具,更是个体身份认同与社会认同的载体。在全球化的大背景下,语言认同不仅仅是单一语言文化的自我确认,它涉及个体在面对多元语言文化环境时的自我定位与选择。语言认同理论强调,个体在语言使用中不断塑造和重塑自己的身份,这种身份构建既包括对自己母语的认同,也包括对除母语之外的其他语言的认同。在这一过程中,个体可能会经历语言忠诚、语言骄傲、语言羞耻等复杂的情感体验。语言认同理论为跨文化语言认同提供了深层次的理论支撑,帮助我们理解个体如何在多语言环境中寻找自我、如何在不同的语言文化之间建立联系。

此外,语言认同理论对于教育领域也具有重要的指导意义。在教育过程中,教师应当关注学生的语言认同,尊重学生的语言背景,帮助学生建立积极的语言认同。这有助于提高学生的跨文化交际能力,促进学生的全面发展。

总之,语言认同理论有助于我们理解跨文化语言认同。在全球化的大背景下,我们更应当关注个体在多语言环境中的语言认同问题,尊重和保护个体的语言权益,促进不同语言文化之间的交流与融合。

(三)跨文化语言认同理论

跨文化语言认同理论的形成与发展同语言资源观的提出紧密相连,其起源可追溯至20世纪中期,最初着重于文化差异与对比研究。随着研究推进,该理论逐步从关注文化差异拓展到动态的整体交际过程,最终聚焦于整体交际过程中的某一具体层面或视角。[9]

基于语言资源观的跨文化语言认同理论从语言资源的多样性、价值和发展性出发,十分关注个体在跨文化交际中如何通过语言资源来构建和表达自己的身份认同,特别强调语言资源在跨文化交际中的重要性,认为语言资源的合理利用可以促进跨文化理解和认同。[10]跨文化语言认同理论未来的研究力图在探讨语言资源管理策略、跨文化教育以及实践应用等方面进行深度探究,以促进跨文化理解和合作。[11]

总之,跨文化语言认同理论的形成是一个动态的过程。它要求我们既要尊重和保护每种语言所蕴含的独特文化基因和历史记忆,也要倡导开放包容的心态,积极接纳和借鉴其他语言的优秀元素。通过广泛而深入的交流互动,不同语言社群得以打破隔阂,增进彼此间的友谊与合作,共同推动人类文明的发展进步。

三、语言资源观与跨文化语言认同的互动关系

(一)语言资源观对跨文化语言认同的影响

1. 丰富语言认同的内涵

语言资源观将语言的本质界定为双重维度的统一体——既作为基础的沟通工具,更作为承载文化记忆、历史脉络与社会价值的意义载体。这一认知范式推动着语言认同的内涵超越单纯的符号使用层面,升华为对语言所植根的文化传统、历史谱系及身份属性的深层认同。在跨文化交际语境中,当个体接触异语言时,其认知活动天然包含着双重维度:不仅是对语言符号系统(语音、语法、词汇)的习得,更是对语言所映射的历史语境、文化模式与社会结构的系统性认知。这种对语言文化价值的深度解码,实质上拓展了跨文化语言认同的内涵边界——以第二语言学习为例,学习者通过目的语文化模因的渐进式吸收,其原有的认知图式会经历跨文化重构过程,最终实现语言能力与文化理解的协同建构。这种从语言符号到文化内核的认知跃迁,正是语言资源观在跨文化教育场景中的具体实践样态。

2. 促进语言多样性的认同

语言资源观将语言多样性视为人类文明的珍贵资源宝库,这一认知在跨文化与国际交流场域中呈现出双重实践维度:在跨文化交际层面,该观念推动形成"语言即文化容器"的认知范式——每种语言均承载着独特的文化编码系统,其存在本身即是多元文明的鲜活见证。这种认知促使人们超越语言工具性的表层理解,在日常交流、文化展演与教育实践中,建立对异语言背后文化体系的尊重与认同。在国际交流维度,语言资源观催生出双向平衡的语言发展策略:既通过系统性举措守护自身语言资源的主体性,以此强化母语的文化认同与国际影响力;同时亦以开放姿态尊重他者语言权益,通过建立双语教育合作项目、签署语言保护公约等机制,推动跨语言文明对话。这种"自守与开放并存"的实践模式,正是语言资源观在全球治理层面的生动诠释。从微观跨文化互动到宏观国际协作,语言资源观始终以"多样性保护"与"包容性发展"为双轨,既守护着人类语言生态的丰富性,又为不同文明的平等对话搭建起意义桥梁。

3. 推动跨文化语言教育的发展

语言资源观深刻重塑了语言教育的价值定位与实践路径,促使教育者与政策制定者将语言教育置于跨文化交流的战略核心。在教学实践层面,教师突破传统语言知识传授的局限,将语言教学升华为文化解码的认知旅程——通过挖掘词汇背后的文化隐喻、剖析语法结构承载的思维模式、解读语用规则蕴含的价值体系,引导学生构建对语言文化的系统性理解。

在全球化浪潮推动跨文化交流日益频繁的当下,多语教育已成为培养复合型人才的关键路径。多国教育体系积极响应这一趋势,通过创新课程设计,将本国语言、国际通用外语及地方方言有机融合。这种教育模式不仅打破了语言壁垒,更在学生认知层面构建起多元文化对话的思维框架,为跨文化交流筑牢认知与情感基础,使语言真正成为联通不同文明的智慧桥梁。

(二)跨文化语言认同对语言资源观的反作用

1. 深化语言资源的价值认知

跨文化语言认同从认知与实践双维度强化了对语言资源的价值挖掘。当个体在跨文化场域中主动认同并使用异语言时,其对语言资源的理解会超越工具性层面,逐步认知到每种语言作为文化基因库的不可替代性。另外,濒危语群体通过跨文化交流建立的语言自信,可使语言资源的文化价值从隐性认知转化为显性保护行动。

2. 重构语言资源观的认知维度

跨文化语言认同推动语言资源观实现双重视野拓展。其一为空间维度的全球化转向:互联网时代的跨文化交际打破了语言资源的地域壁垒,使人们通过国际会议、数字平台接触到全球语言生态图谱。这种认知促使语言资源观从单一语种保护转向构建"全球语言多样性保护网络"。其二为时间维度的动态化演进:跨文化交流中的语言接触催生了混合语、借词等动态现象。这种语言发展的流动性促使语言资源观关注"活态资源"的创新潜力,将语言接触引发的变异视为资源再生的重要机制,而非单纯的文化同质化威胁。

3. 驱动语言资源观的实践创新

跨文化语言认同为语言资源的实践应用提供了场景与制度动能,如跨国企业通过搭建多语言客服平台、开发文化适配型语言工具,将语言资源转化为跨文化沟通的核心竞争力。又如很多国家开始将跨文化语言能力纳入战略资源管理框架。这种制度性实践使语言资源观从理论建构迈向治理现代化。

总之,从价值认知到实践落地,跨文化语言认同通过重塑主体认知图式与社会互动模式,推动语言资源观从静态保护范式向动态发展范式转型,最终实现语言资源保护、文化传承与跨文明对话的协同发展。

(三)语言资源观与跨文化语言认同的协同机制

1. 双向赋能跨文化理解与合作

语言资源观与跨文化语言认同通过"理论认知—实践应用"的闭环实现协同增效:语言资源观为跨文化交流提供"资源图谱",而跨文化语言认同则转化为使用动力,实现从"语言沟通"到"文化共情"的跨越,最终形成"资源支持—认同强化—团队凝聚"的良性循环,进而极大提升合作效率。

2. 构建跨文化交流的可持续发展范式

二者通过"保护—创新"双轨机制,为跨文化交流注入持续动能:语言资源观强调语言资源的保护和可持续利用,而跨文化语言认同则促使人们积极维护和传承语言资源。例如,在国际旅游中,游客通过学习和使用当地语言,更好地了解当地文化,同时也有助于保护和传承当地语言文化。二者协同作用还体现在跨文化交流的创新与发展上。语言资源观为跨文化交流提供了丰富的语言资源和文化背景知识,而跨文化语言认同则促使人们积极创新和融合不同语言文化,推动跨文化交流的不断发展。例如,在文化创意产业中,创作者通过融合不同语言文化的元素,创造出具有创新性和吸引力的文化产品,推动跨文化交流的可持续发展。

3. 共塑跨文化交流的全球治理视野

二者从"认知升级—制度建构"层面推动全球语言文化治理:语言资源观促使人们关注全球语言资源的分布和多样性,而跨文化语言认同则促使人们积极学习和使用全球范围内的语言资源。例如,在国际教育中,学生通过学习和使用多种语言,了解不同国家的文化和价值观,从而增强全球视野。二者协同作用还体现在跨文化交流的全球治理上。在全球化背景下,语言资源观和跨文化语言认同促使各国加强在语言资源保护和跨文化交流方面的合作,共同推动全球语言文化的多样性和可持续发展。例如,在联合国教科文组织等国际组织的推动下,各国通过合作开展语言资源保护项目,促进语言文化的交流与共享。

综上所述,语言资源观与跨文化语言认同相互作用,在跨文化交流中意义深远。二者共同深化语言认同内涵,增进对语言多样性的认同与保护意识,提升语言资源价值认知与实践应用能力,拓宽理论视野并加速实践落地。同时,它们也为跨文化理解、合作及可持续交流提供支撑,助力构建多元共生的社会文化环境。展望未来,二者仍将继续相互促进,在跨文化交流中持续发力,推动多元文化间的理解与交流及融合。另外,二者将在共同促进跨文化语言教育革新、构建新型语言智慧教育范式、培养复合型语言教育人才等方面大有作为。

四、语言资源观在跨文化语言认同中的多维应用

(一)语言认同在跨文化交流中的作用

语言认同在跨文化交流中起着至关重要的作用,它不仅是个体身份认同的核心组成部分,更是构建和谐多元社会环境的关键因素。在跨文化交流中,语言认同不仅帮助个体在多元文化环境中定位自我,还起到促进文化理解和接纳的作用。通过理解和认同自己的语言,个体能够更好地理解自己的文化背景和身份,从而增强文化自信和自尊。同时,对其他语言的认同也能促进对其他文化的理解和接纳,增进不同文化群体间的相互理解和合作。[11]

语言认同对于维护社会稳定、促进社会和谐具有积极作用。在多元文化社会中,不同语言群体间的相互理解和接纳有助于减少社会矛盾,增进社会凝聚力和向心力。通过对自身语言和他国语言的认同,个体能够更好地适应多元文化环境,从而维护社会的和谐稳定。

语言认同对跨文化交流具有促进作用。在全球化背景下,跨文化交流日益频繁,个体需要具备跨文化交流的能力和意识。通过对自身语言和他国语言的认同,个体能够更好地理解和接纳其他文化,从而增强跨文化交流的能力和意识。这不仅有助于个体的成长和发展,也有助于社会的进步和发展。

语言认同有助于更加科学地制定教育政策。教育的语言政策应当注重培养学生的语言能力和文化素养,促进学生的全面发展。政府应当制定相应的教育政策,鼓励和支持学校开展外语教育和多元文化教育。学校应当注重培养学生的外语能力和文化素养,开设多样化的外语课程和多元文化课程,以满足不同学生的需求。同时,政府还应当鼓励和支持学校开展国际交流与合作,为学生提供更多的机会去了解和接纳其他文化。

（二）语言资源观在跨文化交际中的应用

语言资源观深刻地影响着跨文化交际的实践与理解。在这一视角下，语言不仅是沟通的工具，更是一种文化符号和身份标识。在跨文化交际中，语言资源观的应用体现在对语言多样性的尊重与利用上。通过理解和尊重不同文化背景下的语言表达习惯，我们可以更有效地促进沟通与理解。例如，在商务谈判中，了解对方的文化背景和语言习惯，能够帮助我们避免误解和冲突，从而达成共识。此外，语言资源观还鼓励我们在跨文化交际中寻求共同点，通过语言的桥梁作用，促进不同文化之间的相互理解和尊重，进而推动全球化进程的和谐发展。

深入理解应用语言资源观对促进国际合作交流意义重大。全球化背景下，挖掘利用语言资源以促进文化交流融合至关重要。例如，在教育领域，我们可以通过开展跨文化交流项目，让学生在学习外语的同时，深入了解所在国家的文化背景，从而提高他们的跨文化交际能力。

语言资源观还启示我们，在跨文化交际中要注重语言创新。随着科技的发展，新兴的网络语言和翻译技术为跨文化交际提供了新的可能性。我们可以利用这些资源，打破语言障碍，让跨文化交际更加便捷高效。例如，在跨国企业中，运用智能翻译设备和技术，可以帮助员工克服语言障碍，提高工作效率。

同时，语言资源观也提醒我们，在跨文化交际中要关注语言公平。在全球化的过程中，一些弱势语言和文化可能被边缘化。为了维护语言多样性，我们应当关注这些弱势语言的发展，给予它们更多的关注和支持，确保各种语言与文化在全球化浪潮中都能得到传承和发展。

总之，语言资源观为我们提供了一个全新的视角，让我们更加全面地认识和理解跨文化交际。通过尊重和利用语言资源，我们可以促进不同文化之间的沟通与理解，推动全球化进程的和谐发展。在这个过程中，我们还需不断学习、创新和完善，以适应不断变化的国际环境，为构建人类命运共同体贡献力量。

（三）语言资源观在跨文化语言教育中的应用

语言资源观在跨文化语言教育中的应用，主要体现在对语言教学策略和教学内容的优化。通过将语言视为一种资源，教育者能够更加重视语言背后的文化内涵，从而在教学中融入多元文化元素。这种教育方式不仅有助于提高学生的语言能力，还能培养他们的跨文化交际意识和能力。例如，在第二语言教学中，教师可以引入不同文化背景的文本和话题，让学生在掌握语言技能的同时，了解和尊重其他文化。此外，跨文化教育还鼓励学生积极参与语言实践活动，如模拟联合国与诸多国家行之有效的国际交流项目等，这些活动能够让学生在实际运用中深化对语言资源观的理解，进而促进跨文化语言认同的形成。

在跨文化语言教育的实践中，语言资源观的运用不仅限于教学策略和内容，还包括对教学环境的优化。教育者通过创造一个多元文化的教学环境，让学生在自然的语言使用场景中，更深入地体验和理解不同文化的差异与共通性。例如，学校可以设立多语言角，鼓励学生用不同的语言进行交流，从而在互动中学习语言和文化。在这样的教学环境中，学生不仅能够接触到丰富的语言资源，还能在真实的语言使用中提升跨文化交际能力。教师可以通过组织跨文化主题的课堂讨论，引导学生探讨不同文化间的相似性与差异性，从而促进他们对语言和文化多样性的认识。此外，基于扩展现实（XR）技术构建的沉浸式语言学习环境，可使文化语境还原度显著提升。

跨文化语言教育还强调培养学生的跨文化敏感性和批判性思维。通过对比分析不同文化中的语言使用习惯和交际模式,学生能够学会如何在不同文化背景下恰当地使用语言,避免误解和冲突。教育者还可以设计一些跨文化交际的案例研究,让学生分析并解决实际生活中的跨文化问题,从而提高他们的跨文化适应能力。

总之,上述各种活动不仅能够让学生在实际情境中运用语言,还能让他们亲身体验不同文化的魅力,增进对其他文化的理解和尊重。通过这些多元化的教学手段,学生不仅能够掌握语言技能,还能形成一种开放、包容的跨文化心态,为未来的国际化生活和工作打下坚实的基础。

五、语言资源观与跨文化语言认同的挑战与对策

(一)语言资源观的挑战

语言资源观在跨文化语言认同中面临诸多挑战。首先,语言资源多样性会导致沟通障碍。全球化虽丰富了文化交流,却也带来了障碍。例如在国际会议中,不同语言背景参与者因语言不通难以有效交流,信息传递不准确甚至产生误解。多民族国家内,民族语言差异也可能导致沟通不畅,影响社会和谐与文化认同。其次,英语等强势语言的广泛传播冲击本土语言,使小语种被边缘化甚至趋于濒危。UNESCO(2022)《世界濒危语言图谱》显示,全球现存 7 151 种语言中,43%(3075 种)处于不同等级的濒危状态,年均消失约 26 种(约每两周消失 1 种),从而威胁语言多样性及跨文化语言认同形成,使相关国家地区文化传承发展面临困境。[12]另外,语言资源的不均衡分配也加剧了跨文化语言认同的挑战。一些国家和地区由于历史、政治、经济等原因,语言资源开发不足,导致语言教育、语言科技、语言产业等领域发展滞后,从而影响了跨文化语言认同的构建。最后,语言资源的数字化、网络化发展也带来了新的挑战。如何在保护语言资源的同时,充分利用现代科技手段促进跨文化语言认同,成为亟待解决的问题。语言资源观如何适应新的科学技术的发展,成为迫切需要解决的新问题。例如,人工智能和机器翻译技术的发展虽然提高了跨语言交流的效率,但也可能削弱人们学习和使用其他语言的动力。据统计,使用机器翻译工具的人数在过去十年增长了 200%,这可能导致人们过度依赖技术,忽视了语言学习和文化理解的重要性。此外,社交媒体和网络交流的普及也改变了人们的语言使用习惯,对传统的语言资源观提出了挑战。例如,网络语言和表情符号的广泛使用可能会影响人们对于正式语言和书面语的重视程度。[13]

(二)跨文化语言认同的挑战

在全球化的大背景下,跨文化语言认同面临的挑战不仅源于不同文化间的语言差异,还受到政治、经济、社会等多重因素的影响。例如,不同文化对于语言表达的习惯、语境理解等方面存在显著差异,这些差异在跨文化交际中容易引发沟通障碍。文化冲突也可能导致语言认同问题。当不同文化背景的个体在语言使用上存在差异时,可能会引发文化冲突,从而影响语言认同感。此外,语言政策的制定和实施也常常受到政治因素的干扰,进一步加剧了跨文化语言认同的困境。一些国家和地区可能推行单一语言政策,官方语言政策可能会导致少数族裔语言使用者感到被边缘化,这可能会削弱其他语言使用者的文化认同感。同时,教育体系中的语言教学内容和方法也会影响学生对语言和文化的认同。如果教育体系未能充分尊重和保护语言多样性,可能会导致学生对自身语言文化的认同感降低。这些挑战不仅影响了个体层面的语言使用和认同,也对整个社会的文化融合与和谐构成了考验。

跨文化语言认同是一个复杂的理论问题,涉及社会学、心理学和语言学等多个学科领域。

在全球化和多元文化背景下,理解和解决跨文化语言认同问题对于促进不同文化之间的交流与理解,维护文化多样性具有重要意义。

(三)应对策略

面对语言资源观与跨文化语言认同的挑战,我们需要采取一系列应对策略。一方面,要加强语言资源的保护和传承,重视本土语言的活力与传播。其中,包括对濒危语言的抢救性记录和研究,以及通过教育、媒体等途径推广本土语言文化。另一方面,要积极推动跨文化语言交流与合作,搭建语言沟通的桥梁。具体措施包括:促进多语种人才培养,在鼓励学习外语的同时,也要重视本土语言的国际化;加强国际语言文化交流,举办各类语言文化活动,增进不同文化背景下人们对语言的了解和认同;倡导平等、包容的语言观念,尊重语言多样性,消除语言歧视和偏见。同时,还要关注语言政策对语言资源观与跨文化语言认同的影响,制定和完善相关语言政策,为语言资源观与跨文化语言认同的发展提供有力支持。此外,还要关注语言资源的商业化利用,合理开发语言资源的经济价值。在保护语言资源的同时,可以通过语言产业、语言服务等方式,为语言资源的可持续发展提供经济支持。最后,要持续关注全球语言资源观与跨文化语言认同的发展趋势,借鉴国际先进经验,不断完善国家语言政策体系。通过加强国际合作,共同应对全球语言资源观与跨文化语言认同的挑战,为构建人类命运共同体贡献力量。

总之,面对语言资源观与跨文化语言认同的挑战,我们需要采取多元化的应对策略,充分发挥政府、学校、社会等多方面的作用,共同推动语言资源观与跨文化语言认同的和谐发展。

六、结语

深入探讨语言资源观与跨文化语言认同时,本研究分析不同文化背景下语言使用认同现象,揭示语言资源观在塑造跨文化语言认同中的关键作用。其一,语言资源多维度特征为跨文化认同提供丰富素材。不同语言相互借鉴融合,助力个体在多元文化环境中找到共鸣,构建跨文化身份认同。其二,语言资源动态性为跨文化认同发展提供可能。全球化推进下,语言资源流动传播频繁,搭建不同文化间交流理解桥梁。其三,语言资源观在跨文化语言认同中的价值受社会、政治、经济等多因素影响。实际应用中,需关注语言资源动态变化,适应跨文化环境变化。其四,语言教育在跨文化语言认同构建中至关重要。科学有效的语言智慧教育能培养个体跨文化交际能力,促进不同文化间理解和融合。

参考文献

[1]李宇明.中国的语言资源理念[N].人民政协报(学术家园版),2019-01-14(010).

[2]李宇明.中国语言资源保护的理念与实践[J].语言战略研究,2019(3):16-28.

[3]Marschak, J. The economics of language[J]. *Behavioral Science*, 1965, 10(2):135-140.

[4]李宇明.语言资源与语言资源学[J].语言教学与研究,2022(2):1-4.

[5]黄文红.跨文化交际能力理论模型:中国与西方的对比[J].西安外国语大学学报,2013(4):37-40.

[6]丁阳阳.跨文化语言比较研究:英汉语言与文化之探索[J].现代语言学,2023(11):4901-4908.

[7]李芳.语言与身份认同研究的主要流派和方法[J].中国社会语言学,2016,2(2):72-83.

[8]高一虹,李玉霞,边永卫.从结构观到建构观:语言与认同研究综观[J].语言教学与研究,2008(1):19-26.

[9]裴蓓.跨文化交际理论研究及研究发展趋势[J].汉语教学学刊,2020(2):133-155.

［10］丁阳阳.跨文化语言比较研究:英汉语言与文化之探索［J］.现代语言学,2023(11):4901－4908.

［11］王莹.文化认同与多元文化共存:社会学视角下的分析与探讨［J］.社会科学前沿,2023(12):5874－5878.

［12］王辉.背景、问题与思考——全球化时代面对英语扩散的我国的语言规划［J］.北华大学学报(社会科学版),2006(5):53－58.

［13］李雯雯.背景下的语言规划研究——《语言政策与规划·语言政策与全球化》述评［J］.语言战略研究,2017(5):89－96.

Language Resource Perspective and Cross-Cultural Linguistic Identity

Ding Shiqing

(Department of Language Sciences and Arts, Jiangsu Normal University, Xuzhou Jiangsu 201009;
School of Chinese Ethnic Minority Languages and Literatures, Minzu University of China, Beijing 100081)

Abstract: This paper explores the theoretical foundations, interactive relationships, and practical applications of language resource perspective and cross-cultural linguistic identity in intercultural communication. It systematically elaborates on the core principles of language resource perspective, conducts in-depth analyses of cross-cultural linguistic identity concepts and their significance, examines the formation mechanisms and contextual manifestations of cross-cultural linguistic identity across different cultural backgrounds. By integrating the theoretical frameworks of language resource perspective and cross-cultural linguistic identity, this study proposes targeted strategies to promote linguistic diversity and intercultural communication. The research aims to enhance global awareness of language resources, strengthen cross-cultural linguistic identity, thereby fostering mutual understanding and respect among cultures, and advancing the development of global cultural diversity and inclusiveness.

Keywords: Language Resource Perspective; Cross-Cultural; Linguistic Identity

【执行编辑:孔令俐】

地域文化视角下辽宁方言熟语多维解析[*]

安拴军　杨添越

（渤海大学文学院，辽宁 锦州 121013）

摘　要： 方言熟语作为一种在民间口语中广泛传播且具有相对稳定结构的语言形式，其形成与发展经历了长期的语言实践与社会传承过程，并在这一过程中不断发生历时性演变与共时性创新。这类熟语往往蕴含着丰富的地域文化特征与民俗认知模式。辽宁方言熟语与当地民俗文化保持着密切的互动关系，共同构成了具有区域特色的语言文化景观。辽宁方言熟语是该地区自然地理环境与人文社会环境的多维映现，体现了工业化进程中的城市语言特征，保留了环渤海地区传统的渔猎文化元素，也呈现出幽默自嘲的辽味修辞特征。作为民众集体记忆与地方性知识的语言载体，这些方言熟语不仅具有重要的语言文化保存功能，还在社会教化与价值传承方面发挥着不可替代的作用。

关键词： 地域文化；辽宁方言熟语；文化内涵；文化自信

美国语言学家萨丕尔认为：“语言也不脱离文化而存在，不脱离社会流传下来的，决定我们生活面貌的风俗和信仰的总体”。[1] 地域文化是一个地区的独特标识符，它包含了该地区人民的历史、传统、习俗等方面的信息。方言熟语作为地域文化的重要组成部分，承载着丰富的历史、民俗和社会信息，反映了一个地区的文化特征。本文以通行于辽宁地区的方言熟语为研究对象，探索语言背后所承载的深厚历史文化内涵。文中所用语料主要来自辽宁省各县市志，部分熟语在其他省份也通行。

一、辽宁方言熟语的研究意义

语言与文化之间存在着深刻的相互依存关系和内在关联性。作为语言的地域变体，方言在文化传承与传播过程中发挥着重要的媒介作用。优秀的传统文化不仅可以为经济社会发展提供持久的精神动力，更是构建文化认同的重要基础。辽宁方言熟语承载着丰富的地域文化信息，为研究当地民众的生活习俗、文化心理和历史民俗提供了重要的语言素材。然而，随着

* **基金项目：** 本文系国家社会科学基金一般项目“辽宁省汉语方言地图集”（23BYY098）、教育部人文社会科学研究青年基金项目“语言接触视角下辽宁胶辽官话的调查与研究”（22YJC740003）、省社科联 2024 年度辽宁省经济社会发展研究课题“地域文化自信视域下辽宁方言熟语的挖掘与文化内涵研究”（2024lslybkt-136）、辽宁省教育厅人文社科类面上项目“地理语言学视域下辽宁省辽河沿岸方言比较研究”（JYTMS20231634）的研究成果。
作者简介： 安拴军，渤海大学文学院教授，博士，硕士生导师。研究方向：汉语方言学。杨添越，渤海大学文学院硕士研究生。研究方向：汉语方言学。

人际交往的日益频繁,方言的使用环境和使用范围正在逐渐萎缩,民众普遍存在对传统地域文化认识弱化的现象。基于此,开展辽宁方言熟语调查研究具有重要的学术价值和社会意义:一方面可以保护和传承传统文化精髓;另一方面有助于纠正文化认知偏差(例如"文化自负"和"文化自卑"现象),促进文化自信的重建。

(一) 语音与词汇的活态保存

胡晓研指出:"在汉语言这个符号系统中,堪称核心与精华的是汉语熟语系统。汉语熟语是汉语言系统中兼有动态和静态两种状态的定型的实体系统,它是汉语言中常用而定型的词组或语句。"[2]辽宁方言熟语是考察汉语方言历时演变与区域语言接触的"活化石",是汉语方言研究的重要语料之一。这些方言熟语保留了北方方言的典型音变特征。比如方言中呈现的儿化现象具有类型学意义,方言特有的连读变调模式(如"东西""出去"等词前字变阳平)为研究方言韵律提供了典型样本。辽宁方言熟语还保存了丰富的语言接触证据。满语借词如"秃噜"(表"脱落"义)、"嘎拉哈"(指传统骨关节游戏)等记录了满汉语言接触的历史过程;蒙古语底层词汇如"胡同"(指巷道)、"敖包"(指人工堆砌的石堆)等,则反映了游牧文明与农耕文明的语言互动现象。

(二) 族群认同的符号表征

辽宁方言中的特定历史熟语构成了独特的语言认同标记。如"棒打狍子瓢舀鱼,野鸡飞进饭锅里"反映了"闯关东"的移民初到东北时,对当地丰富自然资源的惊讶和欣喜。再如"猫冬歇脚""猫冬养膘"中的"猫冬"一词,本指冬季躲避严寒的生存策略。在长期使用中,该词衍生出"冬季休整、蛰伏待机"等多重文化意涵。特定社群往往会通过保留一些独特的熟语来强化群体边界,这些语言化石般的熟语正成为连接现代都市生活与祖辈移民记忆的情感纽带。

(三) 民间智慧的浓缩载体

辽宁方言熟语作为辽河流域民间智慧的浓缩载体,其丰富的文化内涵与生动的表达形式构成了独特的语言文化遗产。如"清明忙种麦,谷雨种大田"准确反映了农耕时序;"春钓滩,夏钓潭,秋钓阴,冬钓阳"蕴含着对自然规律的深刻把握;"小雪封地,大雪封河"既是对自然现象的记录,也暗含生存的智慧。婚丧嫁娶类熟语如"姑爷进门,小鸡没魂"生动展现了特有的待客习俗;节气时令类熟语"腊七腊八,冻掉下巴"形象描述了极寒气候下的生活体验;"冬至饺子夏至面"等饮食熟语则体现了人们对岁时节令的仪式化处理。

(四) 语言政策的参考依据

辽宁方言熟语能为区域语言资源的保护与传承提供实证性研究案例。辽宁地区广泛流传的典型熟语如"打秋膘"(指秋季进补)、"宁舍一顿饭,不舍二人转"(体现地方戏曲文化价值)、"海水冒泡,大风要到"(反映对气象的认识),既包含独特的方言词汇特征,又承载着丰富的民间知识与地方性智慧。但是当代年轻群体对这些熟语的认知逐渐下降,这种语言代际传承的断裂现象反映了方言使用环境的萎缩和本土文化认同的弱化。研究辽宁方言熟语能为制定科学的语言保护政策、开发地方特色语言课程提供重要的实证依据和语料支持。

二、辽宁方言熟语的文化内涵

党的十八大以来,习近平总书记高度重视文化自信,在"四个自信"中,文化自信是更基础、更广泛、更深厚的自信,是更基本、更深沉、更持久的力量。地域文化是文化自信的重要基石,展现出独特的文化魅力,深刻体现了地区的民俗风情、历史传统、社会习惯等多元文明要素。这些文化现象,如湖湘文化、吴越文化、巴蜀文化等,都是地域文化独特而重要的表现。各具特色的地域文化不仅丰富了中华民族的文化内涵,更已成为我们宝贵的精神财富。弘扬地域文化要"接地气",辽宁方言熟语作为地域文化的瑰宝,具有"接地气"的语言魅力和文化内涵。

(一)反映地域特色

辽宁省紧邻渤海,临海居民根据生活经验总结出了许多与大海或渔业相关的方言熟语,如表1所示。

表1　与大海或渔业相关的方言熟语举隅

地区	类别	熟语	含义/关联
瓦房店[3]	潮汐规律	月亮晌,潮不涨。	潮汐与月亮的关系
		初三水十八潮,大起大落。	用潮汐"大起大落"的自然规律喻指生活起伏
		十七水十八潮,吃了饭慢慢摇。	潮汐规律与生活智慧
		七死八活九不退,初十赶海净遭罪。	将自然规律转化为生产经验
		二十七八,赶旱潮。	地域文化中"顺应自然、因地制宜"的体现
	渔业与节气	南风蟹子北风虾,七(月)上八(月)下。	风向与虾蟹捕捞季节的关系
		二月清明鱼在前,三月清明鱼在后。	当地气候特点与鱼类活动的关系
	自然现象	海猫叫,潮来到。	海鸟叫声与潮汐时间的关系
大连甘井子[4]	海洋生物与农事	花蛤鼓包,麦子黄梢。	将海洋生物与农作物的变化相结合
金县(今大连金州区)[5]	海水与天气预测	海水冒泡,大风要到。	通过观察海洋现象预判天气
		海水发腥,主雨最灵。	利用环境细节指导生产生活
		无风来长浪,不就狂风降。	利用海洋现象指导生产生活
	海洋生物行为与天气	海鸥飞上船,风雨在眼前。	海鸥行为预示风雨
		海里鱼探头,大雨在后头。	鱼类异常行为预示大雨
		海火现,风雨见。	海面发光(生物发光)预示风雨

辽宁物产丰富,盛产的水果有苹果、梨、大枣、樱桃、葡萄、油桃、草莓、杏、西瓜等,也因此出现了许多与果树相关的方言熟语,如瓦房店熟语:"家在辽南住,苹果就是摇钱树""果树好比摇钱树,母猪胜似聚宝盆""无水不长树,无光不开花,无肥不结果""要想富栽果树,要发财栽二槐(棉槐、刺槐)""不修不剪(果树)'抓抓窝',果子少来虫子多""树不修,果不收""多跑千里路,不如莳弄苹果树""大枝亮堂堂,小枝(果树)闹嚷嚷"。大连甘井子方言熟语:"杏子阻鼻子,正好种穄子""杏花开,桃花落,播种大田没失错"。金县熟语:"桃三杏四梨五年"。

传统的"数九"从冬至这一天开始计算,每九天为一个单位,全国各地都有自己的"数九节气歌",辽宁地区的"数九歌"也独具特色,比如:"一九二九在家死囚,三九四九棍打不走"[安东(今丹东)],[6]"囚"的意思是闲待,什么事也不干,该熟语的意思是冬至后的一九二九已经很冷了,适宜在家待着躲避严寒,三九四九是一年中最寒冷的季节,更不宜出门。又如"九九八十一,脱去寒衣换夹衣"(庄河),[7]意味着随着春天的到来,人们开始脱下厚重的冬衣,换上轻便的夹衣。

(二)体现民俗风情

方言熟语还展现了辽宁地区通行的民间信仰和民俗风情。如"在家敬父母,不必烧远香"(黑山),[8]表明孝敬父母应当从日常生活中的小事做起,而不需要去远处的寺庙烧香拜佛。这强调了孝顺在家庭生活中的重要性,以及在身边就能尽孝的理念。又如"十年河东转河西,莫笑穷人穿破衣"(庄河),常用来教导人"不要嘲笑别人的贫穷和落魄,因为情况可能会在短时间内发生改变"。再如"守山烧柴守河吃水"(辽阳),[9]告诫人们有什么条件就依靠什么条件生存。"早起三光,晚起三慌"[奉天(今沈阳)][10]提醒人们早起能够享受一天的光明和清晨的时光,而晚起则可能错失许多机会,陷入焦虑和慌乱。"宁受小时苦,不受老来贫"(沈阳市大东区)[11]表达了节俭和勤劳的观念,即宁愿在年轻时承受一些困难,也要努力为将来储蓄和积累财富,以免老年时陷入贫困。这一熟语提醒人们要有远见,为未来做打算。

(三)展示生活智慧

辽宁方言熟语中富含众多深具智慧的说理类俗语,这些熟语以简洁明了的方式揭示了生活的真谛,反映了民众对生活的独特理解和感悟。如"薄地种谷子"(安东),说明人们很早就发现了谷子耐旱、生命力强的特点,相较于其他农作物,谷子对生长环境的要求更低一些,所以可以在较为贫瘠的土地上播种,这样就可以把肥沃的土地留给其他农作物,因地制宜,使得收益最大化。再如"东虹雾露西虹雨,南虹发河水,北虹淹死鬼"(大连甘井子),意思是虹的方位不同预示着天气雨量的大小。

三、辽宁方言熟语的分类与特点

辽宁方言熟语是人民在长期的生产生活实践中孕育出的独特语言表达方式,具有鲜明的地域特色。这些熟语语言凝练、意蕴深远,既展示了辽宁地区人民的智慧,也体现了该地区独特的地域文化魅力。

(一)辽宁方言熟语的分类

1. 农业生产民俗中的方言熟语

农业民俗具有农业生产的季节性和周期性特点,是农民在长期的观察和生产实践活动中逐步形成的文化产物。这些农业民俗既是生产经验的总结,又是指导生产的手段,具有明显的传承性。[12]辽宁省地域辽阔,种植业较为发达。在悠久的农耕与畜牧历史中,劳动人民根据四季气候的变迁,积累了丰富的"地域性智慧",这些"智慧"通过方言熟语的形式在日常交流中广泛传播并得以保存。

1)气候时令

辽宁省属于温带大陆性季风气候,境内雨热同季,日照丰富,积温较高,冬长夏暖,春秋季短,四季分明。对于依赖自然环境进行农业生产的劳动人民而言,深入了解并掌握这些气候规律,有利于指导农业生产活动。此类方言熟语多源自劳动人民对气象的细致观察与深入分析,凝聚了人们对自然规律的认识与理解,能够根据气象的微妙变化推断未来一段时间的天气走向。部分熟语如表2所示。

表 2　辽宁方言气候时令类熟语举隅

熟语	地区	字面含义	农业指导意义
重阳无雨看十三,十三无雨半冬干	辽阳	重阳节若无雨则看十三日,若十三日仍无雨则预示冬季干旱	农作物生长所需水分管理
九月重阳,移火进房	庄河	重阳节后气温明显下降,需开始取暖	温室管理/牲畜防寒
朝烧阴夕烧晴	安东	早晨出现火烧云预示当天为阴天,傍晚出现火烧云则预示次日为晴天	农事作业时间安排
先下牛毛没大雨,后下牛毛雨绵绵	铁法[13]	开始下小雨通常不会有大雨,若持续下小雨则会长时间降雨	灌溉决策/露天作业规划

这些经验性的气象预测,既体现了人们对自然环境的深刻理解,也为调整农业活动和准备应对自然灾害提供了依据。

辽宁地区还存在描述一年四季的熟语。如"立春阳气转,雨水河溜通,惊蛰乌鸦叫,春分暖气融,清明忙种地,谷雨好种棉,立夏鹅毛稳,小满雀来全,忙种休强种,立夏不穿棉,小暑不算暑,大暑雨连绵,立秋忙打靛,处暑快磨镰,白露忙割谷,秋分割大田,寒露割苏子,霜降菜宜腌,立冬收仓库,小雪河封坚,大雪必封地,冬至属九天,小寒忙扫舍,大寒要过年"(绥中),[14]这一熟语涵盖了从立春到大寒的节气变化和相应的农业活动,具体描述了每个节气的气候特征及其对农业生产的影响。

经过长期观察和实践,劳动人民凭借对天象、气温、风向等自然现象的敏锐洞察,积累了丰富的经验,为农业生产提供了坚实的支撑。这些经验不仅助力他们提升生产效率,更深化了他们对自然规律的理解。同时,这些宝贵的智慧也通过方言熟语的形式得以流传和保存。

2) 农业生产

农业生产是一个涉及多个环节的系统过程,农作物从播种、生长到收获都需遵循生长规律,根据气候、季节的变化适时调整。在长期农业生产实践中,众多经过历史沉淀和实践检验的经验得以积累,这些经验以方言熟语的形式流传至今,为农业生产提供了宝贵的指导和借鉴。劳动人民经过对各生产环节的深入分析与总结,提炼出了不同农作物种植方式的丰富经验。部分农谚如表3所示。

表 3　辽宁方言农业生产类熟语举隅

农谚原文	出处	字面解释	科学依据
一年二头春,黄豆贵如金	辽阳	双春年气候异常导致黄豆减产	双春年气温波动大,影响大豆开花和结荚
小豆一窝,绿豆一科	安东	绿豆适宜单株种植	绿豆株型种植要稀疏,密集种植易导致通风不良
秋分不割,必遭风磨	辽阳	秋分时节需及时收割	秋分后遭受大风等自然灾害的概率增大,易导致农作物受损减产
过了芒种不可强种	辽阳	芒种后不宜勉强播种	播种过晚可能会面临高温高湿的环境,影响发芽率和幼苗的生长
小麦不怕人和鬼,但怕四月八夜水	庄河	立夏时节雨水危害麦花	花期降雨会影响授粉,导致结实率降低
谷秀要风摇,稻秀要雨浇	庄河	谷子需风,水稻需雨	适当刮风可以帮助谷子授粉,适当降水可以满足水稻生长所需水分,提高结实率

从选种、播种、生长期管理到收获，人们将从长期生产实践里总结出来的经验用熟语的形式表达出来，这样的方言熟语还有很多，比如"种地选好种，等于多两垄"（瓦房店）强调优质种子的重要性；"干铲芝麻，湿铲瓜，不干不湿铲棉花"（辽阳）强调要因地制宜。农作物的生长习性不同，管理要求也各不相同。"顶浆打垄，趁潮打种"（辽阳）、"深耕浅培，如同加肥"（盘山）[15]、"要想庄稼长得好，三铲四趟不可少"（瓦房店）、"麦子要想成，就得抢冰凌"（瓦房店）、"谷子厚了一把草，豆子厚了不结角"（辽阳）、"麦锄三遍没有沟，豆锄三遍鼓溜溜"（盘山）、"三九天猪打溺，来年谷穗搭拉地"（盘山）、"深耕一寸土，多打两石谷"（瓦房店）等熟语记录了农作物在生长期间的管理经验。"种地不保土，三年就露骨"（盘山）、"粪肥到处有，就怕无人瞅"（盘山）、"小堆肥劲跑，大堆肥劲好"（盘山）、"园子不用问，全得水和粪"（安东）、"天上无云不下雨，地里无粪不打粮"（铁法）、"种地不上粪，等于瞎胡混"（瓦房店）等熟语强调农作物生长所依赖的土壤、肥料的重要性。

我国自古以来便以农耕文化为主导，为顺应自然规律与地理条件，精心规划农事活动。二十四节气是精准反映四季冷暖更替的历法制度，对于农民而言具有重大的指导意义。我们的先辈凭借丰富的生活经验，创造出众多富含训诫意义的语句。这些句子历经岁月沉淀，仍具有深远的影响力，它们以传承的形式展现了熟语所蕴含的科学实践性。

2. 物质生活民俗中的方言熟语

辽宁省是一个历史悠久、文化灿烂之地，其物质文明与民俗文化相互交织，孕育出独具特色的方言熟语。这些熟语不仅凝聚着当地人民的智慧与生活经验，更折射出人民对于生活的深刻态度与理念。部分地区熟语如表 4 所示。

表 4　辽宁方言物质生活民俗类熟语举隅

熟语	地区	社会文化内涵	认知维度
有钱不置河边地	安东	河边一般都是低洼之地，地下水位很浅，不适合打地基盖房子，如遇汛期会造成重大财产损失甚至生命危险	生态智慧
庄稼老真古怪，越贵越不卖	安东	展现小农经济下的市场博弈行为：农民不肯轻易将自己辛苦所得卖出去，在信息不发达的年代，时刻关注市场变化，希望通过综合研判卖个好价钱	经济理性
家有二斗粮，不当孩子王	奉天	折射传统社会知识阶层边缘化现象，反映教育职业的社会认同困境：老师的待遇差，地位低，只要能勉强糊口，就不愿当私塾老师	职业伦理
大口小口，一月二斗	兴京（今新宾）	体现资源稀缺条件下的家庭消费管理策略，平时需节衣缩食、勤俭持家	生存经济学
富人一席酒，穷汉半年粮	庄河	揭示社会财富分配不均现象，贫富差距悬殊，富贵人家置办一桌酒席的开销，足以支撑穷苦人半年的口粮	社会分层
有钱是夫妻，无钱常咕叽	庄河	呈现经济基础与婚姻稳定性的关联认知，反映物质主义价值观的社会渗透	家庭社会学

在生活生产中，人们通过长期观察、反复实践、摸索总结，将富含丰富经验和智慧的道理通过方言熟语表达出来。这样的例子还有很多，比如"鸡抱鸡二十一，鸡抱鸭二十八，鸡抱鹅三十四天不能挪"（彰武）[16]、"腰痛腿酸疮疤痒，大雨就在一半晌"（盘山）、"汗不脱衣，气不饮食"（瓦房店）、"冬吃萝卜，夏吃姜，不用医生开药方"（瓦房店）、"编筐窝篓，全在收口"（瓦房店）。

上述方言熟语深刻反映了民众的生活方式、交易习俗、社会阶层分布以及对财富的看法和观念。这些方言熟语是辽宁地区独特民俗文化和智慧的结晶,深入揭示了人们在日常生活中对待物质与社会关系的态度。通过这些熟语,可以观察到人们对生活的多元感悟和应对策略。这些熟语不仅是语言表达的艺术,更是文化传承的载体,对于理解辽宁地区的文化和社会风貌具有重要意义。

3. 人情世故民俗中的方言熟语

人情世故是一个广泛而深刻的概念。它不仅包括人们在日常交往中的礼仪和习惯,还涉及人们对人际关系、情感表达、交往方式、文化传承等方面的理解和运用。在人们的生活中,人情世故无处不在,影响着人们的思维方式和行为方式。方言熟语,作为地方文化的独特载体,常常凝聚着丰富的民俗智慧和深邃的人情世故。勤劳是中华民族的传统美德,对劳动的肯定和赞美是中国传统文化的重要内容之一。勤俭节约是一个人最基础的良好道德品质之一,也是中华民族的传统美德。"俭,德之共也;侈,恶之大也""士非俭无以养廉,非廉无以养德",这些古语告诫人们要勤俭持家,不能贪图安逸。从通行于辽宁地区的方言熟语也能看到这种劳动精神和勤俭节约的传承。如表5所示。

表5　辽宁方言人情世故民俗类熟语举隅

熟语	地区	文化内涵
人勤地出宝,人懒地生草	辽阳	强调劳动创造价值,懒惰就会一事无成
要发家大瓜带芝麻,要受穷摆弄毛毛虫		产业选择对家庭经济的影响
要受穷睡到日头红,要发财天亮就起来		勤劳与经济状况的关联性
不怕慢,就怕站	彰武	体现持之以恒的劳动精神
秋天猫猫腰,胜似春天走一遭		突出农时把握的重要性
吃不穷,穿不穷,算计不到才受穷		强调理性规划在家庭经济管理中的重要性
三年不喝酒,吃穿啥都有		节制消费与物质积累的关系
勤下地,少赶集,三年攒匹大叫驴	盘山	劳动投入与消费节制的辩证关系
一天省一把,十年买匹马		微观积累的长期效应
早起三朝顶一工,早起三年顶一冬		时间管理与劳动效益的关系
骡马架子大值钱,人架子大不值钱	瓦房店	倡导谦逊务实的人生态度
没有弯弯肚子,别吃镰刀头子		强调自我认知与能力匹配原则
饿时给一口,强似饱时给一斗		赞赏雪中送炭的社会价值
知过不如改过,言善不如行善		突出实践在道德修养中的核心地位
喝酒厚,赌钱薄		揭示不同社交行为对人际关系的影响差异
小时偷针,大了偷金		说明行为习惯养成的重要性
井里无水四下淘	安东	体现积极应对困境的生存智慧
交人交心花浇根	奉天	揭示人际交往的本质在于心灵沟通

(二) 辽宁方言熟语的特点

1. 地理气候镜像

辽宁方言熟语的表达深刻植根于当地独特的自然地理环境、历史发展进程及民俗文化传统。这些熟语蕴含海洋文化(潮汐规律、渔业生产)、农耕文明(黑土耕作、节气农事)以及边疆历史记忆等多元地域要素,构建起具有文化编码特性的语言表达体系。如"黑土上黄粪,越上越有劲"记载了东北平原黑土地的肥沃特性,突出了合理施肥对土壤肥力提升的积极作用,其"油-肥力"的隐喻系统与农业具有认知同构性。

2. 工业城市语言烙印

辽宁方言熟语作为地域语言变体的重要组成部分,体现了东北老工业基地特有的语言文化特征。这些熟语往往取材于工业生产和城市生活,通过形象生动的比喻和通俗的表达,折射出辽宁作为重工业城市的历史积淀与文化认同,如熟语"铁路警察——各管一段"之所以在辽宁通行,与辽宁密集的铁路网络和发达的交通运输业密切相关。这一熟语借用铁路系统分工明确的管理特点,形象地比喻工作中权责分明、各司其职的现象。这类熟语都深深打上了工业文明的烙印。

3. 渤海湾渔猎风情

辽宁方言熟语作为地域性语言文化载体,生动呈现了环渤海地区特有的渔猎文化特征。例如,熟语"鱼过千层网,网网还有鱼"既道出了海洋资源的丰饶特性,更暗含可持续发展的生态理念;渔民忌讳"翻""倒""扣"等词,言语中涉及此类词时,多称"转"或"划",如"翻过来"称"划过来",这一现象折射出了涉海群体特有的心理文化机制,这种语言避讳现象实质上是海洋高危作业环境下形成的心理防御机制,通过语言禁忌来祈求平安丰收。

4. 幽默自嘲的辽味修辞

辽宁方言熟语善于以自然界或日常生活中的常见事物为喻体,通过夸张变形的手法,创造出既幽默风趣又耐人寻味的表达方式,如熟语"螃蟹横向走,它说很正当",以螃蟹横行的自然特征为切入点,运用拟人化的夸张手法,讽刺了那些明知自己行为不当却强词夺理的人。类似的熟语还有"黄脸似瓢""螃蟹蛤蟆屎壳郎,自个觉得自个强""屎壳郎推个臭屎蛋,它说是麝香"等。

辽宁方言熟语如同方言"活化石",既记录了"辽泽"古地的自然生态,又折射出从奉天故地到工业大省的社会变迁,其粗犷直白的外壳下包裹着黑土地特有的生活哲学。

四、结语

辽宁方言熟语作为地域文化的重要载体,不仅反映了辽宁地区独特的自然地理环境和人文社会风貌,更凝聚了当地人民在长期生产生活实践中积累的智慧与经验。这些熟语通过生动的语言形式和丰富的文化内涵,展现了辽宁地区的农耕文明、渔猎文化、工业城市特色以及民俗风情。辽宁方言熟语保留了北方方言的语音特征和词汇演变轨迹,记录了满蒙汉语言接触的历史痕迹,具有重要的语言学研究价值。这些熟语蕴含的民间智慧、道德观念和生活哲学,为弘扬地域文化、增强文化自信提供了宝贵的资源。在现代社会快速发展的背景下,方言熟语的使用场域逐渐萎缩,年轻一代对其认知度下降,代际传承面临挑战。未来,应积极推动辽宁方言熟语的活态传承,使其在新时代继续发挥文化认同与社会教化的功能,为中华民族的文化繁荣注入独特的地域活力。

参考文献

[1][美]爱德华·萨丕尔.语言论:言语研究导论[M].陆卓元,译.陆志韦,校订.北京:商务印书馆,2011.

［2］胡晓研.汉语熟语:中国语言文化的活化石[N].中国教育报,2015-07-18(004).

［3］陈恒国,刘吉贞.瓦房店市志[M].大连:大连出版社,1994.10.

［4］毕秀丽,许铁兵,大连市甘井子区地方志编纂委员会.甘井子区志[M].北京:方志出版社,1995.

［5］大连市金州区地方志编纂委员会办公室.金县志[M].大连:大连出版社,1989.

［6］关定保,于云峰.安东县志[M].民国二十年(1931)铅印本.

［7］廖彭,宋抡元.庄河县志[M].民国十年(1921)铅印本.

［8］梁学贵,庞国士,朱尚弼.黑山县志[M].民国三十年(1941)铅印本.

［9］何景春.辽阳县古迹遗闻[M].民国十五年(1926)铅印本.

[10]王树楠,吴延燮,金毓黻,东北文史丛书编辑委员会点校.奉天通志[M].沈阳:沈阳古旧书店,1983.

[11]沈阳市大东区人民政府地方志编纂办公室.大东区志 1896-1995[M].沈阳:辽宁民族出版社,1999.

[12]钟敬文.民俗学概论[M].北京:高等教育出版社,2010.

[13]李德云.铁法市志[M].北京:中国书籍出版社,1992.

[14]文镒修,范炳勋.绥中县志[M].民国十八年(1929)铅印本.

[15]熊维诚;盘山县地方志编纂委员会办公室,编.盘山县志[M].沈阳:沈阳出版社,1996.

[16]王恕修,王德辉.彰武县志[M].民国二十二年(1933)铅印本.

Multidimensional Analysis of Liaoning Dialect Idioms from the Perspective of Regional Culture

An Shuanjun　　Yang Tianyue

(School of Literature, Bohai University, Jinzhou Liaoning 121013)

Abstract: As a widely spread and relatively stable language form in folk oral language, dialect idioms have undergone a long process of language practice and social inheritance in their formation and development, and have continuously undergone diachronic evolution and synchronic innovation in this process. These idioms often contain rich regional cultural characteristics and folk cognitive patterns. Liaoning dialect idioms maintain a close interactive relationship with local folk culture, jointly forming a language and cultural landscape with regional characteristics. Liaoning dialect idioms are a multidimensional reflection of the natural geographical and cultural social environment of the region, reflecting the characteristics of urban language in the process of industrialization, preserving the traditional fishing and hunting cultural elements of the Bohai Rim region, and presenting humorous and self deprecating rhetorical features with Liaoning characteristics. As language carriers of collective memory and local knowledge, these dialect idioms not only have important language and cultural preservation functions, but also play an irreplaceable role in social education and value inheritance.

Keywords: Regional Culture; Liaoning Dialect Idioms; Cultural Connotation; Cultural Confidence

【执行编辑:郭鸿宇】

浅谈乌克兰语言规划的政治性与政治化趋势[*]

高卿云

（中国社会科学院大学文学院，北京 102400）

摘　要：乌克兰的分裂历史与多样化民族组成造就了其复杂的语言生活现状。1991 年 8 月 24 日，乌克兰宣布独立后，采取一系列语言规划措施以巩固政权，构建统一国家形象。语言规划的政治性在主体、目的、内容和实现路径上均有体现。同时，各党派为争夺势力支持，根据自身利益频繁调整语言政策，政治冲突外化为语言冲突，使语言规划带有政治化倾向，在语言政策、语言教育以及语言生活等领域均有体现。政治性是语言规划的基本属性，而政治化将语言与权力斗争相联系，是利用语言规划谋求部分群体私利的行为。通过区分二者，为制定合理有效的语言规划提供参考。

关键词：乌克兰；语言规划；政治性；政治化

一、前言

语言规划是一项复杂的系统性工作，其制定与实施不仅需要考虑语言的实际使用情况，还要关注社会生活、政治经济、民族宗教以及历史等相关因素。[1]语言规划一方面要满足语言的交际需求，另一方面也要体现国家意志、符合社会发展与人民意愿。因此，语言规划的制定与实施需要遵循一定原则，才能保证目标的顺利实现。其中，语言规划的政治属性是本文研究重点，包括语言规划制定与实施过程中妥善处理语言与政策的关系，政治环境对语言使用的影响，合理解决与政治相关的语言问题等。语言规划如果割裂政治性，或过分强化政治性，即语言规划走向政治化方向，都会导致语言规划难以顺利实施，无法达到预期效果。

目前，国内外学者已对乌克兰语言规划展开研究。阿列克谢耶夫（Alekseev）系统考察了《乌克兰语言法》在教育领域的实施路径，分析了其政治化过程。[2]侯昌丽、戴曼纯、梅颖等国内学者通过历时研究，系统梳理了乌克兰语言规划进程，[3][4]探讨了乌克兰语作为国语在各个领域的推广过程及其与俄语的竞争关系，[5]深入分析了乌克兰语言政治斗争现象背后的矛盾。[6]此外，还有研究从"颜色革命""语言冲突"视角对乌克兰语言政策进行考察。[7][8]本文在已有研究基础上，着重分析乌克兰语言规划的政治属性以及语言相关政治化政策的实施与影响，对语言规划的政治性特征与政治化行为进行有效区分，以明确立足语言现状制定语言规划的必

---

　*　作者简介：高卿云，中国社会科学院大学文学院博士研究生。研究方向：语言规划、语言服务。

要性。

二、乌克兰基本情况

乌克兰数百年来一直处于分裂状态,曾被波兰立陶宛联邦、波兰、奥匈帝国和俄罗斯帝国等统治,直到 1940 年才成为一个共同政体的成员。各帝国对乌克兰的入侵与统治无疑割裂了乌克兰作为一个国家整体的历史连续性,从而使国内各地区文化认知各不相同,客观上造成了国家认同的碎片化现状。1991 年,乌克兰宣布独立,实行三权分立的总统议会制,进行私有制改革,在成为自由、民主的主权国家道路上积极探索。

乌克兰东部与俄罗斯接壤,北临白俄罗斯,西接波兰、斯洛伐克、匈牙利,南部与罗马尼亚、摩尔多瓦接壤。复杂的历史与欧亚交接的地理位置造就了乌克兰境内多民族共存现状。乌克兰有 130 多个民族,其中乌克兰族是境内主体民族,约占总人口数的 77.8%;俄罗斯族为第二大民族,约占总人口数的 17.3%;白俄罗斯族、加告兹族、希腊族等少数民族占比总共为4.9%。①

乌克兰境内多样化民族组成蕴含丰富的语言资源。据统计,使用乌克兰语人口占比为67.5%,使用俄语人口占比为 29.6%,境内还有罗马尼亚语、匈牙利语等少数民族语言,约占2.9%。②沙皇统治时期,曾在乌克兰境内大力推行俄语,不承认乌克兰语言地位,试图进行"俄罗斯化"改造。20 世纪 20 年代,乌克兰加入苏维埃社会主义共和国联盟后,③在列宁时期的民族语言平等政策下,乌克兰语曾获得初步发展,在教育、大众传媒及公共服务等领域开始发挥重要作用。然而,自 20 世纪 50 年代起,苏维埃政权推行民族融合政策,通过行政手段强制推广俄语,致使包括乌克兰语在内的各少数民族语言生存空间受到严重挤压。这种语言同化政策在教育领域表现得尤为突出,俄语被确立为所有学校的唯一教学语言。1991 年乌克兰独立后,为抵制俄语的强势影响,政府将乌克兰语确定为唯一国语并写入《乌克兰宪法》,试图强化其国家语言地位。但语言使用的现实状况显示,俄语至今仍保持着高度的社会流通度,在乌克兰语言生活中占据着不可忽视的地位。

三、语言规划的政治性

语言除了它的符号特点与工具功能之外,还是文化,是资源,是教育,是经济,是科技,是生产力,更是政治。[9]已有学者从系统性、社会性、开放性、动态性、人文性等角度对语言规划的特性进行描述。[10][11]然而值得注意的是,尽管政治性作为语言规划的本质属性在学术实践中已被普遍默认,却缺乏明确的学理界定。陈章太指出,"制定语言规划,应当坚持政治性原则,总结语言政策的成功经验,……这样才能保证语言规划的正确与可行"。[12]孙炜等强调"在制定和实施语言规划时,要周全考虑和妥善处理语言及其使用的政治因素,正确处理与政治相关的语言问题"。[13]已有研究成果虽然对语言规划实践过程中展现的政治属性进行了描述,但尚未将其提升为语言规划的核心特征加以系统论证。综合已有研究成果,语言规划的政治性不仅体

---

① 参见乌克兰官网,www.cia.gov/the-world-factbook/countries/ukraine/。
② 同上。
③ 1922 年,苏联成立时,东乌克兰作为加盟共和国是创始国之一,西乌克兰此时并未加入;1939 年,苏联利用武力收复了被波兰控制的西乌克兰,完成了对乌克兰全境的控制。

现在实践层面,在语言规划的主体、内容、目的、路径等层面均有所体现。

(一) 主体的政治性

语言规划的主体是语言规划的制定者和执行者,一般认为是政府、学术权威部门或其他组织。[14]从主体构成来看,政府机构作为核心主体,是国家意志的法定代表,其语言规划行为体现着国家意志;学术权威部门虽以科学研究为宗旨,但其智库功能决定了研究成果必然服务于国家语言战略,具有明显的政策导向性,其工作实质是将政治决策转化为社会实践的过程;即便是其他组织,其语言推广活动也必须在国家语言政策框架内开展,多为辅助政府推行语言规划实践,其工作内容具有政治性。这种主体构成特征深刻表明,语言规划本质上是一种政治实践,其政治性主要体现在三个方面:主体资格由国家权力赋予,行为依据源于法律法规,实施过程伴随着权力运作。

乌克兰语言规划采取了"自上而下"的政府主导模式,主要通过颁布法律法规的形式开展语言规划实践。因此,乌克兰政府是语言规划的最重要主体,体现了语言规划主体层面的政治性。

(二) 内容的政治性

语言规划的内容十分广泛,主要包括地位规划与本体规划。语言地位规划的内容是确定某种语言在社会中的地位与功能。具体表现为国家通过显性或隐性手段在社会中提高一种语言地位,扩大其使用范围,而对其他语言仅承认区域性通行的交际属性。20世纪以来,越来越多摆脱殖民统治的新兴国家面临语言地位规划问题。这不仅是关乎能否构建统一国家认同的重要举措,也是能否顺利将语言由问题转化为资源的关键之举。语言本体规划指对语言文字形式本身进行调整的活动,其中语言的规范化和标准化是重要内容。[12]通常以正音、正字,辞书、字典的编纂,科技术语的整理等学术活动为主要表现形式。

乌克兰自独立以来,通过系统的语言规划实践推进国家语言建设。在法律层面,《乌克兰宪法》和《乌克兰语言法》的颁布与实施确立了乌克兰语作为唯一官方语言的法定地位,这属于典型的语言地位规划。政府通过立法手段强化乌克兰语的主体性,旨在实现双重目标:其一,消除因历史原因造成的区域间语言隔阂,构建全国统一的交际空间;其二,为新兴民族国家的建构提供语言基础,培养公民的国家认同。在规范层面,政府持续推进语言本体规划,包括制定乌克兰语标准、编纂权威词典、完善术语体系等工作,并通过国民教育体系进行规范化语言的代际传承。这些语言规划实践构成一个有机整体,即地位规划为语言发展提供制度保障,本体规划确保语言的规范统一,二者相辅相成,共同服务于国家建设的目标。对民族国家的认同和效忠是现代民族政治性的突出体现,[15]因此,语言规划在内容层面体现了政治性。

(三) 目的的政治性

语言规划的目的是最大限度地发挥一定人群和时空范围内的语言文字的作用。乌克兰作为20世纪末的新兴独立国家,如何利用语言文字团结人民、稳定国家政权是重中之重。

从历史角度来看,乌克兰的语言规划在其产生之时就带上了浓厚的"政治烙印"。乌克兰曾被列强瓜分统治,不仅面临语言文化传承的断裂危机,更遭遇民族认同的解构挑战。尤其在沙皇统治时期,全面实行"俄罗斯化"政策,人民不得不放弃自己的母语而改说俄语。在俄语教育与俄语文化氛围中,乌克兰人民十分担心下一代的乌克兰语能力和民族认同程度。1991年8月24日,乌克兰最高苏维埃正式宣布乌克兰独立,新生的乌克兰面临国家建构的核心命题,即如何在多民族、多语言的现实基础上，通过语言规划重塑国民认同，这也是语言规划的根本政治动因。语言规划的政治性与社会历史密不可分，其根本目标是维护国家统治和社会稳定。选择乌克兰语作为国语不仅是交际功能考量，更是具有象征意义的政治行为，是通过确立主体语言来宣示文化主权，进而巩固新政权合法性。在乌克兰的语境下，语言规划的政治性既源于反抗殖民记忆的历史诉求，也服务于新生国家政权建设的现实需要，其终极目标是通过语言统一促进社会整合与国家稳定。

（四）路径的政治性

语言规划的实施路径呈现出明显的政治特征，主要体现为两种模式：一是政府主导的"自上而下"单向路径，即国家权力机关通过立法、行政命令等强制性手段推行语言政策；二是"自上而下"与"自下而上"相结合的双向互动路径，后者强调通过监测语言生活动态来调整政策导向。这两种路径本质上都是政治权力的语言治理实践，单向路径体现了权力主导的治理模式，双向路径则反映协商民主理念。但无论哪种模式，其有效实施都依赖于政府部门的权威性决策和制度性保障，这种权力依赖性使语言规划必然带有政治烙印。

乌克兰的语言规划实践鲜明地体现了其政治属性。自1991年独立以来，乌克兰政府通过系统的立法工程推进语言规划建设，包括在宪法层面确立乌克兰语的唯一国语地位；通过《乌克兰语言法》细化语言使用规范；同时以《欧洲区域语言和少数民族语言宪章》平衡国际关注。这种立法体系配合《广播电视法》《信息法》等配套法规，构建了全方位的语言治理网络。同时，其政策导向具有明确的政治意图，一方面通过限制俄语在公共领域的应用范围，逐步消除"俄罗斯化"的历史影响；另一方面以语言欧洲化作为地缘政治转向的象征。这种典型的"自上而下"实施路径，本质上是以行政力量构建语言生态的过程。2004年与2012年语言政策的反复调整，正是不同政治力量博弈的直接体现，但频繁的政策波动不仅破坏了政策的严肃性，也降低了民众对执政党的信任度。

四、语言规划的政治化

乌克兰的语言问题总是带有浓厚的政治色彩，正如一句依地谚语所说，"语言是带着军队的方言"。语言规划属于政府行为，是国家干预语言使用的重要手段，其政治属性正如前文所分析。然而，政府试图将语言使用与某种政治立场或权力斗争联系起来，使语言超越其原有的交际功能，成为党派乃至国家间斗争的工具或武器，这就是语言规划的政治化。其既可能产生积极效果，如提高民众对该语言的关注度；也可能带来消极影响，如社会的分裂与对立。本文从语言政策、语言教育、语言生活三个方面，分析乌克兰独立后语言规划的政治化趋势及影响。

（一）语言政策的政治化

1. 确定乌克兰语为唯一官方语言

自乌克兰独立以来，政府力图建立一个不受俄罗斯影响的独立民族国家，在语言政策中体现为将乌克兰语确定为国语和唯一官方语言，旨在实现政治、经济、教育、文化等领域的全面乌克兰化。然而无论是乌克兰官网还是社会相关调查结果，都显示乌克兰是一个真正的、典型的多语国家。当前政府在大力推广乌克兰语的同时，也对俄语的使用范围进行了规范调整。这一政策与国内多语并存的实际情况形成了一定程度的差异。同时，乌克兰各政党将语言规划视为政治的筹码，为争取不同势力的支持，制定政治倾向极强的语言政策，也曾为争取自身利益最大化而修改宪法、法规等,严重影响了政策的严肃性和一致性。

而与之情况相似的新加坡则善于利用语言规划促进本国发展。1965 年新加坡脱离马来西亚联邦后,充分考虑国内民族构成和与国际接轨等时代需求,将马来语、华文、泰米尔语和英语确立为官方语言并写入宪法。新加坡公民中华人占比约为 75%,与乌克兰族在乌克兰中的占比接近,但在选择官方语言时,却没有将华文确立为唯一的官方语言,而是采取了更具包容性的多语政策。这种选择一方面保护了不同民族的语言和文化多样性,另一方面也尊重了各民族的语言权利,避免因语言问题导致民族冲突的隐患。

2. 俄语问题与"亲俄"情绪

长期以来,乌克兰通过俄语了解世界文化,乌克兰文化也通过俄语传播,二者是相互依存的。俄乌冲突爆发后,俄语问题常与"亲俄"情绪相关联,将语言视作对立政治势力的象征,完全将乌克兰语与俄语置于对立面,这也是乌克兰境内对俄语态度急剧变化的原因之一。基辅国际社会学研究所(the Kyiv International Institute Sociology, KIIS)曾在 1997 年、2013 年、2015 年和 2024 年四次社会调查中询问同一问题,[16]其结果也发生了极大变化(见图 1)。

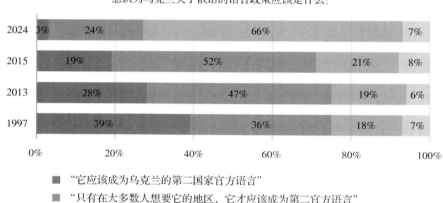

您认为乌克兰关于俄语的语言政策应该是什么?

■ "它应该成为乌克兰的第二国家官方语言"
■ "只有在大多数人想要它的地区,它才应该成为第二官方语言"
■ "它应该从乌克兰各地的官方交际中删除"
■ "很难说"

图 1 KIIS 四次社会调查中"您认为乌克兰关于俄语的语言政策"一题结果统计

在 1997 年调查结果中,仅有 18% 的受调查者认为俄语应该从乌克兰官方交际中删除,以加强乌克兰语作为唯一国语的地位。这个数字在随后十几年内基本处于平稳状态,而 2022 年俄乌冲突爆发后,民众对俄罗斯及俄语的态度急转直下,同时民族情结高涨,在 2024 年调查中,约 2/3 的受调查者认为应该将俄语从乌克兰官方交际中删除。与此相对,支持俄语成为第二官方语言的比例逐年降低,在 2024 年调查中甚至跌为 3%,仅为第一次调查结果的 1/13。而更为中立的选项,即根据语言使用情况决定俄语是否成为一定范围内的第二官方语言,其支持率在 2015 年已超过半数,而在 2024 年跌为不足 1/4。可见,民众对语言政策的态度受政治性事件影响十分显著。

早在 1989 年,乌克兰颁布了《乌克兰苏维埃社会主义共和国语言法》,承认俄语和其他语言是重要的族际交际语。乌克兰境内俄语居民人数之多、俄语使用之广泛使双语政策具有客观基础和现实意义。双语政策不仅可以继承、发展多民族文化,对促进各民族和平共处也有重要意义。然而在 2014 年,乌克兰议会废除了《国家语言政策基础法》,取消俄语在一定区域内成为官方语言的可能,这也导致了乌克兰东南部大规模的抗议活动。俄乌冲突爆发后,国内各地区对俄语的态度更是急转直下。

(二) 语言教育的政治化

1. 俄语在教育领域内地位不断下降

由于历史上沙皇统治和苏联执政时期实行的大力推广俄语政策(除列宁时期支持各民族语言的独立与发展,乌克兰语发展一度超过俄语),乌克兰独立前学校的教学语言主要以俄语为主。独立后,政府通过《乌克兰宪法》和《乌克兰语言法》确立了乌克兰语的唯一国语地位,乌克兰语学校比例逐年上升。受执政党"亲欧远俄"的政治立场影响,乌克兰政府在推广乌克兰语的同时还大力限制俄语的使用,在语言教育领域表现十分明显。教育领域的语言使用走势如图2。①

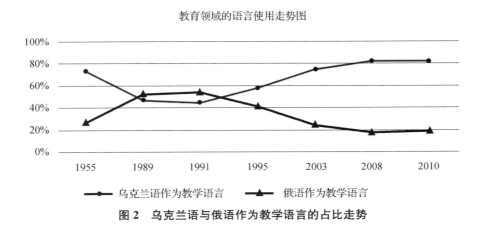

教育领域的语言使用走势图

图2　乌克兰语与俄语作为教学语言的占比走势

1991年至今,政府通过缩减俄语学校的数量,规定中学生参加大学入学考试只能使用乌克兰语、大学生只能用乌克兰语写论文和参加答辩等手段,不断削弱俄语在教育领域中的地位。俄语作为标准化程度高、文献材料丰富的语言,在乌克兰东部和南部具有浓厚的使用基础,作为教学语言本无可厚非,政府"一刀切"的政策实际上损害了乌克兰学生自由选择使用俄语接受教育的权利。同时执政党为达到"融入欧洲"的假想,进入21世纪以来,愈发严格地限制俄语在乌克兰境内的使用,俄语学校数量不断缩减。乌克兰总理杰尼斯·什米加尔曾表示乌克兰政府正在制定法律,将英语指定为商务交流语言。[17]此前已有官员声称乌克兰需要摆脱西里尔字母的束缚,用拉丁字母取而代之,从而最终成为"欧洲人"。尽管英语是世界范围内公认的具有最高流通度的语言,但考虑乌克兰的文化历史和语言现状,将英语作为第二语言学习与交流是否具有可行性还有待考证。

2017年,乌克兰议会通过的《教育法》规定,分阶段禁止在教育系统中使用乌克兰其他民族的语言,学校和高等教育机构的教学应仅以乌克兰语进行。该法律一经推出,就引起了国内外强烈反应,认为此举损害了乌克兰境内少数族群的语言权利。而同样是国语推广,其他少数民族语言学校自2023年起执行,俄语学校则需要提前至2020年9月1日就将全部转为乌克兰语学校,[18]这种差别对待显然不符合语言规划的公平性原则。与此同时,教育部门还将经典俄罗斯文学作品移出课程大纲,这些举措都是乌克兰政府"去俄罗斯化"运动的一部分。

---

① 详见乌克兰教育和科学部官网,http://studyinukraine.gov.ua/。

2. 俄语学习意愿不断下降

KIIS一项调查结果显示,人们在乌克兰语学校将俄语作为外语学习的意愿大幅降低,甚至超过半数(52%)的受访者认为完全没有必要学习俄语,而这项数据在2019年仅为5%。[19]与此同时,英语的学习热度空前提高。研究小组根据受访者选择的受访语言,对"在乌克兰语学校教授俄语的态度"这一问题进行分组统计,其中89%的受访者使用乌克兰语回答,11%的受访者使用俄语回答,详见图3。

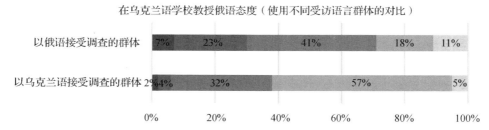

在乌克兰语学校教授俄语态度(使用不同受访语言群体的对比)

■ "教授俄语时间应等同于乌克兰语"
■ "教授俄语时间应少于乌克兰语,但多于其他外语(如英语、德语等)"
■ "教授俄语时间应等于或少于其他外语(如英语、德语等)"
■ "完全不需要教授俄语"
■ "很难说"

图3　KIIS社会调查中"在乌克兰语学校教授俄语态度"一题结果统计

从受访者意愿来看,将俄语作为第二外语学习的选择倾向明显低于其他语言。接近九成以乌克兰语接受调查的受访者认为应花费更多时间学习英语等其他外语,而非俄语;更有超过半数的受访者认为根本不必学习俄语。虽然这一比例在以俄语接受调查的受访者中有明显下降,但仍有超过半数的受访者认为应花费更多时间学习其他外语。以上调查结果显示了目前乌克兰教育领域内俄语地位的下降,而英语等其他外语逐渐兴起。

(三)语言生活的政治化

语言生活是人们对语言及其知识与技术的运用、学习和研究等一系列活动的总和。[20]语言生活一方面反映了某个国家或地区的语言使用现状,另一方面为制定合理的语言政策,协调国语与方言、民族语言的关系提供支持。

自2005年起,乌克兰政府出台的有关禁止在乌克兰使用俄语的法律就达80多项。尤其是自2021年1月起实施的宪法第30条修正案引发了显著的语言政治化争议。该法案强制规定所有客户服务必须使用国家语言(乌克兰语),违者将处以高额罚款。政策实施后,基辅、哈尔科夫等地相继出现商家因使用俄语提供服务而受处罚的典型案例。后续措施进一步延伸至文化领域,全面禁止国家电视台播放俄语影视节目,要求全国性纸质媒体仅以乌克兰语出版。以上语言政策最直接影响了乌克兰境内以俄语为母语的俄罗斯族以及其他少数民族群体,引发了关于民族语言权力的相关讨论。同时,该政策的实施与乌克兰境内多元语言生活存在明显差异,可能导致包括俄罗斯族在内的少数民族群体获取公共服务的成本增加,其代际语言传承模式发生变化,服务业、基层工作人员的语言转化压力增大等问题。

五、结语

综上所述,政治性贯穿语言规划的始终,在主体、内容、目的和实现路径层面均有体现。政治性不是某个国家或地区语言规划的特有属性,而是普遍存在于语言规划的各个维度。政治化是将语言使用与某种政治立场或权力斗争联系起来,使语言超越其原有的交际功能,成为党派乃至国家间斗争的工具或武器。需要特别强调的是,语言规划的政治性并不等于政治化。前者是语言规划固有的特征属性,后者则是将语言作为政治斗争手段的异化过程。同时,政治性有利于保证语言规划适应当下语言需求,而语言规划的政治化可能在一段时间内提高民众对某种语言的关注热度,但也会导致语言规划偏离语言使用的实际需求、影响语言使用的客观性与科学性、加剧语言冲突或社会矛盾、限制语言多样性发展等负面效应。

本文通过分析乌克兰语言规划的历史背景与具体实践,对语言规划的政治性特征与政治化行为作出区分,着重强调了语言规划须基于社会语言生活的重要性。从现有理论与国际经验来看,通过系统提升国语(乌克兰语)的规范化程度与语言活力,采取渐进式推广策略,相较于强制性政策干预,不仅能更有效地巩固乌克兰语的国语地位,还能更好地兼顾国家语言安全与语言权利保障。

参考文献

[1] 陈章太.论语言规划的基本原则[J].语言科学,2005(2):51-62.

[2] Alekseev V. G. Ukraine: The Battle in the Field of Education [J]. *Russian Education and Society*,2000,42(10):69-89.

[3] 侯昌丽.乌克兰语言政策探析[J].民族论坛,2012(6):65-68.

[4] 戴曼纯.乌克兰语言规划及制约因素[J].国外社会科学,2012(3):72-81.

[5] 戴曼纯.乌克兰语言政治与乌克兰化[J].俄罗斯东欧中亚研究,2013(2):26-35.

[6] 梅颖,赵蓉晖.乌克兰语言冲突升温[C]//国家语言文字工作委员会.语言生活白皮书——中国语言生活状况报告(2014).北京:商务印书馆,2014.

[7] 彭佩兰.冲突视域下的当代乌克兰语言政策研究[D].北京外国语大学,2022.

[8] 罗冬梅."颜色革命"背景下乌克兰的语言政策[D].上海外国语大学,2021.

[9] 郭龙生.浅议科学的语言规划对促进国家认同的积极作用[C]//苏金智,夏中华.语言、民族与国家.北京:商务印书馆,2013.

[10] 郭龙生.中国当代语言规划的理论与实践[M].广州:广东教育出版社,2008.

[11] 戴庆厦.社会语言学概论[M].北京:商务印书馆,2004.

[12] 陈章太.语言规划概论[M].北京:商务印书馆,2015.

[13] 孙炜,周士宏,申莉.新编社会语言学教程[M].北京:世界知识出版社,2020.

[14] 祝畹瑾.社会语言学概论[M].长沙:湖南教育出版社,1992.

[15] 汪波.民族国家与现代民族的"政治性"、"国民性"[J].贵州民族研究,2003(4):72-76.

[16] Dynamics of Attitudes towards the States of the Russian Language in Ukraine[EB/OL].(2024-03-12)[2024-12-22].https://kiis.com.ua/?lang=eng&cat=reports&id=1385&page=1&t=10.

[17] 乌克兰:学英语,从幼儿园就开始,"免受俄罗斯攻击"[EB/OL].(2022-06-07)[2024-12-22].https://xinwen.bjd.com.cn/content/s629ec3ece4b06235f84e7823.html.

[18] 吴世红.乌克兰的中小学教育改革及其面临的主要问题[J].比较教育学报,2020(5):27-39.

[19] Attitudes towards the Teaching of the Russian Language in Ukrainian Language Schools[EB/OL].(2023-03-09)[2024-12-22].https://kiis.com.ua/?lang=eng&cat=reports&id=1202&page=1&t=10.

[20] 李宇明.语言生活与语言生活研究[J].语言战略研究,2016,1(3):15-23.

Study on the Political Nature and Politicization Trend of Language Planning in Ukraine

Gao Qingyun

(School of Chinese Language and Literature, University of
Chinese Academy of Social Sciences, Beijing 102400)

Abstract：The history of division and diverse ethnic composition of Ukraine have shaped its complex linguistic ecology. After declaring independence on 24 August 1991, Ukraine implemented a series of language planning measures to consolidate state power and construct a unified national identity. The political nature of language planning is reflected in its subjects, objectives, content, and implementation methods. At the same time, political parties frequently adjusted language policies based on their own interests to gain support, externalizing political conflicts as linguistic conflicts and imbuing language planning with a tendency toward politicization. This is evident in areas such as language policy, language education, and linguistic life. While political nature is a fundamental attribute of language planning, politicization links language to power struggles, exploiting language planning to serve the interests of specific groups. By distinguishing between the two, this study provides a reference for formulating reasonable and effective language planning strategies.

Keywords：Ukraine; Language Planning; Political Nature; Politicization

【执行编辑：张雨晨】

分析哲学视域下语言哲学的发展脉络与范式转换[*]

李凯峰

（中央民族大学哲学与宗教学学院，北京 100071）

摘　要：广义的"语言哲学"泛指哲学学者对于语言的关心与研究，从古希腊开始，无论是西方的亚里士多德、柏拉图，抑或是东方的名家，都明显地表现出对于语言的哲学思考。而狭义的语言哲学是发端于 20 世纪且主张以分析方式探讨各类关于语言主题的哲学思潮。它兴盛于"语言转向"这一至关重要的哲学运动。本文从"语言转向"说起，说明狭义的语言哲学在发展过程中所划分的五个阶段，并简单介绍各个阶段的主要代表人物及其语言哲学思想。

关键词：语言哲学；分析哲学；维特根斯坦；语言转向

一、前言

什么是语言哲学？如何定义语言哲学？时至今日，对于语言哲学的研究成果已十分繁复，在众多关于语言哲学的文献当中对于它的定义也是众说纷纭。语言哲学，顾名思义，一定是与语言有关。因此，广义上的"语言哲学"泛指哲学学者对于语言的关心与研究，从古希腊开始，无论是西方的亚里士多德、柏拉图等，抑或是东方的名家，都明显地表现出对于语言的哲学思考。亚里士多德在他的《诗学》和《修辞学》中不仅对语言的文学功能进行了深刻的思考，还试图探索语言如何作为艺术和表达的工具。他所提出的模仿理论和修辞学说都是其语言哲学的体现。先秦时期，孔子的正名理论与庄子的言意之辨等都是古代东方对于语言哲学的思考，这些思想对后来的哲学和语言学研究产生了深远的影响。

而狭义上的语言哲学是发端于 20 世纪且主张以分析方式探讨各类关于语言之主题的哲学思潮。有四个主要关注的问题：意义的本质、语言用法、语言认知及语言与现实的关系。它兴盛于"语言转向"这一至关重要的哲学运动。

一个关键的问题是，为何会有"语言转向"？哲学在此前的发展过程中已经出现过两次转向，分别是本体论转向和认识论转向，语言转向已经是第三次转向了。此时的哲学家开始思考，如果我们连话都说不好，又如何能进行哲学思考呢？这一切必须从弗雷格说起。弗雷格创造了一套纯粹的"符号系统"，这一符号系统首先是一种方法论，用以避免日常语言所具备的模

* **基金项目**：本文系 2022 年教育部人文社会科学研究项目"语言文字治理的理论体系与路径研究"（22YJC740015）的研究成果。

作者简介：李凯峰，中央民族大学哲学与宗教学学院本科生。研究方向：语言哲学。

糊性与不确定性对哲学研究的干扰,这就为传统哲学中人们犯的各类语言错误找到了新的出路。但是,这一符号系统也并非只是作为一种方法论。按照弗雷格的想法,他主张"语言的结构就是思想的结构……而思想又与实在具备同一性",那么语言就与实在建立了一种同一性,这使得语言成为至关重要的研究对象。[1]与此同时,哲学的外部环境也一直在变化,20世纪正是科学发展最蓬勃的时期,我们对于宇宙、自然甚至人本身的理解都在这一时期逐渐由哲学解释让位于科学解释,这也使得当时的哲学不得不寻求改变。语言转向,正是这种改变的结果。

大体上,我们可以把语言哲学的发展过程分成五个阶段:第一,以弗雷格、罗素、早期维特根斯坦为代表的语言哲学的形成;第二,以维也纳学派为代表的逻辑实证主义;第三,以后期维特根斯坦、牛津学派为代表的日常语言哲学的转向;第四,以蒯因为代表的逻辑实证主义与美国实用主义的融合,逻辑实用主义;第五,以约翰·塞尔为代表的当代语言哲学。接下来我将对这五个阶段一一进行介绍。

二、语言哲学的形成

弗雷格作为分析哲学的开创者毫无疑问对于语言哲学的形成起到了奠基性作用。弗雷格认为,语言是人类思想的一种表现形式,也是人类思想和交流的主要工具。他提出,语言的本质是一个符号系统,通过语法和词汇能够形成有限的句子,同时句子之间具有语义和逻辑关系。弗雷格所表达的中心思想是在理性和话语之间建立一种互动关系,以推进公正和理解的实现。

罗素还在他的《数学原理》一书中与怀特海一起提出了类型理论。类型理论是一个逻辑系统,它通过区分不同类型的符号和表达式来解决逻辑异议。语言的逻辑结构使我们能够区分不同类型的单词和句子,并帮助我们更准确地理解语言的逻辑结构。[2]

简单地说,弗雷格与罗素都在试图建立一种"理想语言",人为地建立一套相对于日常语言更加严格且逻辑化的人工语言,这一语言中每一个符号的意义都是确定的,在使用这一语言进行推理时其推论结果是必然的。换句话说,对于这种语言的使用,严格得就像是数学推理。

维特根斯坦则不只是如此。在《逻辑实在论》中,他主张一种"语言图像理论",他认为世界是事实的总和,事实由命题图示,命题的逻辑形式就是世界的逻辑形式。除此之外维特根斯坦继承并发展了罗素提出的逻辑原子论。逻辑原子论,顾名思义,是一种将逻辑分析与原子概念相结合的哲学理论。它主张任何复杂的命题或事物,都可以分解为更为基本、更为简单的组成部分,这些部分被称作"逻辑原子"。逻辑原子论者坚信,通过持续的分析与分解,我们能够洞察事物的本质。在这一理论框架下,复合命题会被拆解为原子命题,进而被分解为最基本的名称和其他不可再分的元素。简而言之,维特根斯坦认为世界是由独立的、不可简化的基本事实组成,而语言通过基本命题来对应这些原子事实,复杂的命题则由基本命题的逻辑组合构成。在他看来,语言中的命题与现实世界中的事实之间存在着一一对应的关系。[3]原子命题用于描述原子事实,这种精确的对应关系为我们理解和解释语言与现实提供了坚实的基础。这样,语言和世界之间的关系通过一种严格的逻辑结构得以维持。在这种意义上,维特根斯坦建立了一种关于语言的形而上学,认为语言能够图示世界的真实。

三、逻辑实证主义

逻辑实证主义的主要思想可以追溯到维也纳学派,一个由莫里茨·石里克、鲁道夫·卡尔纳普和其他科学家、哲学家组成的团体。维也纳学派的学者们继承了弗雷格与罗素的人工语言设想与逻辑主义，旨在通过逻辑和经验主义的方法澄清哲学问题。这一学派的核心主张是，哲学的目的并不是提出具体的论断与结论，而是一种技术性的工作，旨在澄清那些复杂和模糊的问题。[4]他们相信，通过使用一种严密的、逻辑化的人工语言，可以实现这一目标。

莫里茨·石里克是维也纳学派的奠基人之一，他的哲学研究主要集中在科学语言的澄清工作上。他认为哲学的主要任务是澄清科学语言，主张科学语言应该是精确的、无歧义的，并且其命题的真值能够通过逻辑分析和经验验证来确认。石里克强调科学陈述的逻辑结构，认为通过对语言进行逻辑分析，可以消除哲学中的许多误解和混乱。他坚决反对形而上学，认为形而上学命题是无意义的，因为它们无法通过经验验证。他的思想反映了逻辑实证主义对科学方法和经验验证的高度重视，同时也揭示了其对形而上学的全面排斥。

鲁道夫·卡尔纳普是维也纳学派的重要成员之一，他对逻辑实证主义的发展作出了重要贡献，尤其是在形式化语言系统和逻辑分析方面。卡尔纳普在《语言的逻辑句法》一书中提出了一种形式语言的框架，旨在通过逻辑分析来澄清和统一科学语言。他提出了验证原则，认为一个命题只有在可以通过经验验证时才具有意义，这一原则排除了许多传统的哲学问题，尤其是形而上学问题。卡尔纳普还重视语义和语法的区分，认为理解一个命题的意义需要分析其语法结构和其在语言系统中的位置。他致力于将科学哲学与语言学结合起来，认为通过对语言的逻辑分析，可以为科学理论提供一个坚实的基础。[5]他强调科学语言的逻辑一致性和可验证性，主张通过逻辑分析来提高科学语言的明确性和有效性。

然而，尽管逻辑实证主义在20世纪30年代曾盛极一时，但由于其验证原则的局限性以及对形而上学的全面排斥，加之形式化逻辑推理与日常生活语境的脱节，导致这一学派很快遭到了广泛的质疑与批评。学者们指出，逻辑实证主义过于强调形式逻辑和经验验证，忽视了语言的实际使用和意义的多样性。这种局限性最终促使哲学界在此基础上发展出了新的理论和方法。

四、日常语言哲学

早期的维特根斯坦在逻辑哲学论中提出了语言的图像化观点和原子命题等分析策略。他在此后认为自己已经解答了哲学的问题，并且多年不再涉足哲学研究。然而，维特根斯坦的哲学探索并未止步于此。随着时间的推移，他的思想也经历了重大的转变。

当他再次对哲学感兴趣时，他短暂地加入过维也纳小组，但很快跳脱出来，转而开始对自己早期的逻辑原子论观点进行深刻的反思，并逐渐认识到其局限性。这主要体现在他后期的著作《哲学研究》中。在早期维特根斯坦那里，语言没有进入公共领域，只是描绘世界的工具，而非交流的工具。然而维特根斯坦逐渐意识到，语言其实不仅仅是描述世界的工具，它更是一种在人类社会中广泛使用的交流工具，具有深厚的公共性和社会性。所以，晚期维特根斯坦主要关注日常语言，将语言作为人类的一种实践活动。从而，语言被视为公共的、社会的现象。

维特根斯坦使用一个比喻说明他晚期的语言观——语言游戏。这里的语言和游戏分别指"语言的总体"和"各种活动的总体"。[6]在维特根斯坦看来，语言游戏有两个特征：(1)有(灵活可变的)规则；(2)游戏互相区分，而又彼此联系。例如，当我们在不同的语境中使用"游戏"一词时，其意义可以大不相同。从儿童的户外活动到成年人的棋盘游戏，再到数学家之间的理论

"游戏",每一种情境下的"游戏"都遵循着不同的规则体系。维特根斯坦强调,理解语言的意义就是理解这些规则是如何在特定的环境中工作的,而这里说的特定的环境也就是语境。显然,这种新的语言观念强调了语境的重要性。

基于这样的见解,他为哲学设立了新的目的——收集所有的语言游戏形式,以防止图像化的类比和误导。同时,他还提出了"语义即语用"的崭新观点。换句话说,语义不再被视为世界的简单图像化反映,而是所有可能用法的综合体现。还是举个例子:我们可以走进一家商店说:"看,那是止痛药,那是自行车。"当我们说这句话时,我们是在使用语言来指称或标识特定的物品。在这里,语言起到了一个标识或命名的作用,使我们能够准确地将一个词语(如"止痛药"或"自行车")与它所代表的实体相对应。

然而,当我们遭遇不同的情境或经历时,同样的语言可能不再适用或无法精确表达我们的意思。例如,如果我们骑自行车摔跤后受伤,我们不能直接指着自己的腿说"看,这里有一条疼痛的腿",这很奇怪,因为这里的"疼痛的腿"实际上是一个对"腿是疼痛的"状态的描述,而不是一个可以直接指称的对象,尽管这在逻辑上是正确的,我们在现实生活中听到还是会觉得很奇怪。这也就说明,不同的语言规则之间是不可通用的。而哲学的任务,就是治疗生活中语言规则的混用所导致的误解。

除此之外,晚期维特根斯坦还深入探讨了"生活形式"的概念,他认为,"想象一种语言,就是想象一种生活形式"。在这个概念中,维特根斯坦关注的是语言与生活的内在关系。他强调,语言是在特定生活形式中被广泛运用的,并且语音的意义也在生活中不断地生成和发展。因而,语言有自己的表情与面貌,这来自一种生活形式。比如"白日依山尽,黄河入海流",用现代汉语翻译就是"泛白的太阳靠着群山下落,黄河朝着大海滔滔东流"。两个句子的意义相差无几,但任何人都能感到某种东西消失了。这来源于古代与现代人的生活形式的差异。

在这之后,由维特根斯坦主导的日常语言哲学开始转向兴盛。受维特根斯坦与摩尔等人的影响,牛津与剑桥学派逐渐发展出了日常语言学派,这一派学者认为:日常语言虽然模糊复杂,但通过对其细微之处进行分析,我们仍然能够准确地领会其意义。所以,语言哲学的任务不是发明那种纯形式的理想语言,而是应当通过对词语用法的精细分析,使我们真正理解语言的意义,以避免过去传统哲学中的种种语言错误。

五、逻辑实用主义

虽然日常语言学派在这一时期逐渐成为主流的语言哲学流派,但过去的逻辑实证主义并非没有吸引力,在美国,逻辑实证主义与本土的实用主义结合,形成了逻辑实用主义。逻辑实证主义者,如卡尔纳普和石里克,试图通过逻辑和科学的方法来分析语言和知识,认为语言的意义在于其可验证性。然而,逻辑实用主义者,如蒯因和皮尔士,挑战了这种过度形式化的观点,主张语言的意义更多地体现在其实际使用中,而不是仅限于逻辑分析。

蒯因提出了指称理论,对意向性和指称的分析强调了语言的使用和背景。他认为语言的意义来自其使用方式和背景,而不是某种独立的内在本质。指称的意义在于其在具体语境中的作用,而不是某种固定的、本质的关系。他在其著作《从逻辑的观点看》中批判了逻辑实证主义,特别是卡尔纳普关于语言和经验之间明确划界的观念。[7]他的指称理论与实用主义紧密相连,主张语言的意义不是固定的,而是依赖于语言的使用和具体的语境。这种观点进一步延伸到他对"本体论承诺"的讨论中，认为语言和信仰体系是一个相互联系的整体，无法通过简单的逻辑分析来分解。

蒯因的"全盘性理论"强调，知识体系中的任何部分（包括逻辑和数学）都可以根据经验的变化而被修正，这一观点体现了实用主义对经验和实际效果的重视。他的指称理论也反映了其对"翻译不确定性"问题的思考，即在不同语言或文化之间，指称关系可能并不一致，这进一步支持了语言的使用和背景在理解意义中的重要性。

皮尔士同样强调语言的社会性质，认为语言和符号系统是通过社会互动形成和发展的。皮尔士被广泛认为是现代符号学的奠基人，他的符号三分法（符号、对象、解释者）揭示了语言和符号系统的社会性质。他认为，符号不仅仅是语言的组成部分，还包括一切能够传达意义的工具，如图像、手势、声音等。皮尔士强调，符号的意义是在社会互动和文化背景中形成的，语言作为符号系统的一部分，必须通过社会实践和交流才能获得意义。[8]

皮尔士的实用主义方法还体现在他对概念和思想的"效果论"分析中。他提出了"实用主义格言"，即一个概念的意义在于它能够引起的实际效果，概念的价值应通过其应用效果来评估，而不是根据某些预设的逻辑原则。这个观点后来对蒯因的思想产生了深远影响，并成为逻辑实用主义的重要基石。

逻辑实用主义认为，过度强调语言的形式化和逻辑分析可能忽视了语言在实际使用中的丰富性和多样性，语言的实际应用比形式逻辑更能揭示其真正的意义。其基本观点是：对于一个概念与思想，要从其实际的效果去评价，而不必教条地遵守某些原则。总而言之，逻辑实用主义不仅继承了实用主义对经验和实际效果的关注，还对逻辑实证主义的形式化倾向进行了重要的批判和补充。通过强调语言在社会互动中的功能和实际应用，逻辑实用主义为理解语言的多样性和复杂性提供了新的视角。在当代哲学中，这种观点对语言学、认知科学以及人工智能等领域产生了重要的影响，使得我们对语言的理解更加全面和深入。

六、当代语言哲学现状

时至今日，研究语言哲学的学者已经十分众多，这里仅举约翰·塞尔和哈贝马斯两位进行分析，二者的语言哲学也是和先前的奥斯汀一脉相承的。

奥斯汀最早提出了言语行为理论，这一理论的提出颠覆了传统的真值语义论，强调通过"人有所为"来研究语言的意义。奥斯汀认为，语言不仅仅是一种符号系统，更是一种行为方式。人们在实际交往过程中，通过说话和写字等言语行为来传递信息、表达意图和建立关系。

他将言语行为分为三种类型：语谓行为、语旨行为和语效行为。语谓行为是指用词来表达某种思想；语旨行为是指说出的语句带有某种力量，如命令、请求、承诺等；语效行为是指利用说出一个语句来产生一定效果，如说服、欺骗、警告等。奥斯汀认为，要完成一个语旨行为，必须通过完成一个语谓行为。因此，语谓行为和语旨行为既交织在一起，又存在着界限。同时，语旨行为和语效行为也有明显的区别，前者产生的效果是劝说性的，后者产生的效果是强制性的。[9]

约翰·塞尔进一步发展了奥斯汀的言语行为理论，并引入了间接言语行为理论。他在奥斯汀的基础上对言语行为理论进行了细化，将其分为更为具体的几类，如发话行为、行事行为和取效行为。这些分类更加具体地描述了言语行为的不同方面和层次。他强调了在言语交际中，人们经常不直接表达其意图，而是通过间接的方式传达信息。例如，在请求别人递盐时，人们可能会说"汤不够咸"，而不是直接请求"请递给我盐"。认为理解间接言语行为需要分析言语背后的意图和目的，以及听话者如何根据语境和社交规则来理解这些间接的言语行为。这一理论对于理解日常交际中的复杂性和多样性具有重要意义。[10]

哈贝马斯进一步发展了奥斯汀的理论，将其提升到社会学层面。哈贝马斯在批判和吸收奥斯汀的言语行为理论基础上，提出了自己的交往行为理论。他认为，交往行为不仅仅是单纯的言语交流，更是社会主体间通过符号协调的相互作用，以实现行为上的一致。哈贝马斯认为，言语行为在社会交往中扮演着重要角色。通过言语行为，人们可以表达自己的意图、情感和态度，建立和维护人际关系，协调社会行动，以及实现社会目的。他进一步指出，言语行为的有效性取决于四个条件：可理解性（即表达清晰、易于理解）、真实性（即内容真实可信）、正当性（即符合道德规范）和真诚性（即表达者内心真诚）。这四个条件共同构成了言语行为有效性的基础。

哈贝马斯认为语言哲学不应仅限于语义学的分析，而应从语用学的角度出发，重视语言在实际交往中的功能和有效性要求。他的语言哲学强调语言行为在交往中如何达成共识，并认为理解语言的意义即理解其有效性条件。[11]

就此不难发现，在当代分析哲学中，很少有学者主张他本身是某一个"流派"的代表者。这是因为过去语言哲学的种种成果，实际已经内化到分析哲学中大多数领域的方法论与问题意识中。当今的语言哲学大师也几乎都是将语言哲学作为一种方法论融入哲学的研究。例如，当代大火大热的心灵哲学，其领域内部就包含着语言与心灵、命题与实在之关系的种种讨论。在形而上学中，关于实在与本体的讨论也紧密关联着我们对于语言的使用与对语言本质的理解，语言不仅是描述实在和本体的工具，也是我们认识和构建世界的重要手段。某种意义上来说，世界、语言、心灵构成了分析哲学内部最重要最基础的三个要素，而语言正是其中关键的桥梁。

七、结语

语言哲学的发展在 20 世纪的哲学史上具有非凡的意义与价值，它不仅重新定义了哲学研究的对象和方法，还在多个学科领域产生了深远的影响。首先，语言哲学的兴起标志着哲学研究的"语言转向"，这是继本体论转向和认识论转向之后，哲学领域的第三次重大范式转换。通过聚焦于语言本身，哲学家们试图解答许多长期以来困扰哲学的问题，如意义的本质、真理的标准以及语言与现实的关系等。弗雷格、罗素等早期分析哲学家的工作表明，语言不仅是思想的表达工具，更是思维的结构和逻辑分析的基础。这一转向使哲学家们得以更加精准和严谨地讨论哲学问题，避免了传统哲学中由于语言模糊性导致的误解和争论。

其次，语言哲学强调了语言在社会互动中的作用，揭示了语言与社会现实之间的紧密联系。维特根斯坦的语言游戏理论和哈贝马斯的交往行为理论都表明，语言不仅是描述世界的工具，更是社会交往和行为协调的重要机制。通过分析日常语言的使用，哲学家们发现了语言中蕴含的社会规范和权力关系，从而为理解社会现象提供了新的视角。语言哲学因此成为社会科学研究中的一个重要工具，影响了社会学、人类学、心理学等多个领域。

语言哲学的发展还在很大程度上改变了形而上学的研究方式。通过对语言的分析，哲学家们提出了许多重要的形而上学问题,如存在、实在和本质的概念,这些概念都可以通过语言的结构和使用来重新审视。维特根斯坦和蒯因等人的工作表明,传统的形而上学问题实际上是由于语言误用或逻辑不严谨而产生的伪问题,因此,许多形而上学问题可以通过澄清语言的意义和使用而得到解决。这种方法不仅简化了哲学研究,也为许多看似不可解的问题提供了新思路。

此外,语言哲学的研究成果对当代哲学的其他分支,如心灵哲学和认识论,产生了重要影响。语言与思维之间的关系、语言与知识的界限等问题成为当代哲学讨论的核心议题。通过探讨语言如何构建我们的世界观和知识体系,语言哲学为理解人类心灵的运作机制提供了关键线索。例如,奥斯汀的言语行为理论揭示了语言不仅传达信息,还能通过言语行为直接影响世界,这为研究语言在认知和社会行为中的作用提供了理论基础。

最后,语言哲学的发展还对哲学的公共性和实用性产生了积极影响。通过强调语言在日常生活中的作用,语言哲学使哲学不再局限于抽象的理论探讨,而是更加关注实际问题的解决。哈贝马斯的交往行为理论表明,语言是公共领域中达成共识和协调行动的核心工具,这种观点为民主理论和公共讨论的研究提供了重要支持。

综上所述,语言哲学的发展不仅深化了我们对语言和意义的理解,还对哲学研究的方向和方法产生了深远影响。它为解决许多传统哲学问题提供了新的路径,同时也为社会科学、认知科学和公共领域的研究奠定了坚实基础。正因为如此,语言哲学在当代哲学中占据着重要的地位,成为理解和探讨哲学问题不可或缺的工具。

参考文献

［1］威廉・G.莱肯.当代语言哲学导论[M].陈波,冯艳,译.北京:中国人民大学出版社,2010.

［2］陈嘉映.语言哲学[M].北京:北京大学出版社,2003.

［3］崔平.20世纪哲学的语言转向:空中楼阁[J].国外社会科学前沿,2023(11):3-15+2.

［4］王路.语言哲学研究述评(上)[J].国外社会科学,1997(6):3-9.

［5］王路.走进分析哲学[M].北京:中国人民大学出版社,2009.

［6］楼巍.维特根斯坦与反本质主义[J].西北大学学报(哲学社会科学版),2023,53(5):29-36.

［7］李亚倩.弗雷格语言哲学研究[D].长安大学,2021.

［8］陈亚军.实用主义:从皮尔士到布兰顿[M].南京:江苏人民出版社,2020.

［9］[英]J. L. 奥斯汀.如何以言行事[M].杨玉成,赵京超,译.北京:商务印书馆,2013.

［10］[美]约翰・R.塞尔. 言语行为:语言哲学论[M].姜望琪,译.北京:商务印书馆,2023.

［11］[英]达米特.弗雷格——语言哲学[M].黄敏,译.北京:商务印书馆,2017.

The Development and Paradigm Shift of Philosophy of Language from the Perspective of Analytic Philosophy

Li Kaifeng

(School of Philosophy and Religious Studies，Minzu University of China，Beijing 100071)

Abstract：In a broad sense，"philosophy of language" refers to philosophical scholars' concern and research on language. Since ancient Greece，both Western philosophers like

Aristotle and Plato，as well as Eastern schools such as the School of Names，have clearly demonstrated philosophical reflections on language. In a narrow sense，philosophy of language is a philosophical trend that emerged in the 20th century and advocates exploring various language-related themes through analytical methods. It flourished during the crucial philosophical movement known as the "linguistic turn". This paper begins with the "linguistic turn"，explains the five stages into which the narrow sense of philosophy of language has been divided during its development，and briefly introduces the main representatives of each stage and their philosophical thoughts on language.

Keywords：Philosophy of Language；Analytical Philosophy；Wittgenstein；Linguistic Turn

【执行编辑：冯诗涵】

语言实践表现符号论之语言观探析[*]

裴景瑞^{1,2}　于全有^{2,3}

（1. 中央民族大学中国少数民族语言文学学院，北京 100081；

2. 沈阳师范大学软件学院/文学院，辽宁 沈阳 110034；

3. 辽宁师范大学海华学院，辽宁 大连 116400 ）

摘　要：近年来兴起的"语言实践表现符号论"试图在继承传统语言观合理内核的基础上，从语言哲学的角度重新构建语言观念。"语言实践表现符号论"的理论基础是层次语言本质论，它认为语言本质上是一个由底层本质、一般本质和特殊本质构成的层级系统。具体而言，语言的底层本质是人类的实践活动，语言的一般本质是表现，而语言的特殊本质则是符号。由此，该理论提出了一种新的语言观，即"语言是人类实践活动中音义结合的表现符号"。这一语言观代表了实践哲学思维方式下对传统语言观的革新与转变。

关键词：语言实践表现符号论；语言观；语言哲学

一、前言

语言观的问题一直是语言研究中的核心议题，也是语言学与语言哲学等领域学者普遍关注的重要课题。语言观的科学性和先进性不仅直接影响我们对语言理性认识的科学性与先进性，还间接影响以语言教育为代表的语言应用实践的操作理念和方式的科学性与先进性。因此，该问题始终受到相关领域研究者的高度重视与关注。

在人类历史上，关于语言观的发展曾涌现出一系列重要的理论流派，这些流派为我们对语言的理解提供了多样化的视角。例如，以列宁与斯大林等人为代表的"语言工具论"，以索绪尔为代表的"语言符号论"，以洪堡特为代表的"语言世界观论"，以施莱歇尔为代表的"语言生物机体论"，以乔姆斯基为代表的"语言天赋论"，以海德格尔与伽达默尔为代表的"语言本体论"，以奥斯汀为代表的"语言行为论"，以及以莱考夫与约翰逊为代表的"语言认知论"等。这些理论各自从不同的角度出发，对语言的本质、功能与作用进行了深入的探讨。然而，随着时间的

---

* **基金项目**：本文系国家社会科学基金项目"东北边境城市多模态语言景观调查研究"（23BYY056）、教育部教育类教指委中文专委会——北京语言文字工作协会 2024 年度教育教学改革课题（2024JGZD007）、教育部教育类教指委中文专委会——北京语言文字工作协会 2024 年度教育教学改革课题（2024JGYB082）的研究成果。

　作者简介：裴景瑞，中央民族大学中国少数民族语言文学学院博士研究生，沈阳师范大学软件学院讲师。研究方向：社会语言学、计算语言学等。于全有，辽宁师范大学海华学院特聘教授，沈阳师范大学文学院三级教授。研究方向：语言哲学、社会语言学等。

推移,这些传统语言观在某些方面暴露出了一些具体的问题和局限性。基于此,笔者在吸取上述相关语言理念合理内核的基础上,特别是在吸取现代语言哲学等相关成果合理内核的基础上,提出了一种新的、后来被称之为"语言实践表现符号论"之语言观。[1]

二、"语言实践表现符号论"之语言观的内涵及与传统语言观的区别

(一)"语言实践表现符号论"之语言观的内涵

"语言实践表现符号论"之语言观认为,传统语言观在理解语言本质的问题上,往往受到传统哲学思维方式的深刻影响,因此普遍存在一个关键性的问题,即未能在理论层面上认识到事物本质的层次性。传统的语言观念通常倾向于将语言的本质视为单一层次或单一维度上的某种固定存在,忽略了语言本质的复杂性和层级性。

实际上,语言的本质并非由某一单一层面或单一层次的本质构成,而是一个由多个层次本质组成的复杂系统。这一系统包含了语言的底层本质、一般本质和特殊本质,分别位于语言的基础层次、内核层次和表象层次。具体来说,语言的底层本质是"人类的实践活动",这一点可以简要称之为"实践";语言的一般本质是"表现",其中"表"指的是"表述"或"表达","现"则意味着"呈现"或"显现",简而言之即"表现";而语言的特殊本质则是"符号",即一种结合了声音和意义的符号系统。

在此基础上,如果要为这种基于"实践—表现—符号"这一语言本质观的语言理论提供一个定义,可以采用传统的"属+种差"的定义方法,得出结论:"语言是人类实践活动中音义结合的表现符号"。这一定义既反映了语言本质的层次性,又突出了实践、表现与符号在构成语言本质系统中的关键作用,体现出一种更加系统化和精细化的语言观念。通过这种层次性的分析,"语言实践表现符号论"对传统语言观进行了重要的理论创新,深化了对语言本质的理解。上述这种语言观念,即是"语言实践表现符号论"之语言观的基本内涵。[2]

(二)"语言实践表现符号论"之语言观与传统语言观的区别

"语言实践表现符号论"之语言观是建立在对传统语言观扬弃的基础之上而出现的一种立足于语言整体来系统地看待语言的新的语言观。在此之前的传统语言观中,不管是语言工具论之语言观也好,还是语言符号论之语言观也好,抑或是语言世界观论之语言观、语言生物机体论之语言观、语言天赋论之语言观、语言本体论之语言观、语言行为论之语言观、语言认知论之语言观等也罢,其所存在的一个共同特点是:它们对语言的认识,往往都是站在各自的视角或立场上,从语言的某一层次或某一层面出发,去观照语言、思索语言,既在理论上没有语言本质的层次性意识,又在思维方式上往往还没有摆脱传统形而上学追求终极存在的单一性之思维方式,因而在其语言观念上,难免都不同程度地存在着某些片面性的偏执与弊端。

以目前在学界流行广泛的语言工具论之语言观、语言符号论之语言观、语言本体论之语言观为例,通过分析,可以清楚地看到其不同程度地存在着这种片面性的偏执与弊端。

1. 与语言工具论之语言观的区别

语言工具论之语言观尽管可以追溯到柏拉图《克拉底鲁篇》中苏格拉底与赫谟根尼的对话,经历了数千年的发展与演变,并且在肯定语言的交际功能、思维功能以及认知功能的同时,以其简明易懂的表述方式具备了一定的便利性和优势。然而,语言工具论的语言观在对语言的理解和把握上仍然存在着明显的局限性和不足。归纳而言,这些弊端主要体现在以下几个

方面:首先,语言工具论的语言观主要从语言的社会属性角度出发,来认识和看待语言,而并非从包括社会属性在内的整体语言性能的角度进行考察。这种片面性导致了在语言理解和认识上的偏差和局限,无法全面揭示语言的复杂本质。其次,语言工具论将语言的性质归结为一种隐喻式的工具性理解,这种理论并未直接揭示和说明语言的真正本质,而只是对语言的功能做了表面的描述。此外,语言工具论视语言为人类创造的工具,强调语言对人类的从属地位,突显了人在语言中的支配作用,却忽略了语言对人的反作用力和能动性。最后,语言工具论过分强调语言的工具性,直接导致了对语言实践中人的存在的忽视,遮蔽了语言所蕴含的人性和实践性本质。

2. 与语言符号论之语言观的区别

语言符号论之语言观也具有悠久的历史,其萌芽同样可以追溯到柏拉图的《克拉底鲁篇》,并在发展过程中逐步确立了语言符号学思想的基础,构建了一个相对完整和系统的语言理论体系。语言符号论在肯定语言符号性和系统性的同时,也暴露出了一些显著的缺陷和不足。具体来说,这些缺陷主要体现在以下几点:首先,语言符号论主要从语言的自然属性层面出发来认识和看待语言,而并未从包括自然属性在内的整体语言性能的角度进行系统化的考察。这种片面性导致了对语言理解和认识上的局限性,无法全面把握语言的多层次本质。其次,语言符号论将语言视为一个静态的共时系统,这种观点忽视了语言的动态历时状态,忽视了语言中的人的存在,进而将言语实践排除在语言研究的范畴之外,脱离了活生生的语言使用场景。最后,语言符号论将语言视为一种可为人所支配的符号体系,未能充分反映出语言对人的能动作用,限制了对语言复杂功能的全面理解。

3. 与语言本体论之语言观的区别

语言本体论之语言观早在古印度的《奥义书》中便已露端倪,其探索历史同样悠久。语言本体论在拓宽语言认识视野、加深对语言本质的理解,特别是在认识语言对超验形上之域的反映方面,具有一定的启发意义。然而,这种语言观也存在一些偏颇和不足。其主要表现如下:首先,语言本体论的语言观主要从语言的存在意义层次上来认识和看待语言,并未系统地揭示包括言语交际过程在内的整体语言性能。其次,语言本体论在一定程度上模糊了作为把握存在手段的语言与真实存在之间的区别,这不仅在某种程度上遮蔽了对真实存在状况的理解,还导致了对语言本质认识的偏执。最后,语言本体论过于夸大了语言的能动作用,忽略了语言的其他功能属性,这不仅导致了人与世界关系中的实践维度的缺失,还使得语言被转化为一种脱离人及其现实生活的神秘抽象物,削弱了对语言作为社会实践工具的现实意义的理解。[3]

三、"语言实践表现符号论"之语言观形成的理论基础与语言本质观的转变

建立在对传统语言观扬弃的基础上而形成"语言实践表现符号论"之语言观,则一改传统语言观从语言的某一层次或某一层面出发去观照语言、思索语言之传统形而上学单一性思维方式,从语言系统的整体状况出发,以实践哲学的思维方式,从整体上揭示了存在于整个语言系统中的语言的层级本质系统及其内在的逻辑关系,从而形成了对传统语言观的革新与转变。"语言实践表现符号论"之语言观的致思途径,在理论基础上、思维方式上,与传统语言观都有很大的不同。

（一）"语言实践表现符号论"之语言观形成的理论基础

"语言实践表现符号论"之语言观得以建立的重要理论基础，是建立在对传统的相关语言观念扬弃的基础上而形成的"层次语言本质论"。而"层次语言本质论"这一思想的形成，又源于相应的哲学思维方式指导下对传统语言本质论理性认识上的转变。

通常来说，本质是指事物内部的质的规定性，这种规定性使得某一事物成为自身，并决定了该事物或现象的类属或属性。揭示和把握事物本质的过程，实际上是一个发掘事物或现象在逻辑上归属的类或属的过程。从亚里士多德到黑格尔，从马克思到列宁，从古典哲学到现代形式逻辑，关于如何揭示和理解事物的本质，哲学家们在这一点上往往表现出某种共识，即对本质的认识需要建立在逻辑与系统分析的基础之上。

从哲学的角度来看，事物的属性通常可以分为三个基本层次：系统属性、功能属性和自然属性。所谓系统属性，指的是事物源于其所属系统的关系属性。例如，"狗"属于"动物"，其中"动物"就是"狗"的系统属性。功能属性则是指事物在经过人类活动作用后表现出来的性能属性，如"狗"被用于"看门"，"看门"便是"狗"的功能属性。自然属性则是指事物自身自然具备的物质结构方面的属性，如事物的形状、颜色、味道、组织结构等。不同层次的属性不仅展示了事物属性的多样性与层次性，还提示我们在思考和发掘事物本质时，必须注重把握其本质的层次性，确保从整体上理解事物的本质。

对于语言本质的探讨与研究，同样不能脱离这种层次性属性的框架。传统的语言观在揭示和理解语言本质时，往往由于受到特定历史时代的限制以及认识能力的局限，通常是从某一单一层次或角度来考察语言的。这种方式不仅在理论上缺乏对语言本质层次性的认识，还常常陷入传统形而上学追求终极存在的单一性思维模式。因此，传统语言观对语言本质的理解通常具有单一性和片面性。例如，语言符号论将语言的本质视为"符号"，语言工具论则将其视为"工具"，语言生物机体论将语言视为"生物机体"，而语言世界观论则将语言视为一种"世界观"。这些传统语言观对语言本质的理解，实际上既片面又无法完全符合人们对客观事物的认识规律。其根本原因在于，这些观念在对本质问题的理解上未能认识到事物本质的层次性，而是受制于一种单一思维方式下的单一本质论，这种单一化的认识结果严重限制了对语言本质的全面理解与认识。

为了更全面地理解语言的本质，必须打破这种单一思维模式，承认并深入探讨语言本质的层次性。这不仅有助于在理论上构建更加完善的语言观念体系，也能更好地反映语言作为一种复杂现象在实际使用中的多样功能和意义。通过在多个层次上探讨语言的本质属性，可以更准确地揭示语言在不同语境和功能中的实际作用，从而推动语言研究的进一步发展。

实际上，事物的本质是具有内在的统一性与逻辑联系的、多层次的结构，它是具有层次性的。这种层次性，指的是某一事物的本质可能在事物的不同层次上表现出来、显现出来，或者是揭示本质时，可能有不同层次的揭示。本质的这种层次性，源于事物的层次关系与属种关系的相对性与多样性，以及人们对事物本质认识的过程性。从认识论的角度上看，这是合乎认识论的一般原理的。关于这一点，无论是马克思对人的本质所做的理想层面上的"自由的有意识的活动"这种人的类特性揭示，[4] 现实性层面上的"一切社会关系的总和"的这种人的特性的揭示，[5] 还是列宁的"人的思想由现象到本质，由所谓初级本质到二级本质，不断深化，以至无穷"的论述中，[6] 我们都可以从中领悟到一些前人对事物本质的理解上的层次性意识的影子。

（二）"语言实践表现符号论"之语言本质观的转变

一般而言，事物本质的层次性可以反映在事物的底层本质、一般本质、特殊本质这三个基本层面上。所谓的底层本质，本是属于事物基础层次上的本质，它指的是托起一事物、为该事物的底部层面上所蕴含的本质，它是种的最高的属或类，也称之为形式本质，具有一定的相对性与多样性等特征。一般本质属于事物核心层次上的本质，指的是潜隐于同类事物背后，既为该事物的每一个现实的个体所不完全地表现，又在不断地趋近的那种性质（类本质）。它是事物未来状态下的本质，规定着该类事物的共性，具有理想性与价值性等特征。特殊本质属于事物表象层次上的本质，指的是作为种的事物或现象最低的属，是一事物自身所特有的、决定一事物之所以为该事物的那些性质、动作、关系等，它是事物在现存状态下的本质。[3]

按照语言本质的层次性理念，语言的本质可以在逻辑上分为底层本质、一般本质和特殊本质等多个层次。语言的底层本质属于语言的基础层次，指的是支撑语言成为语言的根本性本质，即超越语言表象层面所蕴含的深层次本质。这一层次的本质被视为语言的最高类别或类属，是语言的形式本质。语言的一般本质则属于语言核心层次的本质，它指的是隐含在语言现象之中的性质，这些性质并不会完全地显现于每一个具体的语言个体中，而是持续趋近于语言的本质状态，规定了语言的共性，使得语言在变化中保持其根本特征。语言的一般本质是面向未来的理想化本质，具有理想性和价值性等特征。最后，语言的特殊本质则位于语言的表象层次，指的是最贴近语言现存状态的性质或类别，也就是语言在现存生态下所特有的、决定语言之所以为语言的那些特性和关系，是语言现存生态中的本质。

基于上述层次性本质的原理，通过具体考察可以发现，语言的底层本质是人类的实践活动，简称为"实践"。这一本质不仅可以从宏观的层次上揭示语言作为人类区别于其他动物的重要标志，反映出语言的人类属性；更可以从微观层次上，通过探讨人类实践活动——这种区别于其他动物的存在方式——中交往实践的需求对语言的催生作用，发现语言的发展源自人类实践活动，并且实践活动构成了语言习得与应用的基础与准则，从多个角度和层次进一步揭示出语言与人类实践活动之间的深刻关联。

语言的一般本质是"表现"，这一点可以通过人与人之间交往沟通的目的、表达与接收的过程、价值和目标来展现语言的表现特质。同时，语言的表现性还可以从语言作为"器"的工具性出发，语言能够作为连接表达与接收的桥梁，从而具备了工具性的表现功能；而语言作为"道"的能力则反映出语言通过呈现或显现功能反过来影响和制约人的思想与行为的反作用性，这些特征共同体现了语言作为表现的本质。此外，这一表现性还可以从语言的底层本质——交往实践的逻辑要求出发，显示出语言在理想性和价值性选择中的表现功能，即语言必须具备能够用于人与人之间的交流、表达和显现的功能，这也体现了语言的一般本质——表现的核心属性。语言的特殊本质是"符号"，这一点不仅可以从语言在现存生态中音义结合的状态来反映语言的符号属性，还可以从语言底层本质"实践"基础上所必然产生的、语言一般本质"表现"功能得以实现的现实载体需求出发，展现出语言在现存生态中作为承载思想内容的符号系统的特殊本质属性。

上述三大层次的语言本质理念共同构成了一个与事物一般属性层次相对应的、有着内在逻辑关联的层级化语言本质系统。语言的底层本质"实践"，是决定整个语言系统性能与状态的根本，它在逻辑上催生了具备理想性与价值性特征的语言的一般本质"表现"，而这一一般本质又进一步支撑了具备现实性特征的语言特殊本质"符号"的产生。由底层本质、一般本质和特殊本质所构成的"实践—表现—符号"系统,不仅科学系统地反映了语言本质的层次性,还揭示了语言与人类生存、实践之间的内在逻辑关系。这一系统既是对语言历史、现实及未来本质状态的整体性反映,也是对已有传统语言观内核的合理吸纳与发展。语言的"实践"这一底层本质,内含对语言社会性、人文性和交往实践性等特征的揭示,同时也反映了语言的稳定性与变异性、开放性与发展性等特性。语言的"表现"这一一般本质,则揭示了语言的表达性与显现性,同时反映出语言的工具性与能动性、过程性与行为性及其多样性。至于语言的"符号"这一特殊本质,则内含语言的符号性、任意性与约定性等特征的揭示。这些层次本质的融合不仅揭示了语言的系统性与层次性,还体现了语言的人文性、社会性与自然性之间的紧密联系,并突出了语言的根本来源——人本之源。[3]

这种语言本质观念的新型转变,为建立在此理论基础之上的"语言"概念的重新定位及新的语言观念的建立打下了坚实的基础。也正是在此理论基础上,通过对所搜集到的百余年来中外比较有代表性的关于语言的 120 多种定义中对语言本质揭示情况的比较分析,对"语言"的概念重新进行了定位,认为"语言是人类实践活动的音义结合的表现符号"。[3]

四、"语言实践表现符号论"之语言观的哲学思维方式

尽管"语言实践表现符号论"之语言观赖以形成的理论基础是层次语言本质论,而层次语言本质论这一思想的形成又直接源于对传统语言本质论理性认识上的转变,但尚未触及本理论更根本的层次上。真正形成"语言实践表现符号论"之语言观的更深层次的原动力与根本因素,是语言哲学研究上的思维方式的转变。

(一)传统语言观的哲学思维方式概览

传统本体论哲学的思维方式通常是一种从预先设定的"本体"出发,来理解存在和把握现实的思维方式。这种方法的基本思路是:首先将现实中的事物归结为其初始的本原或本真状态,或者追溯到其绝对本性,然后再以此作为基础,去认识和理解现实中的各种事物。这种思维模式特别注重抽象的原则,并以这些预设的第一原理为出发点,通过推论来解释现实。这种思维路径往往赋予抽象原则以比实际生活更为真实、更为重要的地位,当原则与现实生活发生矛盾时,通常以不容置疑的原则来修正或调整现实的情况。在涉及对事物本质的认识与理解时,这种传统的本体论思维方式通常采取将事物分裂为本体界与现象界的策略,并最终将一切归结为某种单一的本质存在。这种"裂二归一"的方法,旨在追求抽象同一的本质与原则,将丰富多样、复杂矛盾的事物简化为单一性和绝对化的本质。因此,这种思维方式难以容忍事物的二重性、对立性以及矛盾关系的共存,即使在承认这些特征的情况下,也仅仅将其归于现象界,而不允许它们进入最高层次的本体界。

显而易见,采用这种传统的本体论哲学思维方式来思考、分析和解决问题,必然会导致理论脱离现实和真实生活的局限性。这种抽象化的思维模式在很大程度上忽视了现实生活的复杂性与多样性,因而在实际应用中容易造成理论与实践的脱节。这种方法不仅限制了对现实事物的全面理解,还可能导致在面对复杂问题时,理论陷入僵化和片面化的困境,从而难以有效应对现实生活中的多变和矛盾。[3]

从前述内容中对语言工具论、语言符号论、语言本体论等一系列传统语言观的基本理论和

核心理念的分析来看,这些传统语言观在其哲学思维方式的审视下,无疑深刻反映出传统本体论哲学思维方式的特征和影响。尽管这些理论观点的形成时代、背景以及理论基础各不相同,其创立者对自己的哲学思维方式可能并未具备明确的理性意识或自觉,但这些理论或多或少地体现了传统本体论哲学的思维模式。

以索绪尔为代表的语言符号论为例,这一理论在将语言的本质归结为单一性质的"符号"时充分展现了传统本体论哲学思维方式中对抽象同一性和单一性本质的追求。这种思维方式将决定某一事物成为该事物的本质视为单一且抽象的存在,这是典型的本体论哲学特征。此外,在索绪尔所提出的"语言"与"言语"、"共时"与"历时"等二元对立的思维框架中,也显现出传统本体论哲学追求抽象同一性的原则。这种二元对立的结构不仅影响了索绪尔对语言学研究对象的选择,诸如对"语言"与"共时性"的偏重,还反映出传统哲学对抽象同一性的执着,以及对多样性和复杂性的相对忽视。

在这种理论构建中,我们可以明显感受到传统本体论哲学思维方式对语言符号论的深刻影响。这种影响不仅体现在理论的基础假设和概念框架中,还渗透在理论推演与论证的具体过程里。索绪尔的理论追求一种对语言现象的统一解释,试图通过抽象的符号体系来解释复杂的语言现象,这种方法论上的选择进一步彰显了传统哲学对简单化、同一化思维的依赖。这种哲学思维模式,虽然在一定程度上为语言研究提供了系统性和理论性,但同时也限制了对语言复杂性和多样性的全面理解,使得一些动态的、变化的语言现象在这种静态、抽象的框架中被忽视或简化。

(二)"语言实践表现符号论"之语言观的哲学思维方式转变

"语言实践表现符号论"之语言观的确立,正是建立在对种种传统语言观及其思维方式之不足变革的基础之上。"语言实践表现符号论"之语言观的哲学思维方式是实践思维方式。实践思维方式是马克思主义哲学的核心精髓,正是这一思维方式使得马克思主义哲学与以往的传统哲学有了根本性的区别。马克思主义哲学以人的活动为出发点,从人的历史进程与现实存在的真实本质出发,去认识和理解世界,并将实践视为理解、认识、解决一切哲学问题的起点和立足点。这一实践导向的思维方式彻底颠覆了传统哲学中的思维模式,开创了一种全新的实践思维方式。

在这种实践思维方式的指导下,传统思维方式无法解决的诸多哲学问题,诸如自然世界与人类世界之间的对立,最终在人的实践活动中实现了统一。这种统一不仅消解了自然与人类世界的二元对立,还使得长期困扰哲学领域的矛盾与分歧,例如思维与存在、物质与精神、主观与客观等,在实践的基础上得到了合理的解构与融合。这一融合过程不仅为这些问题提供了新的解决路径,也使得它们在更深层次上达到了统一,充分体现了马克思主义实践思维方式的独特性和创新性。

通过将实践置于哲学思考的中心,马克思主义不仅改变了哲学研究的范式,也为理解人与世界的关系提供了更为动态和辩证的方法论。这种方法论不仅能够有效地解决传统哲学中的二元对立问题,还为哲学研究注入了新的生命力,推动了哲学领域的发展和深化。实践思维方式的确立,不仅使得马克思主义哲学在理论上达到新的高度,还使得它在解决实际问题时展现出强大的解释力和指导意义,从而在哲学史上占据了重要的地位。[3]

基于实践思维方式的实践语言观认为,语言是一种实践性的、现实存在的社会意识形式。

首先,语言作为一种社会交往实践活动,具有物质属性,是社会关系和交往形式的产物。这种语言观的核心在于,从现实的、根植于交往实践基础上的人类语言交往活动出发,来理解和认识语言问题。这种方法论不仅是该语言观的立足点和出发点,也正是许多传统语言观在处理语言问题时显得不足的关键所在。[3]这种特别注重从现实的人的语言交往活动出发去理解和认识语言问题的思维立场、观点与方法,赋予了实践语言观更为旺盛的理论活力与思想穿透力。

当我们运用这种实践的思维方式来反思和审视历史上已有的各种传统语言观时,不难发现,许多问题的根源恰恰在于不同的思维方式所导致的视角差异。例如,以索绪尔为代表的语言符号论、以乔姆斯基为代表的语言天赋论,以及以海德格尔和伽达默尔为代表的语言本体论等,在某种程度上都存在着从抽象的角度脱离现实的语言交往活动来探讨语言问题的倾向。具体而言,当索绪尔将语言与言语分离,并仅研究语言本身时;当乔姆斯基宣称人类大脑天生具备一种语言能力时;当海德格尔将言说归结为抽象玄奥的"道"时;或者当伽达默尔提出"语言向我们诉说"比"我们讲语言"更为准确时,这些立场在一定程度上都体现了一种脱离实际语言实践的抽象化倾向。[3]这种抽象化的论述方式不可避免地导致了结论上的片面性和对语言实践现实的忽视。

与此相对立的是,基于实践思维方式的"语言实践表现符号论"之语言观,不仅对传统语言观中那种追求抽象本质同一性和抽象原则统一性的哲学思维方式及其相关理论进行了批判性解构与终结,更在此基础上完成了对传统语言观的革新与转变。这种转变强调语言的实践性,试图通过将语言重新定位于实践和交往活动中,提供一种更加符合实际、更具解释力的语言观念。这种革新不仅深化了对语言本质的理解,也开辟了新的理论空间,使得语言研究能够更加贴近语言在社会实践中的真实作用和功能。

参考文献

[1]于全有.语言底蕴的哲学追索——从传统语言本质论到层次语言本质论[D].吉林大学,2008.

[2]李树军.语言本质理论问题研究的时代创新——读于全有先生的《语言本质理论的哲学重建》[J].沈阳师范大学学报(社会科学版),2012(6):47-48.

[3]于全有.语言本质理论的哲学重建[M].北京:中国社会科学出版社,2011.

[4]中共中央马克思恩格斯列宁斯大林著作编译局编译.马克思恩格斯全集:第三卷[M].北京:人民出版社,2002.

[5]中共中央马克思恩格斯列宁斯大林著作编译局编译.马克思恩格斯选集:第一卷[M].北京:人民出版社,1995.

[6]列宁.哲学笔记·黑格尔《哲学史讲演录》一书摘要[M]//中共中央马克思恩格斯列宁斯大林著作编译局编译.列宁全集:第五十五卷.北京:人民出版社,1990.

An Analysis of the Linguistic Perspective of the Theory of Linguistic Practice and Expression Symbols

Pei Jingrui[1,2]　　Yu Quanyou[2,3]

(1. School of Chinese Ethnic Minority Languages and Literature,

Minzu University of China, Beijing 100081;

2. Software College/College of Literature, Shenyang Normal University,

Shenyang Liaoning 110034;

3. Haihua College, Liaoning Normal University, Dalian Liaoning 116400)

Abstract: The recently emerging "Theory of Linguistic Practice and Expression Symbols" seeks to reconstruct the concept of language from the perspective of linguistic philosophy, while inheriting the rational core of traditional linguistic views. The theoretical foundation of this theory is the hierarchical theory of linguistic essence, which posits that language is essentially a hierarchical system composed of underlying essence, general essence, and special essence. Specifically, the underlying essence of language is human practical activity, the general essence is expression, and the special essence is symbols. Consequently, this theory proposes a new linguistic perspective: "Language is a symbolic expression of sound-meaning combination in human practical activities." This perspective represents an innovation and transformation of traditional linguistic views under the framework of practical philosophy.

Keywords: Theory of Linguistic Practice and Expression Symbols; Linguistic Perspective; Philosophy of Language

【执行编辑：赵哲】

汉语否定研究的新进展

——评《汉语否定的发生与语义功能研究》*

戴庆厦

（中央民族大学中国少数民族语言文学学院，北京 100081）

否定问题是语言学、哲学、逻辑学、心理学等学科共同关注的课题，更是语言学研究的重点和热点问题。语法学领域的前辈和时贤一直关注汉语的否定问题，从结构主义、功能主义等不同视角对其展开过系统的研究。中国社会科学出版社 2024 年出版的王世凯教授所著《汉语否定的发生与语义功能研究》是这一研究领域的新作。全书在系统分析哲学、逻辑学、心理学、语言学否定研究的基础上，以皮亚杰发生认识论为基础，从认知角度对汉语中的否定进行发生学解释，总结否定的本质，建立新的分类系统，区分标志否定和非标志否定，对汉语否定的结构、语义、表达、演化等方面进行综合研究，在汉语否定研究领域开展突破性尝试，得出了很多创新性发现，其主要成果和贡献体现在这样几个方面：

一是对否定进行了更加科学的界定并依此建立了新的分类系统。作者认为，否定本质上是人的认知，是人的一种哲学思辨能力，是主客体相互作用的结果，是人的认知心理发展到一定阶段的产物，具有体验性、主客体互动性、生成性特征。依此为据并以皮亚杰的发生认识论原理为基础，作者将汉语中的否定首先区分为主观否定和客观否定。主观否定下分为故反否定、故意否定（含否定评价、否定祈使和融情否定），客观否定下分为基于空间的否定、基于时间的否定和基于价值判断的否定，进而建立了一个新的汉语否定分类系统。这个界定和分类建立在作者对哲学、逻辑学、心理学、语言学关于否定的系统研究的基础上，更加科学、可信。

二是区分了三类否定标志词并对其形成、发展和演变进行了科学的解释。作者首先明确了否定和否定表达本质上的差异，并提出了否定不属于语法范畴、语义语法范畴，而属于认知范畴、语义语用范畴。在此基础上，作者对"没""不""别"类否定标志词进行了系统研究，认为：否定动词"没"源于动词"没"的"陷没"义，可以从空间角度否定存在，也可以否定存在的量。否定动词"没（有）"的副词化是空间域向时间域投射的结果，可以否定事件、状态的存在，也可以否定事件或状态的可量度性。"没"的进一步虚化即发生情态化，语法化为语气助词，表达特定的情态意义。"不"是在"没 VP"认知格局的基础上，将过去时间域的否定认知格局转换到未来时间域，从而生成新的认知格局，可以否定关系、事件、属性、数量，也有否定存在和否定数量两种情形。否定副词"不"发生情态化，表达说话人特定的情感、态度和认识，具有减量和修正功能。"别"类否定属于主观否定、无所否定，凸显言语行为性。作者对三类否定标志的形成、发展和演化做出了充分的描写和科学的解释，尤其值得一提的是，作者总结的否定基本原则——

---

　* 作者简介：戴庆厦，中央民族大学荣誉资深教授，博士生导师，国家语言文字工作委员会咨询委员会委员，《汉藏语学报》主编。研究方向：理论语言学，民族语言。

当否定对象中含表量成分时,遵循数量优先的否定原则——具有很强的概括性和解释力。

三是集中关注了非标志否定问题,并对个案进行了深入的研究。首先,作者对"非标志否定"进行界定,指出:非标志否定也称无标志否定,是指结构中没有否定性成分,但整体上却能表达否定的现象。其次,对现代汉语非标志否定研究进行了系统梳理和科学评价,认为:现代汉语关于非标志否定的研究观察仔细、描写细致,呈现从形式到功能的过渡,实现了描写与解释、微观与宏观的结合。最后,作者对否定警告构式"有 X 好 VP(的)"和否定评价构式"还 NP呢"进行了个案研究,认为"有 X 好 VP(的)"表达否定性主观推断,主要表示警告,源于"焉有……""岂有……""哪有……"类反问构式。否定评价构式"还 NP 呢"是一个量级图式构式,源于"还 VP 呢",并发生了不同类型的构式性演化。

纵观世凯的语法研究可见,《汉语否定的发生与语义功能研究》既是他前期研究的系统总结、提升,也是他开始全面创新研究的一个起点。自 2006 年以来,他已经陆续发表了《语义功能语法的结构主义阐释》(《汉语学习》2006 年第 5 期)、《"去"和"多"作形容词程度补语的原因——兼谈述程式结构语法意义的分野》(《语文研究》2010 年第 1 期)、《"没完没了地 VP"与相关结构——兼谈非终结图式与渐次扫描》(《汉语学习》2011 年第 3 期)、《汉语否定研究中的几个问题》[《渤海大学学报(哲学社会科学版)》2012 年第 2 期]、《现代汉语"没个"的分化与词汇化——兼论否定性动词"没个 2"的量标记功能》(《汉语学习》2016 年第 5 期)、《句尾"不是"的来源、功能及其词汇化》(《语言教学与研究》2017 年第 6 期)、《疑问与否定——汉语否定研究有待深入的一个课题》[《渤海大学学报(哲学社会科学版)》2018 年第 1 期]、《否定性警告构式"有 X好 VP(的)"的判定、来源及其构式化》(《汉语学习》2018 年第 1 期)、《多义构式"还 NP 呢"的分化、构式化及构式性演化》(《语文研究》2020 年第 2 期)、《"这样/那样"的信疑用法和语法化——兼与"的样子"比较》(《语言教学与研究》2022 年第 1 期)、《尝试助词"试试"的再语法化》(《语文研究》2023 年第 4 期)、《为形赋义与为义塑形:非现实"再 VP"的两种构式化路径——构式化与结构、语义和表达的互动视角》[《湖南大学学报(社会科学版)》2024 年第 6 期]等论文,并于 2011 年在中国社会科学出版社出版了《现代汉语时量范畴研究》一书。以《汉语否定的发生与语义功能研究》为参照,此前的成果既有对否定问题的微观研究,也有对语义功能语法的宏观讨论。此后,世凯的研究视野明显更加开阔,他不仅继续关注具体的个案研究,而且开始从结构、语义和表达相结合的视角讨论如何基于汉语事实对构式化、语法化做出更加科学的解释,如何将构式化和语法化联系起来进行更加全面、系统的研究。世凯的这个研究思路和尝试是非常值得肯定的,确实值得学界关注和重视,有助于共同推动汉语语法研究实现再一次的创新和发展。

《汉语否定的发生与语义功能研究》是近年来汉语否定研究领域的一部力作,也是一本汉语否定教学领域的参考书,值得向相关研究者和教学工作者推荐,有助于进一步深化汉语否定问题的相关研究。同时,该书提出的有待深入研究的课题也值得相关研究者持续关注。

世凯教授是位难得的、年轻有为的语言学家,在汉语语法研究上创作了不少有创意的成果。他热爱语言学,沉迷于语言教学研究;他重视语言事实,从事实中获得灵感;他孜孜不倦,一步一步登高。他的成果,对非汉语语法研究也有很大的帮助。我希望不久后能再见到他的新成果!

【执行编辑:樊子湘】